文學叢刊之十三

顫抖的白樺

吳玉蓮著

文史哲出版社印行

文學叢刊 ⑬

顫抖的白樺

著者：吳玉蓮

出版者：文史哲出版社

登記證字號：行政院新聞局局版臺業字〇七五五號

發行所：文史哲出版社
臺北市羅斯福路一段七十二巷四號
郵撥〇五一二八八一二彭正雄帳戶
電話：三五一一〇二八

印刷者：文史哲出版社

平裝定價新台幣三四〇元

中華民國七十六年四月初版

顫抖的白樺

總是　不經意的聽見
年輪流轉　光陰飛逝的跫音
心慌的　自是
過而不留的投響　空而不著的浸色
莫管他　記否
回首望斷來時路　竟在白樺顫抖處

顫抖的白樺 目次

慕情

在學校的操場上，我最熟悉的是那些小草。那一片永遠青青的草皮，每天都要被我踩上兩三回；升降旗後的訓話，特別的集合，我說，總要踩上兩三回，一些也不過分。

起先，我根本不曾注意到，在我脚底下的那一席綠，是個什麼樣的天地。但是，在師長訓話太冗長，站也站累了的時候。旁的同學開始煩躁；由小聲的耳語，而變爲肆無忌憚「嗡嗡」地交談。我不怎麼能談；但能聽，而且很能想。

就在這種時刻，脚底下的小草，毫無意義的被大家踐踏着。當然也被我踩着。我低着頭，一根一根有意地糟踏着、蹂躪着。直到它們由原本就非常薄弱而狹小的葉肉上滲出綠綠的汁來，而後變成碎爛。但是，它們從不死去。它們擁有强韌生命力的根。看！我經常站着的那塊草地，總是那麼茂綠。

我漫不經心地玩弄着它們，一邊兒想着很多、很多的事情。但是不包括台上師長他們的訓話，也不包括周圍同學們所聊的種種。我想着，我能想到的事。

這一天，突然覺得我應該想想它們，那一片永遠青青的小草。假如，有一天，我變成地上任人擺佈的小草；是否我也能永遠青青？想着想着。霎時，我下意識地放輕了我的步履。雖然，我仍然施於小草壓力。可是，至少我對它們已經有心了。

春天的霧，有時候濃得逼近鼻息，使人沉醉。有時候薄如輕煙，瞬卽消失。但是，那份若有若無的飄忽，美得叫人追隨、叫人神往。

我喜歡這些霧那樣放肆地飄進課堂，浮在教室的門口，似笑非笑地睥睨着人。

女老師站在鋼琴邊邊對學生講話：「每一首曲子，都是一首詩；每一首曲子，也是一幅畫。能欣賞音樂的人，卽使在非常孤獨的時候，也不會覺得寂寞；因爲他早已從音樂中，領會了繁華熱鬧以外的樂趣。」

哦！這話挺熟的嘛！是誰說過的？莫管。事實上，從第一堂音樂課開始，老師說的每一句話，我都認眞的聽着。因爲我總覺得，老師說的每一句話，都是對我一個人說的那樣扣人心絃。

我敢說：「我喜歡她。」儘管，那飄浮的霧，已經不止一次，給我暗示：「我只是情竇初開罷了！」但是，能喜歡一個人，是一件多麼愉快的事啊！

我第一次看見她是今年暑假。

在綜合禮堂一場音樂會上，她是教師合唱團的一員。她挺挺的站在前排左側，離我很近。我也不知道爲什麼？那天特別注意她，我盯着她唱歌時的每一個神情。

開學後，我才知道她是我的音樂老師。

學生愛上老師，該是天下間最平凡不過的事。

許多人，把這種感情永遠埋在心底；天下太平。

有的人，明顯地表示出來；這就出乎尋常了。

不尋常的事，在這社會上，多半也是用不尋常的方法來處理。

我沒有怨誰。說眞的，那天霧太大了。

誰都曉得，霧散開後，會有一個大好天。但是，那天霧一直不散；可惱的，最後竟成爲陰霾的小雨。

那沒來由的衝動，不爲別的；只是想讓音樂老師知道，有一個學生，正愛戀着她。

也許，我還做了什麼！他們說的。天曉得我做了什麼！我應該懺悔，可是我笑了。我只是把一封信，交到音樂老師的手上。我很清楚。可是，呵！總之，那封信，使得我被開除了學籍。

我陷入極度複雜的迷惘裡，許久，許久，直到我發現那一席綠色的草皮，我才清醒過來。

不管師長們如何給「愛戀」下定義，我這份清清純純的情感要封鎖起來了。也不管這件事，使我在天秤上的位置是向上升，或向下滑。如何在天秤上，把穩一處比較不傾斜的方位，才是今後我們所關心的。

很自然的，我在學校特別處理之下，轉到這個學校來。這是一所從前我不屑一顧的破學校。眞可笑。

我發現，雖然這學校不怎麼好，却也不是那麼糟！至少她容下了我，就如同容納了其他學校呆不下的學生一樣的容下了我。

在這樣的學校，不由得要問，如何去變化學生的氣質。

當然，我沒有變。來這學校一學期了，學校各科老師都認爲我很不錯。本來，我也不是太笨的學生。而老師喜歡功課好的學生，這是天經地義的事。只是，好些日子來，我都覺得不太對勁。

今天朝會時，司儀照例由我擔任。站在司令台上發口令，喉頭酸澀異常，無法放聲。說眞的，這半年來，經常是這樣的。老是覺得，右脚不該在右邊，左脚不該在左邊；要不然便是覺得，上課的敎室不該是這地方，不管如何，不該是眼前如此這般。

是什麼東西作祟？身上的學校制服，總是三番兩次的叫我不自在。那錯覺，那彆扭，究竟爲什麼？

我知道，站在高高的司令台上，很容易想到：「得意什麼！一個被開除的學生，跩什麼？神氣什麼？」

我的心頭，因爲自摳傷疤而疼痛起來。因而身子也挺不直，最後低下頭來，整個人矮了一截。

我發出怪異的口令，那不是我原來的聲音。但是，全校同學只聽慣了我這種怪腔調。個個同學按照口令整隊。國旗依然日日升飄。

好吧！好吧！人家既然不關心過去，我又何必掛記從前？自尋苦惱？不！我是我！我實在不是訓導處感到頭痛的問題學生。我何時能坦然呢？棄我去者昨日之日，雖不可留；亂我心者今日之日，却多煩憂！

就在這個時候，一個聲音飄過來，像春霧般的輕盈；她點醒了我：「如果，你了無生趣，就是沒有人踐踏，生命也會枯竭。」我記得我喜歡的音樂老師的每一句話。

相反的呢？如果，你生氣盎然，生命之泉，必會源源不絕。就像脚下的小草一樣；一滴露水，就能使它永遠滋生青綠。

不到一年，我自己離開了那學校。找到了我的方位，上了路。

也許這是原來我要走的路。我考進台北工專。

布雷克說：「臉上沒有亮光的人，永遠不能成爲天上的一顆星子。」在這段不太平坦的路途上，我却發現：若是一個人，經常看不到綠地，心中的希望，隨時會枯萎。

不知道，那些小草跟着我多久了？哦！應該說，一路上，我都可以看到青青的小草。他們一直伴着我。特別是那些掙扎的時日，心中必需經常有塊綠地存在。

畢業時，我彷彿了悟了什麼。

有些人是聰明而謹愼的，有些人是愚蠢而粗心的。只有愚蠢的人，才會告訴一個你不該愛的人，你愛她。

我並不怨恨什麼！特別是那位音樂老師。只是覺得，人生的旅途上，有些人，快板邁步前進；有些人，却緩慢地徘徊逡巡。不知道，我該屬於何者？但可以確知的，是那位音樂老師，使我加快馬力邁步前進。而不斷運輸我生機的，却是那青青的小草。「當你快樂時，往心的深處瞧，你將發現，那曾經給你憂傷的，現在正給你快樂。當你痛苦時，再往心的深處探，你將發現，你所哭泣的，正是那些曾經給你快樂的。」如果，這句話，說的不是我，我還會花些時間去想想。

霧好大。仰頭，看不見天有多高；低頭，却有一片綠綠的小草，對我展開微笑。春是由草尖上溫潤的水珠，映出來的圖畫。

計算着，我今天將去雙溪玫瑰大樓負責空調的裝備。

出門時，老闆要我順道去他的朋友家，檢查空調配電系統。

霧眞濃，葉尖上，綴着晶瑩的珍珠。潮潮的晨風，拂過臉頰，搔癢般的舒服。我擁着一脈青春，「希望」在那兒閃着光，這是一個美麗的上午。

做夢都沒想到，開門的人，是我喜歡的音樂老師。

我不露聲色地檢查他們家的空調設備。忍不住，我偷偷地瞧了她先生。那個可以直截了當告訴她，「我愛你」而不出亂子的人。我兀自笑了，不能解釋的笑了。

老師走過來，對我說：「我還記得你，你都長大了！」

我應該說些什麼？我只不自在地笑了笑。
很想告訴她，我還是喜歡她。也很想告訴她，今年夏天，我將赴美深造。
結果，我什麼都沒說，第一次這麼仔細的看着她。她像一個人，是誰，啊！是我死去很久的母親。
默默的喜歡一個人，是很神妙的一件事。而默默的耕耘，成長，更是一件快樂的事。
當我步履踩過青草地時，我會情不自禁的放輕脚步，盡量的放輕。這世界給了人類發揮的自由；
我們應當也給那些小青草伸張的餘地。雖然，它們的生命那麼堅韌、那麼纖細。

八里之戀

竹中的課一結束，我就直接住進聖心。到八里聖心女中教書，是我自己的選擇；可是他們都把話這樣的傳開來：「蘇恬丰到八里當修女啦！」「恬丰進修道院了，你知道嗎？」「我看啊！準是老張和老陳他們追得太緊，給嚇跑了。」「哦！恬丰的表哥纒得才煩人哪！」「你又曉得了！」「怎麼不呢！他表哥是學畫的，一天到晚要對着恬丰描啊，畫的，聽說要爲恬丰的畫像開個畫展呢！」這些話一傳到姑姑的耳朵裏，可就成了不得了的號外。姑姑她老人家的幾通電話，都是眼淚帶鼻涕的：「恬啊！你可千萬不能去當修女啊！否則我怎麼向你死去的爹娘交代啊！回家來，什麼都好說。」

其實我並不願意讓姑姑這麼操心；我也不願離開故鄉，那裏有那麼多愛我的人；只是我覺得我長大了，需要一點自我的餘地，我得自己走出一條路來。

下了火車，沿着鐵軌，彎進一小叢竹林裏，穿過和人一般高的菅草，來到渡船頭，首次嘗到渡船的滋味。時近黃昏，觀音山的落日餘暉，灑滿了粼粼波動的淡水河。八里鄉的美，盡在素靜安詳之中。這是一個叫人禁不住要留下來的地方。

暑假來了，女教員宿舍，變得空空蕩蕩的。伴着我的是宿舍的守護神——大狼犬，偶爾幾聲長吠罷了。學校依山傍水，居高臨下，有享受不盡的好風光。沒有塵埃油烟的空氣，成天歌唱的小鳥，微笑的花草，河邊數不完的水牛，牛背上悠然自得的鷺鷥，遠近大小漁船，這些你不經意，也時時存在着的東西，實在予人一種特殊的親切感。

不久，我和附近的居民熟了起來，他們純樸敦厚，平易近人。我和他們一塊兒收摘葡萄、番薯等，一塊兒上山打柴和墾植。學生物的我，對這些事物並不太陌生。有時他們對於我提出的意見，也能採用。從此，我的生活，好像跳出了書本，活了起來。我從山上帶回兩株蘭花，放在宿舍內，不時地冒出紫莖，吐露淸香。窗外一簇簇紅的、黃的美人蕉，黃昏飄香的晚香玉，也無一不是就地取材，由山上移植過來的。這樣的生活，忙碌而充實，平靜而愉快；絕不是當初我所預計的，「我需要時間去思想，我需要時間去遺忘。」那麼嚴重而嚴肅的日子。

這天，我正和一個小女孩整理花圃；突然表哥出現在我的面前。手上提着是我的一只大皮箱，皮鞋上一層白白的灰泥，想必是走了不少路來的。他說：「恬恬！你怎麼會想到來這樣的地方？找到你可眞不容易啊！」「恬恬！這是媽給你準備的，吃的、穿的都有。」

說眞的，在此，這些東西都用不着，不過我還是把東西全留下來了，因爲既然我不回去，我就不能再傷姑姑的心，姑姑對我，比對表哥還好。

「恬恬！你眞的不回去？那一幅畫，還沒完工，我一直等着你回來呢！」表哥這麼有耐心？我搖了搖頭，算了吧！鄉間的生活，改變了我不少，從鄉民那兒，我發現，只有心地純良謙卑的人，才能實在地去接近這個大地。我正在學習收斂任性跋扈的芒刺，我再也裝不出飛揚的神采，讓你去描摹了，你還是專心的去照顧你的廣告公司吧！

送走了表哥，藍天翠谷間，已升起了裊裊的炊烟。信步來到渡船頭；輕輕地我上了小船，還是驚醒了正在打盹的阿乞伯。他雖知道，我愛在船上兜風，但還是這樣問我：「蘇老師渡船回家？快！還有一班火車可以接上。」怎麼？都要我回家，好像我不該屬於這裏的。當然不。我倚在船尾小小的甲板上，乘風破浪去也。我不上岸，借着阿乞伯載送客人之便，在河上一趟又一趟地瀏覽風光，這是我在八里唯一花錢又得意的娛樂；橫渡一次，不過三塊錢而已。阿乞伯送我到對岸的碼頭，並沒有人等着渡河，啟動馬達，轉頭就要開船了；沒想到此時軌道邊，有人邊喊邊跑過來：「喂！等等，渡船的，等一等。」那人三脚兩步衝鋒似地跳上了船。噢！我的天啊！濺上來一船的水花。這會是什麼人呢？拿了個小旅行袋，不像住在這裏的人。他摘下眼鏡，擦了擦鏡片上的水珠，連聲道歉，「對不起！對不起。」到了對岸，那人急急地走了。

天色未黑，鷗鳥輕盈飛翔，時而來個蜻蜓點水似的俯衝，攫取浮游的魚兒。遠近山林，如在飄渺虛無之中。阿乞伯又載我渡了兩回；回航時，看到剛才上岸的人，端端正正的立在橋頭，阿乞伯說：「先生！事兒辦完了？我送你過去？」

「哦！不，不，請問您是聖心的大學生嗎？」他指着我這樣說。

「噢！他是蘇老師，就住在山上的學校。」阿乞伯搶着回答。

「那太好了，我正找不到學校，能不能請您告訴我怎麼走？」

「我正要回去，我們一塊兒上去好了。」我說。路上，他告訴我他叫林友仁，今年青年夏令會在聖心舉行，他是主辦人之一，正來籌劃一些事務。

「蘇小姐，您是頭一年教書？」

「不，我在新竹教過兩年了。」

「新竹？我從新竹來的，我在淸華也教書，也唸書，明年就可以畢業了，您是不是教友？」我搖搖頭。上了山坡，他說：

「這兒環境幽靜，是個很不錯的地方。」

我側過臉懷疑地說：「您眞的這樣想嗎？這兒是鄉下哩！」

「當然。一個地方的好壞，要看你以什麼角度去欣賞。喜歡繁華熱鬧的人，來到這裡，能擧出千百個缺點，來證明此地一無足取。而當一個人愛上一樣東西時，就是說不出一個優點來，也會覺得它是可愛的。」好一個執着的人。到了學校，我把林友仁送進校長室。回頭想想自己，不也是經常持着三分固執不放的人嗎！

開學後，生活從悠閑中，進入規律而繁忙的步調裡。學生大半住校。我帶一班導師，和學生接觸的時間多了起來。爲了充分利用時間與空間，我們將宿舍旁的空地，闢爲博物課的實習場地。這些一向較少接觸泥土的學生，有了自己的實驗農場後，既驚奇，又興奮；課餘飯後的空檔，都不忘給與細心照料。一個特別調皮的學生，站在園子裡，學着老師的口氣說：「嘿！灌育英才，眞是天下一大樂事也。」引得同學發笑。說的也是，看到滿園欣欣向榮的鮮花菜蔬，不期然地，會會心一笑。

學期中，學校照例選定一星期假日，舉辦一次義賣會，邀請家長外賓參加。義賣所得，將由各班分別送往孤兒院和貧苦之家。所以這項活動是屬於慈善性質的，同時借此也可以訓練學生社交的能力。義賣會中，每班設一個攤位；吃的，喝的，玩的，五花八門，應有盡有。有的班級當場炸春捲，生意蠻好的。有的賣家事手工藝品；其他如賓果，看相算命，怪物展覽等，無不以出奇制勝，想盡法子，掏出來賓的腰包爲最終目的，個個學生都施展了最佳的生意本領。我的班上却拿出實習農場的作物，招徠顧客。

林友仁這天，也特地從新竹趕來，在我班上的攤位上幫忙；那些敏感的小女生，早在竊竊私語了。「那人是不是蘇老師的男朋友？」「我看像是蘇老師的哥哥！」「哈！呆瓜！才不是什麼哥哥！是表哥！」「是未婚夫！」「亂講！你吃過老師的訂婚喜糖啦！」聽到這些學生無所顧忌的戲言，我才猛然覺醒，林友仁已經像一張密密的網，輕悄悄地罩向我的心田了。不是嗎？我從來不會拒絕他每星期給我的信件。雖然他信中談的那麼少，但是那又代表着什麼呢？淡淡的片言隻字間總是流露一分令人無法推却的溫馨。或許因爲它的發生太平淡了，從開始我就不曾去留意。想到這裡，我回頭看看在攤位上的林友仁，他不時地發出幾聲吆喝，「買菜啊！水果，保證甜的！來呀！晚來的沒分！」隔着厚厚的鏡片，他全然無視於旁邊女生的笑話，眞是不折不扣埋頭苦幹的人。現摘現賣的瓜果、靑菜、鮮花，備受城裡來的客人所喜愛．義賣所得出人意外的好，眞是一分耕耘一分收穫啊！

我們班上選定了耶誕節前的一個星期天，訪問孤兒院，除了致送我們的誠意——米、麵粉、衣物、兒童書刊外，我們還準備了唱遊同樂節目。在那些小朋友木然呆滯的臉上，總算引出一絲絲的歡笑來。此後我們還順道慰問山區貧窮人家，分送米糧、家庭一般急救藥物、日用品等，這種冬令救濟動，不但使學生受益匪淺，就是我自己，也像上了一堂最實際的公民課一樣。本來嘛，溫室裡成長的孩子，一向養尊處優，尤其難以想像，有人終身與貧病搏鬥，陷於無告之中；也無法明白，自小失去父母的孤兒，或失去照料的老人，那種長久孤寂無依的悲痛。

進入山區後，竟是傾盆大雨，這一家六口，擠在一間沒有電燈的草房裡，加上老邁的父母，望着外頭無法謀生的惡劣氣候，四個孩子，三個病了；一個不成聲地咳！咳！眼睛都快咳出來了。我的學生，輕輕地問我：「老師，他們能不能去看醫生嗎？他們會死嗎？我爸爸是醫生，我回去請爸爸來看他們好嗎？」這個平時最粗心大意的學生，居然也表現了最纖細的感情——憐憫之心，由這些小小心靈，散發出來的愛心，雖然很有限，而一時也無法根除這些貧病孤弱，但是却讓學生了解自身以外，某些人的生活情況，也使學生認淸了社會上需要同情、幫忙的是些什麼人。這眞是一種最好的幼吾幼以及人之幼，老吾老以及人之老的機會教育。如此，總比要學生簽名樂捐，來得有意義得多，也更富教育價値。

今天走了不少山路，回到學校，好累；坐在升旗台前，我想了很多。夜來了，週遭那麼靜，天空幾點星輝，林樹花草，依然芬芳。湛湛淡水河的對岸，有一個世界，這裡又是一個世界。想起姑姑的愛心，給我錦衣玉食的生活，表哥的純情，以及……啊！這些屬於小我世界的生活情懷，曾經那麼强烈地衝擊着我；這些曾經給人急促壓迫感的人與事；今夜以後，我自信可以坦然處之了。同時我也想到那個戴眼鏡的林友仁；他的信這麼寫着：

在滿是憎恨創痛的地方，我們要播下愛心寬恕的種子；

在滿是頹喪黑暗的地方，我們要播下信心希望的種子。

今後不管我走到那兒，將往這個目標去努力。我收拾往日的懵懂，看清了方向是重要的。明天的世界會更燦爛。

寒假，林友仁將帶着最近募來的物品來八里，去慰問一些更偏遠更需要幫助的人家。沒有誰一定要我們這麼做，可是我們都深信，往這條路走，可以到達一個可愛的地方。

通往宿舍的小徑，沒有燈光，但我覺得突然光明起來。那一盞燈是由心靈去感受的。

顫抖的白樺

阿鄧的婚禮結束後，在茶會上，有人這樣談論着：

「現在從臺灣來的女孩子，眞了得。」

「是啊！來不到二個月，就選定了終身伴侶，是要很大的勇氣呢！」

「豈止是勇氣，簡直需要超人的智慧。」

「嘿！時代不同了，那天你被什麼小姐看上了，你也逃不掉，要走上這條路的。」

「早得很呢！Ph. D. 還要兩年，綠卡下落不明，高職更不知在何處，誰會看上你哦！」

「那可說不定，今年來的女生，大都未婚；緣分，有緣的人有分。」

不管這些人談話的居心如何？我也不認識阿鄧的新娘，只是來美一個多月，就步上禮堂這件事；使我想起陳曉鈴的故事來。她曾說：「喜歡一個人，是刹那間的事，而愛，是理智，是一輩子的事；聰明的人，不會和自己開玩笑的。」這句話大概可以做爲以上那些紛紛議論的註脚。

陳曉鈴與王毅交往三個星期就結婚了，並且遠離父母的呵護，由臺灣來美，這種決定，如果不需要一點腦筋，那必是一項賭注。她婚後給我的第一封信，是這樣寫着：

「王毅是個好人，在我成長的過程中，他擔當了極重要的角色，他不但是我所敬愛的先生，也是仁慈的兄長，我把每個日子，都活得有力量，有喜悅……」

如此，誰又能懷疑她自己的選擇呢？

話說是兩年前的事了，我當時還在臺灣。

學校裏，清一色的男生；年輕女老師的出現，眞是稀奇又神秘。剛踏出大學之門，初爲人師，都有着一分不可言喩的戰兢和緊張。在辦公室裏，我和陳曉鈴老師很少談話。我們來自不同的學校，彼此只維持着同事間適當的禮貌而已。不過我喜歡靜靜地觀賞她的清秀嫩稚。平靜之中，也到了學期終了。這一天，學生走得差不多了。落日的餘暉，穿梭於後山的林子。我望着這一片醉人的綠發呆。

「很美是不是？李老師！早晨的太陽，也打這兒經過呢！」背後飄來一串風鈴也似的聲音，那是陳曉鈴老師，怎麼她還沒回家呢？

「李老師！聽說您明年不在這兒了？」她繼續問着我。

「是啊！要走的人，好像對什麼都特別留戀。您呢？頭一年敎書，會有不少感觸吧！」

「緊張，刺激，在敎學相長中，這一年來，我也學了不少。我還喜歡這份工作，我會一直敎下去。」陳老師愉快地這樣回答。

「我常看到您走路到學校，家是不是住在附近？」

「就在校門口馬路邊，那一棟小樓房。」
「啊！從那兒經過，常會聽到風鈴的聲音，想必是陳老師您家傳出來的。」
她聽了我的話，好像想起什麼事一樣，她說：「學生在背後喊我『風鈴』，會不會您是始作俑者？」
我不置可否的笑了笑說：「抱歉！如果是的話，我是無心的，我不過曾向一個學生打聽風鈴聲的來處罷了。」
「其實也無所謂，我喜歡這個外號。有時候學生是很調皮的。」
「提到學生，我常會把他們比作校園的花草樹木，個個不同，而似乎個個是精華。不知您注意過校園不？每一草一木都可以教人去看它半天，那棵白樺就是一例，青葱的葉子，每愛在風中顫動，我時時不自覺的去凝視！」
「小時候，我常在這兒撿落葉，秋天最美了，那棵樹，有心形的小葉子我也很喜歡，不過好像只有這一棵。」她對這兒倒是很清楚。我們由學生談到自己，越談越多。而當話題接近彼此的心坎兒時，都自然地脫去了陌生的外衣，暢快地談開來，她說：
「李老師！學生說你好嚴肅，我倒覺得你的感情豐富，只是不大表現而已。」
「也許。」我說：「有一種人不是很開朗，就不大有笑容。」
「哦！何必呢！太平洋彼岸有人等你，前途那麼美麗，說什麼不開心，知足常樂，看！我就是一個不大為明天思想的人。」

「我知道，不過生活是多角度的，比如這一天課，講得不如理想，我這一天就不快活。」

她嗯了一聲，說：

「我一直是很知足的。爸爸媽媽照顧我，無微不至，為我鋪的路子，條條是坦坦大道。若要足時今已足，而以為未足何時足呢？」她好像有些感慨地說：「有時我也會覺得，安適的生活中，似乎少了什麼？像你吧！如果我有出國進修的機會，恐怕我的爸媽都不會放我走的。」

「你和我不同，你是幸福的人，我是走到那裏都不會有人管的人。」

「嘿！李老師！我不喜歡你的消沉。」她直爽地說：「至少在美國有人關心你往那兒走，不是嗎？」

我點點頭說：

「不過我不嚮往美國，對未來的日子，也無任何憧憬。」

「別這樣了，我會替你禱告，神會給你信心。你什麼時候離開臺灣，我有機會請你到我家坐坐吧！這星期天好了。」

她是一個基督徒呢！我說：

「謝謝你，最近我會很忙。」

話談至此，我們熟暱起來，一年來的距離，好像就在這一天當中縮短了。人是要彼此交通才能了解，她真是個直爽愉快的女孩子，天晚了，我們一塊兒走下山，只聽那樹梢嘩啦啦地響在校園的晚風裏。

途中，我很奇妙的將嬌小的她和一個人連想在一起，那是剛拿到博士回國探親的王毅。我大膽地又小心地問她：「你有沒有要好的男友？」她搖搖頭說：「目前沒有中意的，但我相信神會給我安排。」我靈機一動說：

「這星期天我有空，你不會介意我多帶一位男士上你家坐坐吧！」

「我從不在乎這些，我媽媽是個好廚子。」

她回答得倒是很技巧，既然如此，我一不作二不休，快快地從包包裡拿出王毅的彩色照片，塞到她手上，踏上了車，說聲星期天見，就趕緊跑了。不知什麼緣故，我竟然對陳曉鈴動了這種主意。天曉得，我沒有壞意，倒是莫明其妙有信心起來。我笑自己要充當一次神了。

走進大紅門，才知道陳老師家，是個名符其實的花園洋房，扶疏的花木，直達客廳門口，在她的書房，我看到那串風鈴了。她的父親對王毅尚無異議，卻悄悄地對我說：

「謝謝李老師啊！你不知道曉鈴這孩子，挑剔得很，每次我給她介紹男朋友，她都不理不睬呢！」

看來我的任務已了了一半。此後我忙着辦出國手續。只是王毅把我的車借走了，我當然知道他的行蹤，因爲每隔三兩天，他就來還一次車，其實說還車，還不如說是來打報告的，事情的發展好像很順利。

中午時分，曉鈴突然來到我的小屋子，一進門，不管三七二十一就往那張亂糟糟的床上躺下，那樣子，簡直不像往日的她。我猶豫着，她卻先說話了。

「聽說美國回來的博士，都要相親一二十個才成功，他相過幾個了？」

我並沒有直接回答她，卻問道：

「你對王毅印象如何？」

「不是夢中的白馬王子，但，是我心目中的人。」這是風鈴發出的聲音，好響亮，好清脆。我不由得多看她幾眼。我說：「那你們有緣了。他父母安排了六位小姐，他一個也沒看，他說那些人都是想借此出國的，他不感興趣。」說到出國我想到一件重要的事，我說：「曉鈴！你知不知道他還要回美國？」

她嘆了一口氣說：「知道了，問題就出在這兒，昨晚我和爸爸拌了嘴。你知道我爸爸的固執，我壓根兒沒想到他還要去美國，如果他能留下來就沒事了。我爸爸口口聲聲要我和他一刀兩斷。否則…」

我自覺是個罪人一樣搞得人家鷄犬不寧。她接着說：

「我爸說王毅是個刻苦上進的青年。現在聽說他要回美國，儘說他的不是，什麼說話不懂修辭了，缺點太多啦。」

「人都有缺點，老人家要你眼睛亮一點也是對的。」我說。

「我的眼睛張了兩星期，張得夠大了。若以旁觀者來看，王毅是個陰險精明，巧用心機的人；當然他對我是在用心思，否則怎能博得女孩子的信任？有時我也會對他的過於細膩感到不耐煩。不過這並不是他的缺點，我爸爸自己就是一個熱情細心的人啊！」

她說的話使我迷糊。我也不知她要怎麼個了結。

「我爸爸是個軟心腸的人，我離家或怎麼的，都是他受不了的，所以，我爸爸讓步了。嘿！你知道不？喜歡一個人是一刹那間的事，或許就是那第一眼，而愛，是訴諸於理智，是一輩子的事。」

她的話是如此路轉峯廻。她突然從我床上坐直起來，揚了揚嫩嫩的手，是一顆白金戒指。

「你不會是開玩笑吧！」

「和自己？，永遠不會，我媽說我是個聰明的女孩子，有自己的眼光。」

聽了這些話，我不得不佩服她這種勇敢有魄力的決定。風鈴！你這一生，或許自己走出一條路來了，我也相信「有緣千里來相會」的事了。

曉鈴和王毅到美國只住了一年，就遷居加拿大。這是她給我的信：「李荷姐：王毅對我可說是無微不至了。雖然他工作那樣忙，還是不忘記找時間帶我去郊外走走。其實我並不是那種不甘寂寞的人，有許多事，待我去學習，我正努力地做好一個家庭主婦。我幻想他做父親，我做母親的那分喜悅。一個家一定要有孩子不是嗎？我一向很喜歡孩子，何況是屬於自己與他共有的……。」

風鈴叮叮！帶來一連串的喜訊。我打從心底感受到他們的幸福美好。

日子是你不去數它，它也過的。一夜的冷風，吹紅了整個山城。楓葉的轉紅，儼然是秋色的要角，而事實上，幾乎山谷的林木，都在此時換上了鮮艷的新裝。連匍匐的地衣和小草都不例外。它們從大紅色到淡黃而白，分別團簇一隅。楓樹高大，扶疏的枝葉層層搭蓋，鮮紅搶眼。那一端，潔白的樺樹林，看起來好單薄。淡黃的小圓葉，正在風中飛舞。我喜歡白樺秋來的風采。它們平實地耐着那分嚴寒，可是也正蘊釀着一股熱流，以致於春來的欣欣向榮。這是自然界生生不息，永恆的奮鬥。

讀了曉鈴的信，確信秋天是相思的季節，是感懷的季節。她說：「李荷姐：『冷』使我領悟到寒風刺骨是何滋味。他很有耐心地教我如何履薄冰。這兒是個適合居住的地方，樸實安靜。但總覺落寞，究竟這不是屬於我們的國度。人情味在洋人身上不易發覺。甚至於在許多同文同種的中國人身上，也是那麼無可奈何的貧乏。昨夜我夢見和媽在一起，醒來，窗外下着雪，眼淚自然湧出。他靜靜地陪我落淚，想必也疲倦於多年的飄遊。唉！這些海外的遊子，何處是歸程？懸着所謂『理想』的標竿，其中也委實有着太多的逃避。不過我相信一種『美』的生活，是必需用『心』去建設的，雖然現實會逼迫人們放棄『心靈』，我還是會努力嘗試保守純眞的心。否則無法承受那種清醒時的痛苦。這些日子來的磨練，使我在信心的功課上，獲得極大的長進；使我生活有力，行路有光，作息都有存在的意義……。」

這一代的中國留學生，似乎已劃定了一條必走的路，是一條無人知曉何時休止的路。有誰知道多少人猶僕僕於此道中？其中所背負的辛酸，又有誰能細說？耐不住那濃濃鄉愁的人，都要回去，我也想得厲害。只怪這秋風的蕭瑟嗎？恐怕不那麼單純。

曉鈴從加國寄來一首短歌：

「堤邊柳，到秋天，葉亂飄，葉落盡，只剩得，細枝條，想當日，綠茵茵，春光好，今日裏，冷清清，秋色老……」她怎會寫這首悲秋的老歌詞寄我？我感到非常詫異。也難怪，他鄉的遊子，觸覺是敏銳的，幾枝枯條，幾行歸雁，都會使人驚韶光的匆促，傷萬物的凋零，這是人之常情啊！更何況，風城到加國是一段遙遠的路。一朵溫室的嬌花，移至冰寒的原野，其感懷能不深麼？而如果又是那麼無可奈何的，必需離鄉背井，其心中的負荷更是深沉。我告訴曉鈴，想想那些在風中顫抖的白樺，在最難挨的季節，抖落了一身的苦難與疲憊。調息儲養出無窮的生命力。那麼循環不已的日子，就不是單調和毫無意義了。這時，眼前閃動着故鄉學校後山那株白樺的影子，於是最後我寫道：「做一棵堅强的白樺吧！曉鈴！你是勇敢的。寒冷的時刻，你儘可以顫抖，但那並不是意味着無能或失敗。」

蓮華之戀

一

晨曦爲什麼總是那樣清明？葉芽兒爲什麼總是那樣嫩綠？春光爲什麼總是那樣明媚？你知道嗎？我也察覺了。可是，我搖搖頭。我眞的那麼懶得說話嗎？

那是我後來發現的。我喜歡她，並不是因爲她有一個不太容易叫的「菡萏」的名字。呵！我寧願整天釘着她嬰兒般潔亮的眼睛。我寧願釘着她晨光般的風采。

二

風剛好走過池間。像極了，像她輕盈接近的脚步。

後來我也變得很愛問，爲什麼新學期開始，總在秋高氣爽的日子裏？不管如何，我很滿意這樣的氣候。

大家都說：秋天是收穫的季節。雖然，我不知道，我到底栽種了些什麼。不過，校園裏，總有些花草長得既茂盛又多姿。對了，四季如春的寶島，總有常年濃妝艷抹的花朵。

我和許多人一樣，先搶着顏色最耀眼的那一朵看去；朝着氣味最濃郁的那一朵追逐。結果，天天兒看，天天兒聞，漸漸的，那迎風高擎的大朵大朵的鮮花，居然香也不香艷也不艷了。

三

那一方水池，青蛙總是嘓嘓的唱。池裏不聲不響的荷，可是最忠實的聽衆。我看到了。你不必去憐憫她的孤單。很久以來，她就是這樣了。說眞的，有些人，沒什麼朋友，成天獨來獨往，那樣子，總叫人去可憐她。可是，哦！我以爲，她那樣不搶眼，才是她的本色。

四

沒有幾個人，能正確的叫出她的名字。

當她寫下「菡萏」兩字給我時，我臉紅了。噢！這兩字我連看都沒看過，別說讀出來。我又如何在每個夜晚夢想着輕輕喚她兩聲呢？

她的唇張都沒張一下，只抿緊了嘴笑。指着池中的荷笑。

那天回寢室，我趕緊求教中文系的室友。他們搬出大辭海。啊！「菡萏」荷花也。爾雅釋草：「荷，芙蕖，其華菡萏，其實蓮。」古專稱荷，今荷蓮混用無別。

我瘋了似的讀着菡萏！菡萏。當然，我知道我關心的不是菡萏兩字的讀音。我喚的是她唷！她姓游名菡萏。

菡萏是不是很艷麗呢？我不能告訴你。菡菡是不是很芬芳呢？我也不能告訴你。誰叫你不接近那方蓮池呢！

五

通往籃球場的小徑，兩旁長滿了含羞草。小紫花一路開到了看臺邊。

我小心翼翼的運着球，儘量不讓我的籃球落在小紫花上驚動含羞草。

清晨的草地上，有些露珠，我跨過草地，跳起來，將球很美妙的投進籃裏。然後大叫一聲：「菡萏」。

這是我認識她個把月以來，第一次喊她的名字。

她仍然抿嘴而笑。我在她身旁坐下來，說：「好名字耶！你爸爸一定很有學問！」

她搖搖頭說：「名字只是符號，不代表什麼啊！」

我也頭一回學着她抿嘴而笑。我只是不想說—出汚泥而不染—那樣顯得我好巴結，好俗氣。

我靜靜的看着她。以前，我總是浮裏浮氣的用廣東話喊她「細文仔」。我是廣東人。以我高頭大馬的運動身材去看她，她是嬌小了些。而一大早就捧着書在那兒早讀的人，不像小學生嗎？

我靜靜的看着她。我再也不覺得她像個「細文仔」。她有一百五十九公分高，也許還要高大些。

噢！我的意思不是高大，而是偉大，可取！

也不知道那兒來的靈感，我突然很强烈的希望她喊我的名字。就像我喊她菡萏一樣，一定很叫人興奮。

我熱絡的鼓勵着：「名字，沒什麼是不是！只是……」

她乘我不備時，輕輕的喊一聲：「啟華！」

然後，她羞澀的說：「沒什麼是不是！只是……」

我想了想，是沒什麼！否則，我「啟華」豈不成了「開花」麼！我笑得好樂。

可是，她依然漲着一張紅臉。

我知道了，我啟華是沒什麼意義。可是，菡萏總是菡萏。我喜歡她，就是因爲菡萏一點兒也不出色，一點兒也不招搖。

六

校慶那場籃球賽，好多女生在看臺上對我尖叫。她們喜歡看我打球。如果，你的球技和功課一樣好。這種情形，你是可以感覺出來的。可是，我沒去理會那些女孩子瘋狂的尖聲尖氣。

我知道菡萏也在看我。雖然，我不知道她坐在哪兒，但我知道她靜靜的。

她臉曬得好紅好紅。看起來不太像平常的菡萏。

這天，她沒避開我的汗臭味兒。她用她的眼睛說：「好羨慕你！」

我摸摸自己結實的臂膀子，我也覺得我强壯，威風得不得了。可是，沒有用。她還在看我。很快的，我便墜入她那潔亮而深邃的湖裏。我說的是她的眸子，平靜得讓人心跳。奇怪不？呵！是啊！我怎麼能告訴你那是爲什麼呢！

七

藍天底下，淡淡的雲輕輕悄悄的飄逸着。風兒爽爽的逗弄着我的臉頰。

也不知道是不是因爲剛剛考完畢業考，我渾身舒暢得想大聲歌唱，我的意思是，現在很適合唱歌，雖然我的嗓子一點也不靈光，可是，我的心已經在歌唱了。

通過這個花塢就可以看到菡萏了。這個長廊，我還是頭一次走過。小鳥吱喳得厲害，我伴着口哨，挨近教室窗口。一堆女生，在教室裏談天說地。我一點也不在意的走到了教室門口，卻聽到他們說的是什麼！

「爲什麼他那麼目中無人？」

「怎麼會呢？游菡萏不是他目中的人嘛！」

「呃！游菡萏，受不了！」

「我就搞不懂，游菡萏長得也不怎麼樣，潘安居然窮追不捨！」

我聽到了潘安追菡萏。怪了！潘安是誰？分明是我嘛！我潘安，哈哈！笑死人了。我沒挪開腳步。這些女生的話題太有意思了！

「我就不知道他看上她哪一點？」

「哪一點？三百六十五天都是那一套白衣褶裙，呃！加上短襪平底鞋，眞悶死人了！」

「你活該！」

「爲什麼？」

「她啊！天天兒三寸高跟鞋，不是挺婀娜多姿的嘛！可是啊！脚上長了鷄眼，人家還不是看都不看你一眼！」

「我說！你不會學學人家游菡萏，擺着一張不施脂粉的臉！」

「噁心！」

「那怎麼得了，我這平板的臉，不打點暗影增加臉部的立體感，見不得人呢！」

「你又見着了誰啊？」

一陣笑聲揚起。

「像游菡萏這樣平淡的人，總是先有男朋友，你說怪不怪？」

「怪？就因爲她太平凡了！」

「像你那麼特出，就應該有一打男人來追你對不對？」

就這麼回事，我聽夠了。

突然，我想到要捉弄一下這些愛嚼舌根的女生。

我走進門，探着頭大聲的問着：「菡萏！菡萏！你在哪兒？」

衆女生像偸吃農作物的鳥兒被主人發現一樣，頓時哄起一陣嘩然。

「啊喲！臭男生怎麼可以跑到我們女生教室來？」

啊！太妙了。這是今天我聽到的最得意的一句話。

菡萏從不忸怩作態。她想和男生說話，就和男生說話；她想靜靜的在一旁，就靜靜的在一旁，自然得不得了。我說菡萏就是菡萏，再加點什麼就失眞。

繞過兩棵大王椰，小鳥仍然一路啁啾不停。還好我聽不懂鳥語，否則說不定也是一些不甚好聽的是非呢！

平時，我不大用心去思索極費力氣的人生問題。可是，今天我想了一些。

爲什麼人人都盼望自己不平凡呢？那是人之所以渺小的地方，包括我在內。而眞正的不平凡又是什麼呢？從平淡中得來的。

菡萏但求平凡，安於平淡，是不是最懂得生命的不朽呢？

看那細水涓涓的長流，流域繽紛的世界，哪是細水刻意經營的呢？

我畢業那年，菡萏才讀完大一。我要到南部服兵役，也許更遠的地方。

我覺得必須讓菡萏知道我心裏想的是什麼。所以，我說：「我要到船上工作，有一天，我會有一艘船，船長是我，我會來接你。」

後來，我才知道，這個決心，是我這一生當中所做的，最大的錯誤。

我上了船，我擁有大海，我擁有長空。可是，我卻無法與地上的，那一方蓮池裏的菡萏交通。

雖然，我曾經一再强調，這不是告別。但是，那曾經叩之以心弦的期許，只是茫然，像大海一般的茫然。

不管我接觸到的大海多麼多彩，不管我經歷過的天空多麼燦爛，也只是茫然。我分明知道，這世間這樣痛苦牽掛著的，不止我一人。還有菡萏。

八

啟華走了。直到他從海上寄給我第一封信，我才明白，我曾經那樣深深的被愛著。

啟華說：「我有一船的相思。」

到底，那是船載得動的相思啊！我呢？我是菡萏，小小的菡萏，如何承得住這永無止盡的生離。

有人說：啟華還在船上。有人說：他已經沉到海裏了。

死別是一個很痛快的了斷；而生離，雖是一路冷清的期盼，但是，我寧願他還活著。

因爲我知道，他一直是一個人，孤單的，死心踏地的追尋著海闊天空。那是他的志趣。

如果，一個人拋開了興趣和理想，我不知道人活著是什麼意思。所以，我原來可以勸他放棄，他會依我，可是，那樣不自然，不自然就不眞。

愛一個人要愛得眞，才能持久。這是我個人的執著。

有一段很長的時間，我恨這個執著成爲我生命中最軟弱的部分。後來，我就不這麼想了。所以，一直到現在，我對什麼事都很認眞。

九

打從一開始認識啟華，我就認定了，他不屬於我個人的。不過，我還是得到很多。當我知道我愛他很深時，我已長大。是他帶我走向健康而成熟的道路。雖然，成熟的過程中，總是摻雜着過多的苦澀，然而，沒有一個人逃得掉。

我問啟華：「爲什麼你總是起得那麼早？」

「不和太陽一塊兒醒來的人，得不到那一天的快樂。你知道，快樂是什麼？健康也。」他捏我一把鼻子說：「你自己還不是起得那麼早。」

有一天，啟華騎着一部高座墊的脚踏車，在我跟前繞着圈子。

哇！看他小腿的肌肉，一鼓一鼓的使勁的踩着，神氣得不得了。

那時候，我還不會騎脚踏車。我羡慕極了。

第二天，他推了一部女用的脚踏車來了。

我問：「新買的？」

「改裝的！」他說得輕輕鬆鬆的。

「拿你那一部？」

他不置可否的笑笑。

「你？昨天一個晚上就做這些事？」我搖搖頭。

他的嘴角只掠過淡淡的笑，一點也不誇張。

哦！最叫我感動的不是這件事，而是扶着我學脚踏車的勇氣。

誰都知道，小孩子學脚踏車，是很自然的事。但是，我一個大女生，難爲情死了。

我不得不告訴他：「高中時，體育課上百米低欄時，我一個都沒跳過。考試時，我一個一個推倒了跨過去的，老師只給了我同情分數。」我眞怕他笑我。

他只說：「一個人的失敗，往往比成功來得有用。你從來沒試着去跨欄，你不曾失敗過是不是？所以你會害怕！來！我扶你上去！別怕！」

說的也是，經常怕錯，是我的大病，只有行動是克服恐懼最好的藥石。

我學會了騎脚踏車，不是啟華天天扶着我。而是我利用夜晚，偷偷在球場練習了一個月的結果。

我淸楚得很，那功勞不是我的。矛盾不？一點也不。

一天，我也騎着脚踏車，在啟華的面前轉了兩轉。他很快的發現到我右脚上的瘡疤。

他問着：「學車跌傷的？」

我點點頭，心中頗不是滋味的反問着：「很難看是不是？」

他不直說，只用很輕柔的聲調說：「如果你沒有跌傷過，怎能領略其中的滋味？哦！讓我告訴你，容貌可以粉飾得不分美醜，心地的善惡卻不容掩藏，你不用擔心這個疤痕。這很眞，眞就是美！」

聽了他的話以後，我把幾乎流出來的淚水，嚥了回去。

我對自己的容貌相當淸楚。

啟華是個善良的人。他總在我對自己沒有信心的時候，提醒我的優點。從此，我再也不去理會我腿上的疤痕。那疤痕就眞眞實實的跟隨着我，直到現在。

十

回憶總是帶點不眞實的美感，因爲人家說，當一個人開始回憶時，便老了。

我很慶幸，我不用特別去美化這件往事。

我只小心翼翼的將這串風鈴也似的愛戀，掛在心頭。當我們心靈交會時，無聲的言語，總是叩得他叮噹叮噹響。那很美。

啟華不再回來了，重要的是，他也沒有眞正離開過我。

當然，如果，人間眞有一個萬能的神，能給人想要的東西。我不會傻得說：「給我明天。」人們太容易得到明天。

所以，我會很貪心的向萬能的神，要一個「昨天」。

你的故事一定很美

好大的風，夾着細雨，冷颼颼的，直往人們的脖子裡灌；無怪風城的氣溫總要比臺北低上一兩度。新竹火車站，擠滿了旅客，大部份是剛放寒假，準備返鄉的大專學生。往北的對號快車進站了，月臺上的人潮急促地移動着。

這時候，陪著周嵐嵐站在一株山茶花盆景旁的葉志堅，調整一下背上笨重的登山袋，然後俯身去提起周嵐嵐的行李。「上車吧！嵐嵐！三天後，在臺北等我的電話！」

他們邊走邊說。

「一定哦！一到臺北就給我電話，別叫人太擔心！」周嵐嵐嬌嗔似的叮嚀着。一邊掏出手帕來拭着噓噓嗦嗦的鼻水。臨上車前，還回過頭來，「天氣這麼壞，自個要當心啊！別跌跤啊！」

葉志堅一面攙着周嵐嵐上了火車，一面伸出食指靠近唇邊，噓了兩聲：「別說不吉利的話！又不是頭一次登山，你放心好了。」

周嵐嵐面有歉意，聳聳肩膀，伸了伸舌頭。

葉志堅只是笑了笑。

火車緩緩往前滑動。

葉志堅面對着臨窗的周嵐嵐，隨着火車慢慢的跑着。嘴裡和周嵐嵐一樣，不停的喊着彼此都聽不見的再見。

車影消失在濛濛細雨之中。葉志堅方才轉身，踩着平穩的步伐走出月臺。逕往汽車客運站走去。那兒有交大登山隊的隊友正等着他。他們這一伙人，今天要征服的目標是大霸尖山。

坐上火車的周嵐嵐，望着輕輕落在玻璃窗上的雨絲，不自覺的打了個哆嗦。她拉了拉衣領，擦不完的鼻水，又開始騷擾起來。三條手帕已經濕濕黏黏的，無法再用。她從手袋裡掏出一把衞生紙。這些大概夠用到臺北吧！想着，哈啾！哈啾地一連打個噴嚏。她拿着紙捏了捏既痛又癢的鼻子，擤去了鼻涕。抬起頭時，立刻想起了葉志堅。她本來也要去爬山的呀！

周嵐嵐望着窗外，她喜歡葉志堅背着登山袋，那種穩健如泰山的神態。不過她從來沒告訴過他。只是常常靜靜的觀察，細細的欣賞那種極富男性魅力粗獷之美。她也喜歡葉志堅平常斯斯文文說話的表情。

現在呢？她又拉拉衣領，感到有些孤單。她暗自抱怨，早不來，晚不來，偏偏在這時候得了重感冒。否則，我現在也和他們一塊兒上大霸尖山了。……哦！不過——

窗外的雨變大了，灰暗的雲，像鉛塊一般的壓在天際。

她搖着頭，寒流再不走，山上可能要飄雪！她在擔心着葉志堅。

火車過了湖口，車速顯著的加快，平穩的駛向北方。

周嵐嵐瞇着眼打起盹兒來。意識朦朧之中，看到了葉志堅。哦！他正在攀登一段萬分險陡的山崖。

「葉志堅！葉志堅！」呼喚之聲遠遠飄來。

誰在叫喚！她搖搖腦袋使自己清醒些。難道是睡夢中迷迷糊糊喊出來的？

她實在弄不清楚；左看右看，所有的旅客，都沒有什麼異樣。

哦！大概是一場惡夢吧！但願志堅平安無事的走完險路！她撫着胸口。

「那是葉志堅啊！我眞喜歡他！」

心才安定下來，不知從那兒又飄來這句話。她挖挖耳朵，確實聽到了，是女孩子的聲音。會是誰呢？好大膽，公然說喜歡葉志堅！她覺得刺耳極了。

「噢！他背着登山背包的模樣，眞好看！好叫人羨慕！」

又迸出另外一個女孩子的聲音！現在，她已經弄淸楚，談話聲來自她的背後。

「他會做飯啊？」

「葉志堅是出了名的健脚山胞。一個鐘頭走十公里路，面不改色。」

「十公里？到底有多遠？」

「眞不敢相信哦？這次溪頭到阿里山，是他帶隊呢！外加炊事雜伙兒，任勞任怨，我最欣賞這樣的男孩子！」

這兩個女孩子就這麼一唱一和。她聽得渾身起雞皮疙瘩。眞不害臊，怎麼有這樣的女孩子，把話說得這樣露骨呢？—不對啊！那次溪阿縱走，我也去了，幾個女生我都認識的啊！而葉志堅也一直在我身邊啊！隊友也都知道葉志堅和我是公認的……唉呀！算了，別去想他。說不定她們談的是另外一個葉志堅，說不定那是個女生啊！他晃晃腦袋，把自己的情緒穩定下來。

「上回葉志堅到我家來，穿了一件暗紅色的毛衣，好看極了！他個兒高，看起來眞帥。」

這一回她可急了，葉志堅是有件暗紅色的套頭毛衣！到底這女孩子是誰？怎麼和葉志堅這麼熟，還到過她家！她下意識摸摸自己的臉龐，掠掠頭髮。不知這女孩長得怎麼樣？但願很醜。哦！一定很漂亮，否則……難道葉志堅新交了女朋友？她開始不相信自己，對葉志堅也失去了信心。

不過，不可能啊！我和葉志堅同時考進交大電算系，彼此來往也有三個年頭了。志堅不是那種轉彎抹角的人，哦！別自尋煩惱！她强迫自己把疑慮甩開。

可是，不到一會兒功夫，她又變得不安起來。志堅到過她家，不對啊！人家志堅，志堅的喊得挺親熱的。她開始冒起火來。志堅到目前爲止，還沒到過我家。哼！這女孩子一定要了什麼手段去引誘志堅！啊！對了，說不定是遊手好閒專門釣凱子的野女生，是了，一定是！她沒有層次的胡亂猜測。想得有點樂，她已認定了她們是釣凱子的野女生。

「葉志堅在班上功課也是頂尖的，個性又隨和，誰見了都喜歡！」

她剛撥開的疑雲，又靠攏了來。葉志堅功課是不壞呀！也能玩，一點也不俗氣那倒是真的。啊喲！誰見了都喜歡。這怎麼可以，再聽聽他們說什麼？她壓抑着內心的起伏，傾聽着。

「你不知道啊！志堅還送我一串紋石項鍊，那是他從澎湖帶回來的！」

她差一點叫出聲音來，一點也沒錯，葉志堅是到過澎湖。他們說的是我的葉志堅沒錯。噢！哪裡是我的葉志堅。他擁有那麼多女孩子，我還蒙在鼓裡！我算什麼？他不覺掉下眼淚來。我眞是自作多情，一直以爲我是志堅唯一心愛的人。誰知道，他背着我　她掏出衞生紙，搗着嘴臉，把眼淚鼻涕擦乾淨。

難怪！志堅和我約會，有時候連話都懶得說；只是呆呆的望着天，要不就是冷冷的看着地。我還傻得以爲他正在痴痴的瞅着我不說話呢！原來他把所有的情話，都留着去和別的女孩子說。啊喲！好可怕。表裡不一，這樣的男孩子，眞看不出來呀！她的妒火，叫那串紋石項鍊給煽得熾熱熾熱的。好啊！志堅！你也懂得送項鍊給女孩子。你從來就沒有送過我什麼貴重的禮物。頂多送我一册書，或是一張唱片，就沒想要送我什麼信物——。

「那天，志堅到我家來，話說得很少。只是靜靜的欣賞音樂。他還會彈吉他。那天他彈了一首民謠——紅河谷。他歌喉不錯哩！邊彈邊哼。那灑脫勁兒，把曲調中的飄逸曠放，和帶點傷感的風味全道出來了。」

她聽得快發狂，恨不得轉身過去，揪住那說話輕輕柔柔的女孩。你搶去了我的志堅，我却一點兒也不知情。志堅會彈吉他，他那把吉他還是我送他的呢？哼！居然拿了我送她的吉他去和別的女孩子調情。她彷彿眞正看見了志堅含情脈脈的對着別的女生，她眞正火大了，暗叫着：噁心透了！

「我從來沒見過這麼可愛的男孩子。我的意思是說他有朝氣，身心都健康！」

眞丟臉，這女孩子，什麼話不好說？她在罵着。

「男孩子如果個個都像他一樣，就太好了！」

那還得了，搶了我的志堅，還不夠，你這人，是不是想搶盡天下所有的志堅不成？她緩和一下情緒。現在的女生是大膽，見一個，要一個，眞作賤自己。難怪！人家淨喊着女生比男生多，嫁不出去的老小姐多得不得了！……她腦中紊亂不堪，想得有一點兒離了譜。她似乎已經決定放棄志堅，這樣一個用情不專又陰險的男朋友。但她又極度的矛盾着。志堅不可能是這樣的人。不！我得問個清楚。否則一刀兩斷。啊！不！那不是太便宜了！志堅從來沒對我說一個愛字。却對別的女生那麼多情！哦，這麼說來，我對他的一片眞情，全泡了湯！她難過的看着窗外，雨勢不停，氣溫越來越低。

突然，她腦中閃過一個念頭，讓志堅登大霸尖山跌死算了！誰也休想得到志堅！她還狠狠的瞪了個白眼。她眞希望後座那女孩子，能看見她的憤怒。

志堅跌死算了！志堅跌死算了——不對啊！這一念頭萌了芽後，就不停的在她的腦際茁壯。

忽然，一聲轟隆響起。是志堅跌倒了。

她接住了從行李架上落下來的小皮箱。還好！只是一場虛驚。她有些後悔。爲什麼我一定要咒死志堅？萬一……哦！不！

她站起來準備重新放好皮箱。迎面來了一個年青人，老遠便喊着：「嘿！周嵐嵐，你也坐這一班車！」

「喂！邱永信！」周嵐嵐很高興見到一個熟人。他們是同班同學。

「葉志堅沒和你一塊回臺北？」邱永信問着。

周嵐嵐生氣的翻了個白眼說：「別提了，他上大覇尖山去了！」

「哦！對了！就是今天，我原來也要去的，臨時有事取消了！」

周嵐嵐突然動了靈機。邱永信和葉志堅很要好，葉志堅常常去邱永信家。向邱永信打聽一下，說不定可以探出什麼口風來！於是，她便和邱永信慢慢兒聊起來：「咦！邱永信！你家不是在新竹嗎？你上臺北做什麼？」

「陪我媽媽和阿姨到舅舅家。他們就坐在—我看看你是卅五號！」邱永信邊說邊掏出車票來看。「啊！就在你後面。啊！媽媽，阿姨，快到臺北了！」

「永信！怎麼到現在才來？我們還以爲你沒上車呢？」

「媽媽！我在前面車廂遇見了老同學，我們就站在門邊聊到現在！」邱永信回答。

周嵐嵐簡直不相信自己的耳朵。那說話甜甜柔柔的女孩，居然是邱永信的媽媽。她鼓起勇氣回頭細細的瞧了瞧被她一路嫉恨的兩個女孩。天啊！她們手上拿着一堆照片，正是溪阿縱走時拍的。那次邱永信也參加了，不是嗎？她怪不自在的紅了臉。

「媽媽！阿姨！照片收起來吧！準備下車了！」邱永信看看周嵐嵐，「哦！對了！阿姨！你看到了葉志堅了吧！就這麼巧，這位是周嵐嵐，葉志堅的女朋友！」

後座上的兩個女人不約而同的張大的眼睛，「啊！好漂亮啊！」

「周小姐，我們不知道，不然一定邀你過來看照片！」邱永信的媽媽說。

「那些照片我都看過了，謝謝！」她禮貌的回答着。

「葉志堅眞是個好青年！」邱永信的媽媽加了一句。

周嵐嵐紅了的臉色尚未退去，現在連耳根都發熱。人家多大方，而我，小器巴拉的！羞死人了，一味的嫉恨，一路兒罵猜疑，多可笑！她想到這兒，不覺脫口而出：「伯母！阿姨！您們的聲音好好聽啊！」

邱永信笑笑說：「當然囉！我媽媽是電臺的播音員！」

「啊！難怪！」

出了火車站，周嵐嵐拎着行李，心頭盪漾着春天一般的喜悅。她完全忘記自己剛才在車上如何小心眼，如何掙扎。她只記得邱永信的媽媽和阿姨說的：「志堅！個兒高，看起來眞帥，功課好，不呆板，誰見了都喜歡。有朝氣，身心都健康，是個很可愛的男孩子。」

眞好！我還從來不曾分析過志堅有那麼多優點。只是一味的愛他！哼！我算找對人啦！她邊走邊想，樂陶陶的，沒注意左右的來車。

突然，戞的一聲，一部計程車在離她約一公尺處刹住。司機伸出頭來大聲斥責：「想死是不是？不長眼睛！」

她如大夢初醒，也嚇出了一身冷汗。

想死！才不呢！我有志堅，我不但有眼睛，還是雪亮的，找到一個可愛的志堅！計程車開走了，她現在覺得，有機會想想志堅是很享受的事。

臺北的冬天，總是一長串煩人的雨季，天寒地凍，她的腦袋冷不防跳着：志堅跌死！志堅跌死！剛才司機的斥責聲尙未消失，整個人被死字佔據了。

回家後，周嵐嵐的心神沒有一刻寧靜。對自己無心說出來的氣話：志堅跌死算了！感到極度的不安。於是她整天開着收音機聽新聞，聽氣象。魂不守舍的在家緊張了三天。

第四天一大早，她就守在電話機旁等着志堅的電話。直到中午，沒有等到他的電話。

她越來越害怕。志堅會不會眞的出事了？不！我的嘴不是鐵嘴。她想給志堅家裡打電話，但又害怕萬一志堅他一她的心情越來越複雜。

守着電話機眞是痛苦的等待。

下午六點左右，「鈴！鈴！」電話響了，新竹打來的長途電話，找周嵐嵐，她握緊聽筒「喂！

擾的聲音。

喂！」兩聲。

「喂！周嵐嵐嗎？我是李修文！我們山隊都回來了。葉志堅要我告訴你……喂！喂！」電話有干

周嵐嵐也大聲的「喂！喂！」喊着。她敏感極了。志堅出了事，他不能給我電話，所以叫李修文打，啊！不得了！她這一猜想整個臉黑了一半。她大聲的問着：「李修文，你們在哪裡？葉志堅他人呢？」

「哦！新竹醫院。我告訴你……」李修文繼續喂着。

周嵐嵐像遭了雷擊，「卡啦」一聲，手上的聽筒鬆了下來。整個人昏倒在地上。

天才朦朧亮，周嵐嵐張開眼睛，抽了抽鼻子說：「好臭！哦！是山胞的味道！」

這時，葉志堅站在床邊。「正是呢！山胞在這兒，嵐嵐！你醒來了，看到你眞高興！」

「哦！志堅！你怎麼會在這兒？你沒事？」

「嵐嵐！大家都沒事，山隊剛剛都在這兒，他們才走一會兒！」

「你不是躺在新竹醫院？」

「你聽到哪兒去了？嵐嵐！那時候，我正在照料一位傷患。我們大伙兒回家時，在路旁遇到的，機車肇事，騎士流血過多休克。我們把他送到醫院！所以才躭擱到現在！」

「哦！志堅！哈啊！哦！」周嵐嵐翻過身用被子蒙住臉，又笑又叫。她覺得自己瞎操心了一場。

她露出臉來說：「阿彌陀佛，救人一命，勝造七級浮屠！」

葉志堅望着啼笑皆非的周嵐嵐，自己也傻傻的笑著。他背起髒兮兮的背包，抑止不住的打了兩下好深好深的哈欠。

「志堅！」

「想你！嵐嵐！但是我不敢碰你！」

周嵐嵐會意的點點頭。

「我最沒有嗅覺，但是，現在我可以聞到我身上發出來的臭味兒！四天沒洗澡了！」葉志堅笑了起來。

「這才是名符其實的山胞啊！志堅！我想看看你，請你把窗簾拉開！」

葉志堅站在窗邊亮處，周嵐嵐仔細的端詳着。不錯！志堅就是那樣逗人去愛的男孩子。

志堅有點不自在，他摸摸下巴扎手的鬍髭「我得回去清洗一番！我的模樣一定很可笑！」

周嵐嵐搖搖頭，笑而不答。

「嵐嵐！你沒有不舒服吧？」

「我沒事了！謝謝你，志堅！你眞好！」

志堅望着窗外，「天晴了！晚上我來找你。告訴你山上的鮮事！」他說。

「不！你需要休息，起碼也得睡個三天三夜吧！改天我講個美麗的故事給你聽！」

志堅以海樣深的眼睛盯着周嵐嵐，他忍不住俯下身子，在她的臉上親一下說：「是的！嵐嵐！你的故事一定很美。」

寄

一

一個人被生下來時，高興的不是自己；死去的時候，悲傷的也不是自己。而人，像江漢和惠芳這樣的人，是不是該有高興的時刻呢？

一程程山遙水遠，江漢和惠芳一路南行，回首天涯，雲黃天淡，風絮滿城。岸邊烟草迷漫，波飛浪捲，頗有一洗人間汚濁的氣象。

此刻，江漢思索着。

不知道，爸爸媽媽是否曾經因爲他的降生而高興過？如果在別的地方，可能，可是，在這樣的時代，這樣的地方，添丁實在是一種累贅，也是悲哀。

江漢確實爲自己的爸爸媽媽死去而難過好一陣子。可是，當他想通了以後，却慶幸爸爸媽媽的解脫。

看着惠芳微突的肚子，懷着的孩子，是他的。江漢實在很難對這孩子的降生，抱樂觀的態度。

他眞不懂自己在這人間到底扮演了什麼樣的角色。可是，他知道的是：人人幾乎是平凡的生，却不一定能偉大的死去。這是他覺得遺憾而又無可奈何的事。

因爲他一直認爲，不管死在何處，都比死在沒有自由的世界裏强得多。

寶安是一個大站。江漢無心瀏覽，只擔心着一件事。

待一會兒，往海裏跳的時候，惠芳她能不能負荷大肚子游水？因爲沒有人知道要泅水多久。雖然，他們長距離的游泳已經練習很久了，畢竟，這是重要的時刻啊！

江漢與惠芳遠遠相顧而無一言半語。塵埃封着他們的倦容。可是，他們的精神却抖擻無比。

這時候，江漢的眼睛，應該不時地向四周溜轉；但是，他沒有。賊眼才那樣。如果，在這節骨眼上，暴露了身份，不是功虧一簣嗎？何況他不是賊。他只是要去取得他的自由。

江漢的頭低低的。這兒人很多。明知有些人和自己是同道；可是，誰也不敢貿然招呼。惠芳知道江漢的內心，正焦慮不安。她輕聲的對他說：「沒問題，打從懷孕開始，我就沒停過游泳。現在，我的情況還不錯。」惠芳充滿信心的指着自己的肚子。

江漢不說話，站開了去。他盡量避免和惠芳太靠近，只會意地眨一下眼，便逕往人羣裏去。惠芳用她眼角的餘光，緊跟着江漢。

江闊行雲遠，斜陽垂臥於水天之際，大地一片寂寥。很難叫人相信，這裏是人口密集的港口。

不知道有多少隻眼睛正注視着站哨。

哨兵的兩腿，筆直地、機械化的移動脚步。像一把大剪刀似的，不停的修剪那一方土地。

江漢暗笑：「你們怎麼樣修剪，這世界就怎麼樣不美！」

惠芳不知什麼時候又摸到他身邊來。

海平線的盡頭，霞影燦爛輝煌，落日無比的綺麗。

不管造物者如何用心地在這地球上製造一些美的東西，但是，這一羣人，却一些也不關心。說眞的，不管時局多麼惡劣，人類互相傾軋多麼利害，天地間永遠珍藏着一些美好的事物，彩霞是美的，這時候，誰也沒心情去欣賞。因爲，還有許多東西比美麗更重要，更實際。自由是重要的，而麵包便是實際的東西。

二

在這一羣人，焦慮等待中，半個太陽終於沒入海裏。

夜幕緊挨着海洋。傳說中的山峯是來自海洋。臨近的島嶼山巒，伴着浪濤，不停地述說着古老的故事。海和山的平靜與單調正是不凡之處。他們的神秘，正蘊藏在看不見的澎湃裏。閃爍的星星和熒熒的漁火，看起來多麼相似。可是，江漢很快便分辨出來。

不知道有多少人？但是，沒有一個人的頭是抬着的。

惠芳只記得江漢的叮嚀：「要抬頭，先得埋頭！」

她不知道自己埋頭游多遠？可是，還沒有筋疲力竭，她就上了這條漁船。

惠芳本以爲大家會加足馬力把船儘快地駛開，可是，每一個人，都像受過嚴格訓練一般；不約而同的沉住了氣。船上安靜得像一條無人駕駛的小舟，隨風浪飄流。

江漢伸出手指，在惠芳的手背上寫着：「你好勇敢！」

惠芳揑了揑江漢的手，同時點點。

此去，是一段死寂的夜航。

伴着附近漁舟篙人的細語，雷達站送來一道一道的光。

一個性急的人，用槍抵住舵手說：「快一點！」

舵手不慌不忙的回答：「你想早點見閻王？要若無其事，才安全！」顯然，舵手是個中老手。

江漢從別人手中接過一個饅頭來，他傳給惠芳。

江漢有點睏，但始終不敢閉起眼睛。

他抬頭數着天上的星子。其中一定有一顆是他爸爸，一顆是他媽媽。

江漢想：「他們應該是靠得最近的那兩顆，因爲他們生前……」江漢低頭，不忍細思量，那是一段不堪回首的歲月。

他只看著別人，也沒吃東西，便吞了吞口水。

每當他肚子餓時，他會想起媽媽的一句話：「人嘛！都一樣；反正到頭來，不是病死，就是餓死。挨槍！倒也省事。」

江漢的媽媽眞的挨槍離開了人間。可是他爸爸呢？說來眞是傷感。住在魚米之鄉的人，不會有饑荒，不會的。

江漢猛抬頭，看到一顆大星星，劃一道光，掃過天際。

江漢永遠忘不了自己如何躲在人羣裡，聽爸爸臨終發瘋似的吶喊：「你們打好了。肚子不是空的，不怕你們打。餓死不如飽死，你們不懂嗎？哈哈！嗚！」

他爸爸只是到食堂偷了一個蘿蔔。

「一個蘿蔔！爸爸眞的就飽死了？呵！住在魚米之鄉的人，很有可能！」江漢兀自揶揄一笑，淒涼極了。

一艘巡邏艇繞過幾條漁船後，朝他們的方向過來了。船上每一個人機警地裝做漁夫似地操作，實際上，屏氣凝神的傾聽。船主好像不是頭一回遇到這種事，看他伶俐的把巡邏艇支使開去。大家舒了一口氣。

有人從船艙翻出來食物，分著吃。江漢分到一個大餠，他立刻塞給惠芳。惠芳只咬了兩口便又推給江漢。

他們倆並沒有察覺有人一直在看他們；特別是那個叫施方的人已經看他們老半天了。

從船艙搬出來可吃的東西，非常有限。就像掉進食人魚羣裡的肉一樣，不一會工夫，就被生呑活剝了。

全船的人，又歸於平靜，彷彿被捕上來的魚兒，經過一陣潑刺後，就一條條固定了某個形態，僵硬在桶底。

黎明前的夜，漁人最忙碌。他們這一船人，睜著雪亮的眼睛，盼著那一刻的到來。時序規律的更替，星斗稀了。海上的晨光，在鷗鳥的呼聲中醒來了。

江漢和惠芳悄悄的說着話。

惠芳說：「我們把船主的東西吃光光？」她露着不安的神色。

江漢說：「有時候，你很難說什麼是對什麼是錯。特別是在這種時候，什麼可以做？什麼不可以做？難說。」

惠芳不以爲然。但是，她知道有些事情是無可奈何的。

江漢說：「誰把你的家毀光光？」他似乎想證明誰對誰錯。

惠芳說：「情況不同，不能混爲一談！」

江漢說：「你就那麼認命？」

惠芳說：「你就一點也不在乎人家？我是說，我們把船上的食物吃光了！」

「也許我得着自由，我會在意很多事！」江漢眨一下眼睛，表情無奈。

惠芳說：「在什麼土地上，長什麼樹！」

江漢反駁：「要不得的宿命論！」

惠芳回道：「現在我可不這麼想了！」

「因爲你已經上了這條船。爭自由、爭人權，是人類的天性，遠古時代就有的東西，誰也不能放棄！」江漢說。

惠芳接着說：「我還不算太落伍，也跟上來了！」

蹲在一旁的施方，一直很專心的聽着他們倆說話。

惠芳說：「船上有些人，我好像在哪兒見過！」

「來的路上！」江漢說：

施方站起來，朝他們的方向走來。

惠芳說：「江漢！你看！走過來的那個人，好面熟啊！你覺不覺得？」她指的是施方。

江漢看了看說：「大概是同學吧！我沒什麼印象。反正，我們要去的地方是一樣！」

突然，談話聲打住了。大家的頭放得低低的，眼珠子却咕嚕咕嚕的轉着。

江漢輕聲的對惠芳說：「你要稍微準備一下，看樣子，馬上要有行動了！」

惠芳點點頭。然而，她的眼仍然釘着施方瞧。她想辦法在記憶中去尋找施方這人的來龍去脈。

她對江漢說：「那人以前不知做什麼的？」

江漢回答：「還不是和我們一樣。每一個人來到這裏之前，總有一個身份。」

惠芳很滿意江漢的答覆。她轉了話題。雖然，現在不太適合說話，但有些事情，先得弄清楚啊！

她問：「江漢！你說，你有一個姑媽在臺灣？」

江漢沒出聲。
「告訴我，是眞的嗎？」惠芳追問着。
江漢很小聲的說：「沒有的事！」
惠芳不解：「你爲什麼要騙我？」
「不算騙，只想給你信心！」江漢解釋。
惠芳說：「哦！你太小看我了。是你自己害怕？對不對？」
「我知道，你很堅强！一向如此！」江漢說。
惠芳不語。
江漢又說：「我曾夢見，我們在臺灣建立了一個美好的家。這個夢，使我覺得自己很軟弱！」
惠芳回道：「你是說要像其他的人一樣，生於斯，死於斯，才算堅强嗎？」
「我也不知道！」江漢一反常態這樣回答。
惠芳伸過手去牽着他的手。
江漢問她：「你沒有夢想？」
惠芳搖搖頭說：「沒有夢的人是很可憐的，是不是？」
江漢點點頭。他又說：「我不願將來我們的孩子和我們一樣！」
惠芳說：「我懂！」她摸摸肚子又說：「只要我想到裏面的小東西，我就什麼也不怕了！」

江漢揑了揑惠芳的手作答。

三

帆影點點，掛着微微的風。波光一直漾到了岸頭。

那一邊有許多人，聽起來鬧哄哄的。實際上，每個人都忙碌着一份自己的事業。

一個暗號傳過來，船上眞正靜下來了。

瞬間，統統潛進水裏；然後，一個接一個魚貫地接近他們想去的地方。

「越接近安全的地方，越是危險，現在我完全體會出來了。」惠芳驚魂未定，拉着濕淋淋的衣服，對江漢說。

涯邊，芒草及人，猶隨風輕搖着。

江漢仍然匍匐着。眼睛釘在前方不遠處，一輛塞滿了人的軍車。香港警察，荷着槍來回的走動，他們還四處搜查著。

江漢說：「惠芳！說不定會輪到我們。但是，不管我們如何分散了。我會找到你的。」

話剛說完，背後傳來脚步聲。江漢機警的示意惠芳分開行動。

「心虛的人，不追趕也逃跑！」是什麼人的聲音？

江漢定神一看，他鬆了一口氣，說話的人是施方。

施方低下身子，和他們一樣趴在草叢後面。

惠芳這下看清楚了，施方是她的同學沒有錯。
惠芳扭着臉說話：「我們並不心虛。邪惡的人，被追捕也不逃跑才可怕！」
施方眼睛一直看著惠芳，然後，裂嘴笑笑！
江漢說：「你不是和我們同船來的嗎？」他看到施方的衣服也是濕濕的。
「同船的人，不一定同心！」施方回答，話中有話。
江漢敏銳的嗅出，施方這人哪裡不對勁。他再也不說一句話。
而施方也沒走開的意思，只和他們一樣趴著等待什麼。
那輛載滿了人的軍車，從他們的視野開走了。
施方說：「香港政府要把他們遣返大陸。可是，他們就是築一道柏林圍牆，也阻止不了人民逃亡的意願！」
江漢再度轉頭去看了看施方這人。
江漢想：「如果不是在這裏，我一定可以想出來這人到底是誰！」
軍車在九龍的街上，轉了個大彎後，消失了。
看熱鬧的人，也散得差不多了。
一個小男孩，手上抓著一袋彩色氣球。惠芳用眼睛數了數。彩虹有的顏色，袋子裏都有。
小男孩一個接一個的拿起來吹著，很用力。有的，一下就吹得很大，小男孩很快的紮了結，放著隨風飄去。看著，看著，實在是很舒服的感受。可是多數一吹就破了。但是他仍然很專心地吹著。彷彿他在做一樁很重要的工作似的認眞。本來嘛！總有幾個可以吹成功。那怕只是一個，也是很得意的事。

惠芳想：「那一袋小氣球，要花多少錢才可以買到？說不定可以買一個大饅頭呢！」她嚥了嚥口水。

江漢卻緊張的注視著小男孩背後，一輛尙未坐滿的軍車。

哨聲一陣。江漢迅速的推了推惠芳。

怎麼那叫施方的傢伙，一下子不見了人影？

哨聲一聲比一聲緊。

惠芳跪倒，她的小腿抽筋抽得很厲害。江漢也不知竄到哪兒去？

惠芳自說自話：「只要江漢沒事，他一定會沒事，他會找到我的！」她仍然站不起來。

前方又一陣騷亂。吹氣球的男孩，退到邊邊來。離惠芳又近了些。惠芳把彩色氣球看得更清楚了。

她是看清楚了。江漢就在軍車前一排雙手高舉的人羣裏。那些人被迫著走上車。

惠芳的心像觸電似的一陣痙攣。

眼看著就輪到江漢上車了。

惠芳舉起手來，正要大喊江漢。

忽然，惠芳被什麼人蒙住了嘴，連拖帶拉的離開了那地方。

惠芳憤怒的回身給拉住她的人一巴掌。眞想不到那人是施方。

施方黯然地摸摸臉頰說：「你要打的人不是我！對不？」

「我的事不用你管！」惠芳很生氣：「離我遠一點！」

「你也想上車？」施方半威脅。

「你這個作惡的人」！惠芳罵著。

「你罵吧！你一定不知道有人注意你們很久了！」施方表白。

「那人就是你，喜歡算計人，你一點也沒改變。」惠芳說。

「當然我沒變，到現在我還喜歡你！」施方說。

惠芳聽了覺得很噁心。

「你要相信我，這一次不是我做的！」施方說。

惠芳說：「誰相信你，除非你也被抓回去！」

施方沒有避諱：「我自己會回去！」

「你無恥！」惠方更肯定有詐，她大罵一聲。

施方說：「可是，這一次，我不會再回去！」

惠芳說：「爲什麼像你這種人也要逃！」

「一定要我說嗎？何必呢？」施方攤攤手，作一副難以言盡的表情。

惠芳很難過的說：「別以爲我會感激你。我和以前一樣不喜歡你。你走吧！」

施方說：「我會的，每一個人都要和一些人說再見！」他丢給惠芳一袋彩色氣球說：「不要恨我，這一次，我沒有任務，我和你們是同一路的！」

惠芳想起江漢，禁不住一陣鼻酸。

施方說：「失敗幾次算什麼！留得靑山在，不怕沒柴燒。下次江漢再來的時候，孩子會喊他爸爸囉！」

惠芳仍然不相信施方所說的。她後悔剛才賞出去的巴掌太小。施方已經離去。於是她氣憤的拾起一塊大石頭，準備對準施方的後腦砸過去。

可是，當她看到軍車旁擠滿了不相識的人，他們不停的往車上抛擲餠乾、麵包、衣物時，她憶起自己來自的地方，是一個什麼樣的世界。她放下了那塊大石頭，眼睛濕濡模糊了。

自由地區的人，是關心著一些事。誠如江漢所說的：「若得著自由，就會在意很多事。」

儘管那份關懷效果多麼卑微，但是，已經不必計較了。

「你看！我不是關心江漢嗎？我還不是無能爲力！」惠芳的眼睛噙著淚水尋找著江漢。

江漢站起來，看看車上並沒有孕婦。於是他探出車外，尋覓。雖然，他沒有找着惠芳，但是他裂了裂往下垂的嘴角，心頭綻一朵不易察覺的笑。

惠芳再看到江漢時，軍車已經從她的身邊開過去。漫天的塵埃揚起，惠芳茫然。

那個吹氣球的小男孩，跑過來對惠芳笑笑。她用兩手支起沉重的身軀，站起來了。她一個人走上了自由之路。不，該說兩個人，連同肚子裏的。她用手抹去了淚痕。一手捏着那一袋彩色氣球，她的小腿又抽筋了。

分期付款

第三次，第四次……沈清並非有意去細數芳鄰打呵欠的次數：只是她打一次呵欠，她要用手摀着嘴，緊繃身子抖個兩三下，震得連體座椅差點沒格格響。

沈清數到第五次的時候，開始斜眼瞧了瞧身邊的女生；就這樣，沈清一點一滴的把這女生看清楚了。

第七次……第九次。「哇！上課才不過半個鐘頭呢！這女生昨夜做了什麼事？打工？和我一樣？約會？我怎麼從來沒會可約呢？都四年級了。」

啊！座椅又震動了，第十次，很厲害，大概有五、六級吧！沈清扭頭去察看震央，眼淚從女生緊閉的眼角擠出來，她拿了張衞生紙去拭吸着，然後也看沈清一眼，那眼神好像在說：「老打呵欠，人家已經夠窘了，你還看什麼看嘛！」

這一次沈清看到她有一對清澈靈活的大眼。哦！沈清還來不及下完評語，椅子又震動了。天啊！第十一次，索興他大膽的衝着她笑，誰讓她坐在他身邊呢！她也怪不好意思的對他笑了笑。

哇！她的眼眉流露的神采，該足以使人窒息，可是，在這時候，沈清却極度的不安分起來。剛才看到的小鼻子大嘴巴，青春痘都到哪兒去了呢？怎麼出現一張溫潤、活潑的小臉蛋，這到底是從哪兒冒出來的小可人呢？

沈清幾乎忘了這一堂上的是什麼？這是合班上課哪！不認識的同學多的是！

沈清心裡打定主意：「待一會兒可別讓這小可人溜掉！」但是，直到下課人走光了，他才發現那老打呵欠的小可人也不見了。

在宿舍前的巷口，沈清買了兩個山東大餅，一路狼吞虎嚥，一路追趕着前面的郵差。小鄧看見了說：「追什麼追嘛！一個郵差！」

沈清回頭道：「嘿！小鄧！自己追到了綠衣天使，却不准人追郵差！怪怪！」

「算了！天知道你追的是什麼綠衣天使！我看追的是鈔票吧！飯錢沒了？」小鄧說。

「沒那麼嚴重！還有兩個家教！」沈清說着已走到宿舍門前，站定了看着郵差發信。他一邊先從身上摸出印章準備着。誰知，郵差在他的信箱上塞進一叠廣告信後，便走了。

沈清怏怏然從門外將廣告信猛力抽出，說道：「偏偏兒要的不來，不要的天天兒送來！誰要這玩意兒，我要的是四千元稿費！」

他捏着廣告信，進了屋子便一頭扒在床上，廣告信摔得老遠，散了一地。

稿費不來，家教月底才拿錢，啃了一星期的窩窩頭，壞不了沈清的金剛身，倒是他父親馬上要出院，籌不足醫藥費，急壞了他的心。

沈清扒在床上，看着地上五花八門的廣告紙。買百科全書分期付款，買汽車分期付款，買房子十五年低利貸款，學外語，買錄音帶分期付款！哦！什麼都可以分期付款；爲什麼看病不能分期付款？一個長長的問號，在沈清心中打結。

兩點鐘上課預備鈴響了，沈清一骨碌躍起。他想起老師交代的事，上課前先去取講義給同學。他伸了個懶腰。呃！當班代就是這麼命苦，懶散不得。

沈清把三十多張講義按照秩序一疊一疊放在第一排的桌子上，讓同學們按照秩序自己上前去拿。教室裡，同學們有的摺講義，有的排頁碼，充滿吵雜零亂之聲。直到老師來了，沈清才上前將剩餘的講義胡亂攏成一落，帶回座位。

這堂課，沈清聽不進半個字，心頭怦怦跳。爲什麼？是因爲他又看到那個愛打呵欠的女生？哦！沈清搖搖頭，看看落在膝蓋上鼓鼓的一堆講義，他怎麼也止不住心頭的怦怦跳。

下課後，沈清抱着七零八落的講義，和老師一塊兒走出教室。他似乎聽到隱隱約約的聲音，「誰看到我的小包包？誰看到我的小包包？」他離教室越遠，那聲音越大，最後，那聲音簡直像掛在他耳邊一樣清晰。

窮日子對沈清而言，本來早過慣了的。但是，這麼齷齪的日子，還是頭一遭。他去賣血了，只爲了湊足八千元。沈清剛喝下去的那杯牛奶，看來是不大管用：頂着微陽，他居然覺得頭重脚輕的飄飄然。他想：「大概最近吃多了窩窩頭的緣故吧！」他實在不喜歡這種逼迫人的日子；好歹八千元醫藥費湊齊了。

沈清的父親神色還不錯，已經準備妥當坐在床沿等着他。沈清的母親坐在門口張望了好些回：一看到沈清踏進病房，忙拉着沈清的手問：「清兒！沒問題吧！」

沈清拉着母親走近父親說道：「媽媽！爸爸可以出院了，手續都已經辦妥了，我們走吧！」

在火車月台上，父親扶着沈清，低頭看看自己斷了的右脚，喃喃的說：「計程車全毀了！」

沈清安慰道：「爸爸！沒關係！明年夏天我就畢業了，而且過兩天我會寄錢回去，目前我有一份工作，夜班。」

沈清的父親手捏了捏沈清的肩頭，只說聲：「清兒！唉！」便轉頭去，望着遠處，高樓聳立之間，那兒有一方藍天。

沈清的母親一手提着行李，一手握着沈清的手，她說：「我們回去要開一家麵攤仔，在屋旁那棵大榕樹下，這兩天，你大妹已經開始做了！」

「啊！大妹省女中不念了？」沈清有一陣心酸。

母親回道：「晚上做，她只晚上做，這些日子，家裡大小全靠你大妹囉！嘿！大概火車來了！」

父親趕緊說：「我們開麵攤仔，我回去可以當跑堂，啊！不！不！可以替你媽洗碗！」

他們三人都笑了。沈清已經舔慣了生活的苦澀，他很慶幸人會笑！

沒有鳴笛的火車挺時髦的，但是，和現代人的生活一樣，總覺得它少了一點什麼。沈清才想起朱自清的「背影」，火車已經倏地沒在昏黃的夕陽裡。

倒是母親笑中掛着淚光的眼角魚尾紋，常伴隨着沈清，彷彿是一盞陪他苦讀的燈，永不熄滅。最近，更奇怪囉！沈清老是將母親的魚尾紋，拿來和打呵欠的女生的眼眉相比。如果說，這兩個女人都是沈清生命中所不能忘懷的，那麼沈清會這樣比較，却也是極自然的事啦！

沈清現在已經知道那愛打呵欠的女生叫余安安，他還知道她的生年月日！哦！反正，總有一天，他會弄清楚余安安。

老師還沒來，教室裡不如往日的寧靜。同學們七嘴八舌的討論着乳白色的小皮包的事。

「嘿！余安安掉了小包包哪！」

「什麼時候掉的！」

「我也弄不清楚！」

「有沒有重要的東西？」

「誰知道？余安安！裡面有沒有錢？」

「有二千元，有學生證，有公車票。」

「早要你請客，你不請！活該！」

「好黑心！」余安安說道。

沈清心頭一陣抽顫，但靜默一旁。

「那包包是她的。」

「余安安掉了小錢包，你知不知道？喂！喂！」小鄧扳着沈清的肩膀，並盯着沈清。

「爲什麼看我？」沈清生起無名火。

「不看你，看誰？」小鄧反問。

「你什麼意思？」沈清緊握着拳就要出手了。

「東西掉了，不找你，找誰？你是我們的班代哪！班代要想想法子啊！」小鄧輕輕鬆鬆的說。

長長的一聲「哦！」沈清鬆了拳頭。

可是心中的石頭却壓將下來。那是余安安。沈清對這愛打呵欠的女孩子，似乎一點辦法也沒有。

余安安那對眼眉牽出出來的笑靨，沈清只暗暗的欣賞；余安安散發流水般的笑語，沈清只偸偸的傾聽着，噢，窩囊透了，這一串日子。

這天沈清在班上宣佈，有人寄來一個小錢包，現在在系辦公室，請余安安去認領。

余安安拿了乳白色小包包回教室，女生們圍着余安安又翻包包，又大聲嚷嚷！

「東西丟了沒？」

「車票，學生證都還在！哦！謝天謝地！」余安安說。

「兩千元飛了還這麼樂！」

「哈！我已經很滿足了！還好！我還沒去申請補發學生證和車票！」余安安很得意的說。

「余安安！你眞是無可救藥，東西本來就是你的，你樂什麼樂！」

余安安沒去理會同學們的瞎鬧，她轉向沈清問着：「沒有寄信人的地址！你知不知道是誰寄的？」

同學們聽了哈哈大笑！只有沈清不說一語，頭也沒抬一下。

余安安愉快的甩着蓬蓬的短髮說：「那人還算有良心。」

「唉呀！算了，你以爲拿你錢的人寄回來的？驢死了！人家錢花光了，把包包一扔，被人撿起來，寄回系裡的！」

「你怎麼這麼清楚，又不是你寄的！」

「鐵的嘛！」

「那也不一定！拿錢的人和寄錢包的人，可能是同一個人哦！」余安安隨便說說。

沈清快速的瞄了余安安一眼，沒有誰去注意他。

余安安儘在那兒喜孜孜的，和窗外陽光下躍動的雀鳥一般可愛。

五月的風，飄來陣陣的花香，應是醉人的季節。

沈清却坐在石階上悶着心頭話。

「我會還她，只是先借用一下，反正將來總會還她！」

「用什麼還？怎麼還？」心頭話反覆翻騰着。

「兩千元加利息？告訴她我偷了她的小包包？」沈清拔起身邊一棵小草，用力擰着，摔着。

「眞自作孽！」沈清痛苦的搖搖頭。

「這些都不重要，重要的是我，啊，我沒法告訴她我眞的喜歡她！」

「她那麼純眞，那麼爽朗，那麼善良，我啊！就是把心給了她，她會嫌我心黑，若她知道是我……看樣子我要背一輩子的債了！」他生氣的將手上的書翻了又合，合了又翻，兩眼呆視着圖書館前長長階梯同學們上上下下的脚步。

「爲什麼我這般自我作賤？」沈清手支着頭，一臉無奈。

啊！好均勻的一雙腿，一步步走下石階，啊！均勻的腿直朝他心窩踐踏過來。

「原來你在這兒，沈清，我到圖書館繞了一圈，這下可叫我逮着了。」

沈清瞪直了眼，呢喃：「啊喲！余安安！我不是故意的，我不得已……」

「沈清！你醒醒！你在胡說什麼？我來向你借一樣東西！」余安安推着沈清說道。

「不必借，該你的，躲不掉！」沈清站起來，他弄不清楚，哪來的膽量，他打算全抖出來。

「沈清！人家都說你聰明、用功！怎麼，現在話也說不清楚了呢？嘿！我想向你借筆記，昨天我沒來上課。」

「啊！是啊！昨天沒看到你！」沈清侷促不安。

「昨天你找我啊？」余安安對沈清轉動着奇特的眼神。
「不！不！不！是啊！我天天都……」沈清舌頭突然大起來。
「沈清！你到底怎麼啦？你有病？」余安安眼眉閃着關切，端詳他。
「是！是！每一個人一生至少要發一次病！」沈清清醒極了。
「沈清！你少神經兮兮的，筆記借不借！」余安安提高了嗓門兒。
「借！借！欠你的！怎能不借！可是！余安安！別太兇！」
「我對喜歡的人才兇。」余安安的話，像支箭，猛地射中了沈清的心。
「啊！」沈清不覺失聲。他幾乎跳了起來，他換了個姿勢，扭着余安安的手臂，「你說什麼？余安安！你再說一次！」
余安安扭身低頭不語。
「你不說也沒關係！別以爲我還沒睡醒，我不是聾子，我都聽到了，告訴你！余安安！你別跑！在這兒等我一下。」他把書放在余安安的手上，然後像一陣風似的往操場方向衝刺。余安安在後面追問着：
「嘿！你的筆記呢？」
「放心！連我的心都會交給你一寸寸去宰割。」沈清回頭應着。
「嘿！你往那兒跑幹什麼？」余安安大聲問。

「跑操場，跑三圈，否則我會……」

「你會怎樣？」

「那是秘密！永遠的秘密！」汗珠從沈清的額頭滑至唇邊，他貪婪的吸吮着，鹹鹹的汗水那樣眞實，彷彿余安安說的：「我對喜歡的人才兇。」這句話一樣，鮮活、熱情又溫暖。

沈清衝進跑道，風在林梢，鳥在叫。

回頭

一

徐偉然把機車停靠在一棵油加利樹下。眼睛不時地往女生宿舍裡頭張望。

樹梢一抹斜陽依依不捨的繫著，風兒繚繞著樹葉，沙沙作響。

走道上，陸陸續續走出幾個女生來。那一位嬌媚高䠷的女生，像蝴蝶般輕盈的停在徐偉然的身邊。

兩人不說一句話，只淺淺的一笑，却掩不住心頭萬般柔情。人們常說，這就是愛情。

偉然彬彬有禮的向她作了一個請的姿勢。機車駛向一個美如夢幻的有情天地裡。

二

提邊柳，綠得醉人，遠方一隻鷺鷥款款飛落在沙洲的牛背上。

偉然、鳳愛停下脚步。

「阿然！鳳愛！」兩人不約而同的喊着對方的名字。

「你先說！」鳳愛笑著說。

「不！你先說！」偉然讓著。

「我的船（Ship）終於來了！」鳳愛眸子裡閃著興奮。「他們給的錢很多哩！九月中旬開學。」

偉然只「嗯！」一聲，抬頭遙望天邊一朵即將飛逝的彩霞。

「阿然！你不高興嗎？」

「高興！爲你高興！」偉然牽著鳳愛的手，坐在岸邊。「只是，你一畢業就要遠走高飛！」

「別這樣嘛！阿然！我們可以一塊兒走，你機會多的是，只是，你一點也不積極！」鳳愛搖晃著身子說話。

「我正想告訴你這件事！我們公司準備派我到美國。」

「那好啊！你答應了沒？」鳳愛緊釘著偉然。

偉然搖搖頭。鳳愛生氣的罵著：「不長進！」

偉然說：「國內研究環境也不錯。而且我不能丟下父親，所以我還在考慮！」

「啊呀！你看你爸爸會給你買車子，還要替你買房子，他哪需要人照顧哦！」鳳愛說。

「不錯！我要天上的月亮，我父親也會想辦法摘給我。」偉然說。

「這就對了！那樣有辦法的人，你還操什麼心？」鳳愛伶俐的反問。

「鳳愛！你不懂，父親爲我辛勞了一輩子，我不能硬了翅膀，就一走了之。」

「阿然！你什麼都好，但，我就不喜歡你這種婆婆媽媽的樣子。」

「鳳愛！請你諒解！我的情況和你不同，你的母親一直在國外，你出國，理所當然，只是，以後我們不能像這樣……」偉然定定的望著鳳愛的臉，同時伸手撥去鳳愛額頭上的髮絲。

鳳愛搖搖頭避著說：「唉！別談這些感傷的話題，我肚子餓得咕嚕咕嚕叫！眞後悔剛才沒答應你請我吃大餐。」

三

適巧，長堤那端傳來小販的叫賣：「饅頭！包子啊！饅頭！包子！」

偉然起身，輕輕的說：「委屈一下，鳳愛！我們先用幾個饅頭塡塡肚子，大餐下次補你！」

偉然去了好一會，回來時手上捧著熱呼呼的饅頭。鳳愛拿了一個剝著吃。一面讚著：「嗯！眞好吃！」一面又問：「阿然！你認識那賣饅頭的？你和他嘀咕什麼啊！」

偉然得意的說：「他說啊！請人家鳳愛小姐到我們家來坐坐嘛！不能老是叫人家鳳愛小姐坐堤岸邊，喝西北風，啃饅頭啊！我說啊！好啊！是時候了，咱們就安排個日子吧！」

鳳愛側著頭皺緊了眉頭，「啊呀！你在說什麼？那人到底是誰啊？」

「那人是我的爸爸！用這個饅頭養我二十六年，耐心等我成長的老爸爸！」偉然說完還樂得摸一下鳳愛的鼻子。

鳳愛臉色一變，嘴裡的饅頭嘔了出來，手上的半個饅頭也一併甩入溪中。

偉然趕緊扶著鳳愛問著：「嘿！你怎麼啦！鳳愛！你哪兒不舒服？」

鳳愛扭著身子起身，掙脫偉然；瘋了似的奔向河提的另一端，撞碎了夜空初昇的星子一顆顆。

偉然隨後緊張的叫著「鳳愛！小心！別摔倒！」

盡處，鳳愛倚著欄杆，拋下聲聲的嗚咽：「爲什麼不早點告訴我……」

「告訴你什麼？」偉然一面爲她拭淚，一面自以爲是的恍然大悟的說：「哦！現在告訴你來不及啊？」

鳳愛猛一轉身，抱緊偉然，傷心的說：「人家已經愛上你啦！阿然！我不管！」

「太好啦！嘿！鳳愛！這就是我要的！這又有什麼不對呢？」

「我不要！我不要！」鳳愛任性的捶打著偉然的胸膛。

「唉！傻姑娘！現在是什麼時代啊！害羞也要有個程度啊！」偉然極力安慰。「嗯！嗯！好了！好了！別哭！」偉然咬著她淚濕的長髮。「現在我請你吃大餐去！然後！你告訴我，下星期去參加你的畢業典禮，我該怎麼打扮，嘿！在這裡，我可是你唯一的親人哦！我可以代表你的家長，也是你的……」

鳳愛一點也沒被他逗樂，反而莫名其妙的放聲大哭。

偉然輕輕拍著她說：「嗚！你哭吧！鳳愛！你眞是一個特別的女孩，也許我喜歡你的就是這一點！」

月兒不知何時升起，夠大夠圓，只是圍了一圈朦朧的月暈，怪眩人的。

四

偉然坐在老闆家的客廳，老闆說：「偉然！你父親公司會妥善的照顧，你安心出國！我話說到這裡爲止，回去和你父親商量，下星期給我答覆。」

偉然起身告辭。一個老婦人過來開門送客。出了院落老婦人輕聲說：「徐先生！我覺得你好面熟！我在哪兒見過您？」

偉然不由得細細打量那婦人，心想：「嗯！是有幾分面善。」

婦人又說：「我們老闆可眞器重您啊！徐先生！您眞了不起！年輕有爲！」

偉然笑了笑！轉身離去。

五

太陽那樣認眞的擎著亮麗的光，這是一個拍照的好日子。

女生宿舍熱鬧極了，家長、賓客、畢業生來往穿梭。

偉然背著相機，手上捧著一束玫瑰站在油加利樹下，等著鳳愛的出現。門房進去傳達已過半個小時了，還不見鳳愛的蹤影，一個小時，兩個小時過去了。陽光曬得人發暈，偉然小心翼翼的護著那束鮮花。

宿舍門口好像只剩下偉然一個站崗的人啦！哦！不！那邊椰子樹下還有一個人，一個婦人。

「咦！那不是老闆家的僕人嗎？」偉然看清楚了，笑著過去打招呼：「伯母！您也在等人啊！」

「不！不！」婦人眼神閃爍。

「伯母！您要找什麼人？我替您叫！」偉然很熱心。

「不！我不找什麼人！」婦人回說。

「哦！對了！女性訪客可以直接進去，伯母！您爲什麼不進去找呢？」偉然問道。

「不！不！徐先生，我不能讓她知道，她會不高興！她不要我來！」婦人說。

「哦？她是誰？」偉然好奇的問。

「她是我女兒！」婦人幽幽的說。

「今年畢業？」

婦人點點頭！開始抽著鼻子。唏噓兩聲，轉頭就要走。

「伯母！您等一下，我送您回去！」

「謝謝您，不必了！哦對了！徐先生！您來找哪位小姐啊？誰家小姐遇上了您，那才是前世修來的福呢！」那婦人一邊搖頭細語：「哪像我們家鳳愛哦！」

婦人那小小聲的「鳳愛」傳入偉然的耳朵裡，竟然是晴天霹靂的轟然。

偉然上前攙扶著婦人，再細細端詳一番。「嗯！果然像鳳愛！」

偉然說：「伯母您眞的不進去看您女兒？」

婦人搖頭說：「鳳愛出來過了，她看見是我，又退了回去！」

「伯母！您說的是陳鳳愛？」偉然忍不住要證實。

「徐先生！您認識我們家鳳愛？」

「不！不！」偉然心跳加速，額頭直冒汗。「伯母！這兒好熱，我們到那涼亭坐一坐！」

婦人喘著氣，一邊兒問：「徐先生！您要找的小姐呢？」

「大概有事就擱了，沒關係。」偉然回答。

婦人坐定了，便打開話匣子「鳳愛這孩子什麼都好，就是好强，你看她書唸得多好；從小學到大學，唸的都是最好的學校。」

偉然問：「伯母！您一直住在老闆家，鳳愛她住哪裡？我怎麼從來沒見過？」

「徐先生！這話說來可就長囉！鳳愛這孩子，打高中起，就在外邊兒租房子，她用不着我操心，她要專心唸書，不要我去吵她，哦！她是個能幹的孩子！」

偉然點點頭：「原來如此！」

婦人用手背拭淚，她說：「在人前，鳳愛絕不說我是她媽，她要面子，我沒唸過書，也只能做這樣的工作呀！她不要我去宿舍找她，每次我都偷偷在門外望。」

「啊！原來如此！」偉然重複這句話。

「可憐鳳愛從小就沒了爹！」婦人到處找手帕，偉然遞給她一疊衞生紙。「哦！你看她書讀得多好！」婦人委屈得「嗚！嗚！」地哭起來。

偉然現在終於明白爲什麼那天在堤邊吃饅頭，鳳愛會有這種反應，偉然怪自己後知後覺。他的心在絞痛。

「鳳愛馬上要出國了，她還不讓我知道，其實，我不會躭誤她的呀！」婦人一把鼻涕一把眼淚：「我還不是巴望她有個好前途，徐先生！您說是不是？」

偉然答道：「那當然，伯母！別難過，鳳愛一定明白您的苦心。」

「徐先生！您眞懂事！您家裡有些什麼人？」婦人轉了話題。

「就是爸爸一個人。」偉然答。

婦人不勝感慨的說：「難怪老闆要您出國，您淨推三阻四的，眞難得！」

「伯母！您要不嫌棄的話，有空歡迎到我家坐坐，我也可以常常去看您！」偉然誠懇的說。

「哪兒敢當！徐先生！眞謝謝您了！哦！我今天話說多了！見笑！見笑！」婦人說。

「不！鳳愛的事，我該知道！」

婦人驚奇，正要提出爲什麼時，一陣强風過來，吹落了放在石桌上的那束玫瑰。

婦人說：「已經枯了，不要算了！」

「不！放點水，還會活過來。」偉然撿起來，小心捧在心口。「伯母！您累了吧！我送您回去！」

頂著炎陽，才體會出亭中的風兒眞舒服。

六

偉然心情壞透了。幾天來，除了上班，哪兒也不去。三餐啃著父親做的饅頭包子。

他不習慣用言語表達心中的感受，他只猛吃饅頭包子，他以爲那是世界上最甜美的食物。望著父親手上撲撲跳動的靑筋，感慨萬端。

父親說：「然兒！你是不是怕出了國，吃不到爸爸的饅頭？慢點兒吃！小心噎到！」

「是的！爸爸！」偉然木木的回答。

「然兒！別瞎操心，男兒志在四方，儘管去吧！爸爸饅頭照賣！淸晨空氣好，黃昏正好散散步，你看爸爸這些年身體不是挺好的嗎？弄幾個饅頭包子消遣嘛！」

「是的！爸爸！」偉然在想「乾了河床，茁壯了林木，林木猶要回頭來保護水土，是誰要林木這麼做的？」他幾乎是自說自話的說了聲：「爸爸！我愛您！」

好些日子，偉然一直在調整對鳳愛的感受。

他無法想像鳳愛怎能如此對待自己的母親，他又怎能相信，這個人的步調曾經和他那般的接近？他心中的天平晃動得厲害，是、非、愛、憎的抉擇，叫他痛苦萬分。

如果偉然不能接納她，世人又將如何待她；她又將以何等面貌面對這世界？許許多多的眞假，加起來，總是叫人不忍去分析。

原諒別人的短處是容易的，因爲那是無關痛癢的同情。包容一個人的缺點，需要的却是愛與了解。

偉然說：「旣然我有足夠的智慧去欣賞鳳愛的長處，爲什麼我要讓生命空一一個缺口？」

有了這一層觀點，他努力提醒自己，「面對它，去面對它！世間有些痛苦是因爲我們不去面對；

鳳愛一直是如此，而我，現在也是如此！」

他大聲的問自己：「愛不愛鳳愛？」他弄不清楚，但是他說：「我忘不了她！」

所以他盼望自己成熟得足以憐憫人們短暫的無知。他盼望自己有足夠的心地去接納鳳愛。那兒有一扇窗正等著他去啟開。

七

幾度踩碎了油加利樹下的落葉。

這是第五個晚上了。偉然終於等到了鳳愛。她從外面匆匆走向宿舍。

偉然一個箭步，擋住了她。

「鳳愛！看妳往哪兒跑！妳能躲過一時，却躲不過永遠。」

鳳愛閃避不及，出口叫著：「嘿！你有沒有弄錯人啊！阿然！放開我！」

「只有那個叫鳳愛的人，會喊我阿然！」偉然摟著鳳愛狠狠的吻著。

許久！鳳愛喘息著說：「我不要再見到你！永遠！」

偉然牽著她的手說：「可以！不過得讓我知道什麼原因。」

鳳愛痛快的回答：「簡單！因爲我看到你和我媽說話。」

偉然喜歡她的爽快。更緊地握著她的手。

她掙扎著說：「讓我走！你放開我！」

偉然默然的牽著鳳愛上了長堤。堤邊閃著點點螢火。

許久！偉然說：「放開妳！然後妳再和另外一個人重新開始，然後永遠為妳的虛妄無止盡的遮掩與塡補？」偉然扳著她的臉問道：「妳也不嫌累！我可不忍心。」

「有話你就直說，你少挖苦我！」鳳愛扭動身軀想跑掉。

「抱歉！我的話說重了。鳳愛！在這世界上，再沒有人比我更淸楚妳！妳看著我，就面對了自己。」偉然雙眸烱烱逼視：「等我把話說完，妳再決定該走的路。」

鳳愛緊張的問：「你想怎麼樣？阿然！你笑我！你罵我好了，我大逆不道，我是大騙子。」

偉然眞喜歡她叫他阿然。他全不理會她的激動，只是溫柔的擁著她漫行一小段路。

「接納自己，愛自己，好不好？鳳愛！」偉然低頭親了她一下。

「你以為我是神！」鳳愛沒那麼快平靜。

「我知道！這樣並不是很完美。但是，所有的錯誤也不是那麼可怕！有人說：不論我們提升或墮落，我們總是向著圓滿走去！」偉然的聲音，彷彿來自不可知的地方。

「我害怕貧窮，我沒辦法！我已經……」

偉然阻止她再講下去。他說：「我懂！鳳愛！妳很努力，而且也做到了！妳的生命不再是貧窮的。但是，有些東西與生命相始終，是無法改變的！」

「你想說我很卑鄙是不是？」鳳愛心虛得厲害。

「鳳愛！不要要求太完美。人生免不了有眼淚，成長更不能沒有創傷，那麼成熟便是懂得修補。」偉然耐心的說明。

「我可以感覺到，你不再愛我！」鳳愛極度的不安。

「感覺是不可靠的。何況人原本沒有愛：鳳愛！妳以爲我愛妳什麼？」偉然問。

鳳愛猛搖頭，此刻的她，根本找不到任何一點可愛處，她心中充滿被拋棄的沮喪與悲哀。她對著偉然大聲喊：「你想丟下我，你就丟吧！別再折磨我！我受不了！」

「對不起！我不是有意傷害妳！鳳愛！過去，我只認識妳美好的，現在，我愛一分完整的。包括妳不敢面對的那一部分。」偉然站定了，平靜的說：「如果，妳認爲和我在一起，使妳更卑微、更痛苦；妳不必掩飾，妳可以加快妳的脚步，讓我明白我們之間有無法彌縫的差距。」

鳳愛默默的跟著偉然不急不徐的往前走。有一世紀的沉默。

突然，鳳愛攀著偉然的手臂說：「我躲得夠久了，阿然！我恨透了發霉的日子。阿然！不要再走下去了。」鳳愛像一隻受傷的小鳥，在風雨中，急切的尋覓棲身療傷的處所。

「那麼就不要窩在角落裡！鳳愛！讓我們攜手度過這場風暴，生活在陽光下，好吧？」偉然伸出雙臂，溫潤了她。

那默默凝望的眞情，就像山伴着海，海伴著山的永恒。

風兒過處盡是吟唱不完的細語。

一夜跫跫的足音，終於敲醒了一線曙光。

有

一

七早八早大成育幼園的娃娃車，沿著大成街挨家挨戶的接著小朋友。

「牆邊一座葡萄架，嫩嫩綠綠剛發芽，蝸牛背著重重的殼，一步一步往上爬。樹上一隻小黃鳥，哇哇哈哈在笑牠，葡萄成熟還早得很，現在你上來幹什麼？黃鳥，黃鳥不要笑，等我爬到他就成熟了。」娃娃車的擴聲器不停的播放著兒歌。

「莉雲！莉雲！客廳收拾一下！」李大嫂叫著。

莉雲依然睡眼惺忪的坐在沙發上。

「莉雲！你發什麼呆？起來半天了。你動一動啊！客廳亂糟糟的，林家兩個孩子馬上就要送來了。」李大嫂說。

「好啦！好啦！媽！」莉雲懶懶的應著，站起來，打個哈欠，看看牆上的時鐘。

「七點半不到，大呼小叫！眞受不了！」莉雲心裡暗暗叫著，隨著去拿起掃把。

這時，門鈴響了。

「莉雲！開門去！一定是林太太送孩子來了！」李大嫂又叫著。

進門來的，果然是林太太。她抱著一個一歲多的小女孩，手上拎了個大袋子，身後還跟著一個三歲大的小男孩。

莉雲接下林太太手上的大袋子，順手牽著小男孩說：「來！小强！進來啊！」

李大嫂笑聲盈耳的從屋裡迎出客廳，「啊喲！小玫她燒還沒退啊？」李大嫂抱起小女孩說：「全身發燙呢！」

「就是嘛！李大嫂！昨晚已經打針吃藥了，還是不管用。」林太太說著就要哭出來的樣子。

李大嫂翻著那一大袋子的用品，問著：「林太太！你今天還要上班啊？」

「那有什麼辦法？孩子病了，應該自己帶才是，卻還要打擾您，李大嫂！……」林太太抱歉的說話。

「哪兒的話，反正小玫、小强在我這兒也習慣了。」李大嫂回答。

「本來我可以請假的，但是，昨天帶小玫去看病，已經早退了，今天不得不去。」林太太一面拿著袋子翻著說：「李大嫂！這是小强的點心，這是小玫的衣褲，還有營養小餅乾，奶粉。可能今天小玫沒什麼胃口，不過這包藥一定記得按時服用。」

「好！好！我會的！」李大嫂一個勁兒的點頭。

「這是凡士林油，這是量體溫的肛錶。吃過藥後，麻煩您給小玫量一下體溫，她不吃奶沒關係，給她多喝開水。」林太太不勝其煩的吩咐著。

「好的！好的！」李大嫂頻頻點頭。

「李大嫂，那就拜託您了，我走了，否則趕不上時間，等一下車又擠。」林太太說。

「沒問題！林太太！你趕緊搭車子去吧！小玫，小強我看著就是了！」李大嫂催著。

林太太急促的高跟鞋聲，哆！哆！哆！才離開，就聽見李大嫂喊著：「哭什麼哭？莉雲啊！把小玫的藥拿過來！」

李大嫂抱著小玫，一手揑著小玫的鼻子，就將一湯匙的藥灌進小玫的嘴裡，小玫一口還來不及嚥下，李大嫂緊接著又來一口。小玫嗆得小臉漲紅了，哭不成聲。大部分的藥水直往脖子裡流。李大嫂也不管三七二十一，就把小玫往床上一放，由她哭去！

「媽！小玫吐了！藥全都出來了！」莉雲拿著毛巾擦著小玫的脖子。「媽！小玫一直哭！要不要再餵一次藥？」莉雲問著。

「餵過就算了，小孩子！哭一哭！發發汗就會好的，你別理她了！」李大嫂揮著手說。

李大嫂把那一袋東西拎到餐桌上，拿出奶粉，冲了一大杯，又翻出營養餅乾，大大方方的吃將起來，「餓死了！我早餐還沒吃呢！」她小聲的說著。

小强站在餐桌邊看著小玫的小餅乾，嘴巴輕輕動著：「李奶奶！李奶奶！……」

李大嫂吃得可過癮，根本沒聽見什麼。好一會兒，才發現小强站在邊邊釘著她，她忙笑著說：「啊！小强！你也餓了是不是？來！這是你的點心，拿去吃。」李大嫂打發著。

小强沒去接，只指着桌子上，叫著：「李奶奶！……」

「什麼事嘛！小强！乖！這是你媽給你準備的點心。你拿去，騎在你的小木馬上，慢慢兒吃！」

「李奶奶……」小强又叫了一聲，才勉勉强强的走開去。

李大嫂斜斜的瞪著眼：「吃你一點點東西，就小眼瞪大眼的叫，眞是人小鬼大。唉！你爸爸是銀行裏理，你媽在電信局上班，我不吃你，吃什麼啊！嗟！眞是的！」她一邊嘀咕，一邊滋滋有聲的吃著小餅乾，隨著也把牛奶喝完。她走近小玫說：「莉雲！你讓開點！我來給她量體溫。」

「媽！小玫睡著了！等一下再量吧！」莉雲這麼說。

「睡著了，量起來才不費事。」李大嫂拿起肛錶就要動手。

「嘿！慢點！媽！肛錶要先塗點油，袋子裡有，我去弄！」莉雲說著。

「囉哩囉嗦的！」李大嫂不耐煩的看著莉雲。

莉雲把抹了凡士林油的體溫錶交給李大嫂，回頭去收拾凡士林油。

突然！「哇啊！」小玫一聲尖叫，哭出來。

莉雲轉身一看，嚇破了膽似的也跟著大叫：「媽！」她用手摀著眼，渾身發抖，「媽！你量錯了地方！那不是肛門。」

「你叫什麼叫！拔出來再插就是了嗎！誰叫她褲子穿這麼緊！」李大嫂若無其事的應著。
莉雲全身軟軟的坐在床沿，呆滯的看著李大嫂說話的嘴臉。
李大嫂說：「女孩子家，遲早要挨那麼一下，你緊張什麼？」
小玫已經不哭了，李大嫂把體溫錶抽出來，交到莉雲面前，莉雲沒去接。
莉雲耳朵裡還響著：「女孩子家，遲早要挨那麼一下。」
「莉雲！莉雲！你看看幾度？」李大嫂大聲喊著。
莉雲如大夢初醒，打了一個寒顫，她看看肛錶說：「三十七點二度。」
李大嫂說：「還好！大概是哭了一身汗，燒退了一點。莉雲！你看著小玫小強，等我買菜回來，你再出去！」
莉雲說：「我不出去！媽！您去吧！」
李大嫂兩手插腰說：「什麼？你不去找工作？唉！不是媽說你，你兩個弟弟今年都要上大學了，這個家，自從你爸爸死了以後，唉！莉雲！你不能再這樣耗下去啊！」
莉雲拿起報紙，盯著密密麻麻的廣告欄，她什麼也沒看進去。想想，自己也是大學畢業的，好像只做了那麼兩年事，公司倒了。她的生命也跟著什麼都沒進展了。呆在家裡一晃就是三年過去了。唉！明明有那麼多工作機會，到底誰和誰過不去呢？她自問：「我怎會落到這田地呢？」
「莉雲啊！打起精神來吧！物價又漲了！」李大嫂說。

莉雲端著報紙應著：「是的！媽！」

「莉雲啊！上回陳家介紹的那男孩怎麼樣了？」李大嫂轉了話題。

「沒戲唱了！」莉雲放下報紙說。

「怎麼說呢？」李大嫂問。

「他和我同年！」莉雲說。

「哦！你也二十八了！喂！劉媽說給你介紹個醫學院的呢！我一直沒和你提起！」李大嫂興致勃勃的。

「算了！累死人了！老相親，老相不成。媽！你別老和人家提這些事麼！」莉雲煩透了這些事。

「不提就不提！你等著做老姑婆吧！二十八，轉眼就三十啦！難啊！這年頭！」李大嫂無可如何的說著。

「這年頭，單身女人到處都是，也不嫌多我一個。」莉雲斬斷煩惱似的說著。

「我可嫌呢！大學畢業了，賺的錢還沒有我一個老太婆多！哼！…」李大嫂提起菜籃出門去。

小玫安靜的睡著，莉雲呆呆的看著小强不停的換著玩具玩。

大成育幼園的娃娃車，夾著「蝸牛背著重重的殼……」的尾聲離開了這巷弄。

莉雲不知道做什麼好，只讓悲哀圍繞著心頭。

門鈴響了，莉雲無可奈何的站起來開門。

「啊！莉雲！你媽不在家啊？」一個打扮入時的少婦抱著兩歲左右的孩子進門來。

「我媽去買菜，陳太太您有什麼事？」莉雲問。

「是這樣的，我找到了一份很不錯的工作，準備明天就上班，我想把勇勇寄在你們家，請你媽媽帶。」陳太太說：「人家都說，你媽媽最細心，最會帶孩子，你們家院子大，最安全可靠了。」

莉雲看看睡着了的小玫，臉上還留著淚痕，她伸手去拭著，抬頭苦笑：「陳太太我媽媽已經帶了兩個小孩了，恐怕沒辦法……」

「沒問題，我信得過你媽媽，回頭你和你媽媽講一聲，價錢和林家一樣，好不好？」陳太太說。

「陳太太！我不能作決定！」莉雲回答。

「哦！我知道你媽心腸軟，她會答應的，你知道，我好不容易找到工作，說好說歹的我先生讓我去上班，唯一的條件就是勇勇要有人照顧。呃！你不知道啊！我結了婚就窩在家裡，四、五年都快把我給憋瘋了！」陳太太說。

「大成育幼園每天都有娃娃車到我們這兒接孩子，陳太太！爲什麼你不送去那兒呢？」莉雲說。

「我先生反對，他說那些育幼園裡的人都不懂得愛護人家的孩子，我如果送去，我先生就不讓我上班，我好怕再呆在家裡，每天做個洗衣煮飯婆，還用上大學啊！哼！我一定要出去做事。我要闖出一點眉目來，好歹我也是大學畢業的啊！否則！唉！和人家說話，沒身分，沒地位，站沒站樣，說話更沒分量，和人家比啊！哦！就是矮了一截。」陳太太盲目的吐著苦水。

莉雲很不是滋味的眨眨眼說：「陳太太！等我媽回來，我告訴她就是啦！」

「謝謝你！莉雲啊！你還沒找到工作啊？我要是沒結婚，我一定不肯呆在家裡。」陳太太話越說越多。

「我媽忙不過來，我在家可以幫忙！」莉雲答得理直氣壯。

「帶孩子？哼！煩都煩死了！」陳太太一臉不屑。

「每個女人都得帶孩子啊！」莉雲不甘心的回一句。

「是！是！其實現在工作機會多得很，看你願不願意而已。莉雲！我看你年紀也不小了，哼！哼！你就別挑三撿四的！」陳太太挑著眉，一語雙關的說著。

「謝謝你！陳太太！我媽回來，我會轉告她！」莉雲嫌惡的站起來，把陳太太送出門。

莉雲走回客廳看到小强在客廳大便，小强直喊：「阿姨！阿姨！」

莉雲皺著眉頭把小强弄乾淨，把客廳清理過。小强乖乖的在一旁唱歌，好像很樂的樣子。

心頭一直籠罩著低氣壓的莉雲，現在更是想不開了，她站在鏡子面前糗自己：沒身分，沒地位，站沒站樣，說話沒份量，比人矮一截。

「啊！眞的！我不就是這副德行嗎？」莉雲自言自語，覺得窩囊極了。

小强跑過去喊她：「阿姨！阿姨！」

莉雲牽著小强說：「來！阿姨講故事給你聽！」她又拿起報紙有一搭沒一搭的瞄著廣告欄。

「徵幼教，××育幼院。經驗不拘，大專畢業，待優，供膳宿。」

莉雲定睛看了兩次，「大專畢業，供膳宿。」

小強叫：「阿姨！阿姨！」

莉雲抬起頭來，茫然的看著小強。

李大嫂提著一籃菜進門來。

莉雲把菜接過去。李大嫂坐下來嘴裡直喊：「累死我啦！外頭熱得不得了！」

這時候小玫醒來了。李大嫂哦著：「莉雲啊！奶瓶裝點開水，給小玫喝吧！」

莉雲說：「我看她是餓了，我沖點牛奶給她喝！」

李大嫂說：「她病了！吃不下牛奶的，開水就行了。」莉雲自顧自的沖泡牛奶。

李大嫂走近床邊，翻著小玫：「啊呀！這怎麼得了，尿床了！這麼熱的天，臭死了。」

莉雲趕緊走近說：「媽！我來弄！剛才小玫睡得很熟，我就沒給她弄尿片。」

李大嫂已經伸手拉下褲子，「拍！拍！」兩聲，打在小玫的屁股上。小玫哭得更兇。

莉雲拿著奶瓶叫著：「媽！小玫還病著！」

「打兩下算什麼！你別大驚小怪，別人的孩子本來就疼不下心！」李大嫂不當回事的說著。

「媽！剛才……」莉雲看到小玫淚眼汪汪，她說不出口。

「剛才怎麼樣？吞吞吐吐的！」李大嫂不耐煩。

「哦！沒什麼！」莉雲把陳太太交代的事吞了回去。她準備給小玫餵牛奶，李大嫂搶去奶瓶：「我來餵。你還不出去找工作啊！整天躲在家裡，工作不會自己掉下來的。」

莉雲悶聲不響的剪下那一則徵幼教的廣告，把自己打點一下，往外頭走去。

二

住進××育幼院的莉雲，雖然避開了母親的嘮叨，但是她仍然隨時隨地可以看到母親的影子。

上班第一天，莉雲就看到院長修理小朋友。院長許春娟三十多歲，看起來精明能幹，眼神冷峻，不常笑，對待小朋友一點也不慈祥。

「那有什麼分別呢？和自己的母親！」莉雲很殘忍的這樣下結論。

一天，一個受別的小朋友欺負的女孩子，揉著一臉黑黑的淚水，跑來向莉雲告狀。

莉雲把小女孩摟在懷裡安撫著。

許春娟院長走來，大聲斥著：「李老師！這種小事兒，不必花太多精神去管，院裡要做的事兒太多了。」

莉雲放開了小女孩。院長走遠了。

小女孩抬頭小聲說：「我喜歡李老師！你和別的老師不一樣！」

莉雲苦笑！她苦惱著這世間這麼多人需要憐憫，小孩子、家長，等等都是。她只盼望自己是例外。

坐在辦公室裡，莉雲數完了薪水，抬起頭來，一臉懷疑。

同事張老師瞄她一眼，再看看院長室。小聲的對莉雲說：「李老師！每一個新來的老師都是這樣的。薪水的三分之一是觀摩實習費。」

「合約上並沒有這樣規定啊！」莉雲有一種受騙的不滿。

張老師說：「是許院長自己規定的。所以我們這裡常常換老師。我算呆最久了。半年來，這是我第三次領到全薪。」張老師揚了揚薪水袋，臉上表情複雜極了。她探過頭去，對莉雲悄悄的說：「許院長把錢看得很重。聽說她先生比她小，是個花花公子，整天遊手好閒，不務正業。」

「哦！原來許院長要這麼拼命賺錢！」莉雲說。

「哼！賺錢也不是這樣賺嘛！坑人麼！簡直！」張老師不服氣的說。

「每一個人都有一個理由，要找工作，要賺錢。」莉雲弄不清楚自己在說誰。

「對！對！那就是生活，要不是為了生活，我也不甘心這麼受委曲。唉！都是生活惹的禍。」張老師應著。

莉雲在××育幼院平淡呆板的過了第二個月。

這一天，莉雲正在教室裡講故事給小朋友聽。

許院長帶著一個小男孩，氣兇兇的走進教室，大聲說：「李老師！馬成龍逃學，差一點被車子壓了。你賠得起嗎？」

「怎麼可能！院長！馬成龍才和我說過，他是去上廁所的。不可能逃學的。」莉雲解釋著。

「你知道他爸爸是什麼人嗎？萬一走失了，我們××育幼院就招不到學生了。李老師！你太大意，太不盡職了」。許院長說得有些離譜。

「是的！院長！」莉雲不喜歡許院春娟那種勢利眼。她牽著馬成龍入座。

許院長轉身離去。

莉雲問著：「馬成龍，你上厠所了嗎？」

馬成龍點點頭。

莉雲越來越不喜歡育幼院的工作，並不是因為第二個月的薪水和第一個月一樣少得可憐，而是許春娟這院長太難相處了。相繼幾次的不愉快，莉雲自我檢討的結果，都是許春娟院長的無理挑剔。

莉雲打算走路了。她在整理東西。

張老師問：「李老師！你不做了？」

莉雲說：「要做老師，要做下女，保姆，還要無緣無故挨罵，薪水那麼一滴滴，我明天就走。」

張老師不急不徐的說：「今天才五號，她不會讓你走的，起碼你得做到十五號，許院長才放人的！」

莉雲無可奈何的問著：「為什麼她要那樣刁難人？」

張老師輕聲的說：「變態！她沒上大學，她喜歡看到大學畢業的人，在她面前矮半截，抬不起頭來。」

莉雲點點頭：「這樣啊！蠻可憐的。」既要生人家的氣，又要去可憐人家，莉雲很厭惡自己這樣的個性，但是，她一直都是這樣的。

三

黃昏時，太陽還像火焰似的燃燒著。

莉雲提著簡單的行李，站在××育幼院的門口等車子。她的神情落漠。沒領薪水就走路，實在很委屈，當然她不打算再回××育幼院，但是她也不想回家。那個家，只能使自己更顯得渺小無用。

莉雲就這麼倚在門牆邊發愁。

送麵包的車子來了，音樂叮叮噹噹響。

年輕的司機把××育幼院訂的麵包拿下來。

莉雲上前幫忙把麵包送進去，她慢慢走出來。

那部麵包車還沒開走，年輕的司機正對著莉雲微笑。

莉雲挨著行李坐下來，沒去理那年輕的司機。

年輕的司機拿著一張收據走到她面前說：「李老師，請您在收據上簽個字。」

莉雲簽了字以後，才想起自己要離開××育幼院，於是她說：「啊！我就要離開這裡了，我不該簽的！」

「沒關係！」年輕的司機笑著說：「李老師！現在工作難找，爲什麼不做了？」

莉雲不說話。

「李老師！您要上哪兒？我可以送您一程！」年輕的司機問著。

莉雲實在想不起來要上哪兒去。回家嘛！媽媽會說，實在找不到工作，就找個人嫁了算了。嘔心！媽媽總是提醒她是個嫁不出去的人。

年輕的司機上了駕駛座按了聲喇叭說：「上來吧！李老師！」

莉雲機械似的提起行李坐在司機旁邊，任由車子開了。

年輕的司機一面開車一面說：「我叫曾致遠。還在念研究所，課餘送麵包，最近才做的。我記得您也是剛來這育幼院，是不是？」

莉雲不答腔，但是原先那種沒情沒緒的狀態消失了。她側著臉去看曾致遠。哦！他眉宇俊美，還有一個挺拔極富男性魅力的鼻子。

曾致遠轉頭說：「李老師！您住哪兒，我送你回家！」

莉雲正看他看得出神，不好意思的說：「不必了！我會躭誤你的工作。你就在前頭讓我下車好了！」

曾致遠說：「今天麵包都送完了。我正想找個地方吃晚飯。這樣好了，今晚我請您吃飯。」

莉雲心慌得亂跳：「那怎麼好意思。」

四

清晨六點鐘太陽已經爬得老高。街道默默的承受著躲不開的日光浴。曾致遠的車還停在大飯店前。

套房裡，莉雲張開眼睛，看到曾致遠死沉沉的睡在自己身邊。她心又慌了。
她站起來，看看鏡子裡老女人似的臉，她差一點哭出聲音來。
莉雲問著自己：「昨晚和曾致遠吃了飯，然後呢？」她回頭去看看曾致遠嘔心的睡態。
莉雲喃喃自語：「我怎麼會這樣對待我自己呢？我的意思不是這樣的！」
曾致遠的衣服零亂的撒在地上，上衣口袋裡的東西全部溜了出來。
莉雲隨手撿起身份證翻著。
「曾致遠，配偶：許春娟，血型：B型，職業：無業……」
啊！許春娟！許院長冷酷的嘴臉出現了，逼近了。莉雲手抖個不停，身份證掉在地上。霎時，莉雲的眼前出現了無數的金星。她整個人軟在椅子上，她無力的問著：「爲什麼這個世界是這樣的呢？」輕輕的她發出了無可奈何的嘆息。
好一會兒，莉雲才坐直了身子，攏了攏頭髮。提著行李走出大飯店。
路上，莉雲漿糊似的腦袋，只膠着著媽媽說過的一句話：「女孩子家，遲早要挨那麼一下。女孩子家，遲早要……」
想把地球燃燒的太陽，得意的懸在高空。
大成育幼園的娃娃車又在巷口轉來轉去。
莉雲進了家門，小强親切的叫聲。「阿姨！」

小玫在地上爬著玩。莉雲把小玫抱在懷裡，深埋著頭，自言自語：「小玫！你不會在乎的，你還不認識這個世界，你也不知道人家怎麼對待你。」

莉雲張著呆滯的眼睛看著小玫：「李奶奶說的哦！女孩子家，遲早……啊！呵！呵！嗚！……」莉雲發著似笑非笑，似哭非哭的聲音。

小強莫名其妙的看著莉雲。

大成育幼園的娃娃車，播放著兒歌。

「可愛的太陽，高高掛在天上，放出萬丈光芒，照得處處都光亮。可愛的太陽，高高掛在天上，放出溫和熱氣，曬得家家暖洋洋。」

廚房裡，李大嫂把水龍頭開得嘩啦嘩啦響。

李大嫂提高嗓門喊著：「莉雲啊！你回來了！去把大盆子和洗衣機洗洗吧！要多存一點水，馬上又要停水了。」

短歌

一

菜園炎炎的火傘斜斜的撐着。

雲自天邊堆起團團的棉花，陽光下白得刺眼。

冬青舉手掠一掠髮絲，汗水順着臉頰一顆顆掉進泥土裏。她聞到一股濃濃的汗臭；來自自己那一頭挽起的長髮。有一個星期沒洗頭了。

風輕輕地撩撥。撥散了天邊的棉花團，却吹不散不絕如縷的知了！知了！知了！

田埂那頭，阿兄循序漸進地割着小白菜。冬青瞄了阿兄一眼，仍然俯身按步就班地割着小白菜。許多田事，好像她生來就會似的。當然大多數是阿兄教她的。割白菜，今年暑假是第三次了。能幫得上忙，她總是願意下田。當然阿兄一個人也做得來。

說起來白菜的價錢總是那樣：買的人喊貴，賣的人能收回老本，就可以偸笑。有些人就能那樣不計血汗，活在與世無爭的世界裏。阿兄就是那樣的人。然而他的脚步却朝着一個美麗的遠景邁步。

靠近屎穴坑（堆肥池）時，阿兄對冬青揮了揮手，叫着：「夠了，妹妹！今天割這些就好了。」

冬青過來，走下蓄水坑，洗了洗手，上來喝一碗茶水。

她又聞到自己濃濃的髮臭，蓋過了屎穴坑的臭味。她笑了笑；彷彿頭髮越臭，越有收穫，暑假也就沒有白過。她猛吸一口，舒服透了。

晚飯時阿兄問冬青：「明天坐幾點的車？」阿兄是這樣的，能把日子記得清清楚楚，註册、開學一些也不重沓。

「晚一點的好了！十點多的公路局。」冬青回答着，心中有許多不忍。她這一走，阿兄又是一個人，只有那一畦田陪着他。她的小學同學秀梅，不知何時才肯讓她叫一聲：「嫂嫂」。阿兄總是說：「等妹妹大學畢業再說。」

阿兄很寵妹妹，冬青懂得阿兄。

「我菜賣完，再送妳到車站，還來得及。」阿兄說：「這是註册費，這是生活費，小心放好。」

兩包用舊報紙包好的錢，交在冬青的手上沉甸甸的。

阿兄頓了頓，轉身到床頭，從蓆子底下抽出五張一百元說：「這些妳拿去，買兩套好看的衣服。」

冬青說：「不必了，阿兄，我有得穿。」

阿兄說：「你還是留着吧！別總是穿那兩件。」

冬青抱着這些錢，小心翼翼地上了往臺北的公路局車。

一股濃濁的汽油味，衝着鼻子，她打開窗子，仍然避免不了都市的煙塵。

她習慣坐車閉目思索。這時她咀嚼着阿兄的話。

「很多人都說，妳們學校的學生最會玩是不是？」阿兄看了她系裏郊遊的照片後，這麼說的。阿兄的意思要她功課趕得上人，不要太貪玩。多青心想：「唔！那一次我不拿書卷獎！」心中坦坦蕩蕩的。

「別老穿那兩件。」阿兄要她事事跟得上人，要她衣着不要顯得太寒酸！多青笑了笑，過了一個大坡度，車就到了學校。

二

朝着泰山的小徑，筆直筆直的。如果沒有工廠的煙囪，晨間的空氣還挺新鮮的。

多青看到一個小婦人，推着嬰兒車，閒閒漫步。多青亦步亦趨地跟着。一路覺曉山蒼翠，流水潺湲。不知何時嬰兒車已轉向。多青從此愛上這兒晨讀。

臨校園邊界，多青靠在柵欄上。那頭是沉睡中的輔大，這頭是樸素的鄉野，正朝着日頭出來的方向展開一串忙碌。每一個挑菜的人，都像她的阿兄。原來她和阿兄仍然如此的接近。

她如常地準備功課，偶爾也懷疑自己那麼用功，只是爲了阿兄。

一輛摩托車往小徑急馳過來。在這車輛禁行的路上，已經夠奇怪的。更奇的是這部車不右轉也不左彎，逕往柵欄上，自殺式地衝過來。

說時遲那時快，冬青使着力氣搬開了橫木，車子打滾似地飛入學校。冬青不知道這是怎麼回事。茫然地望了望青山，它們依然嫵媚。一隻不知名的小鳥對她眨了眨眼，唱着清歌飛走了。

三

第二天，下着小雨；好像學期開始時，總要下一陣雨。冬青有好幾天沒出來早讀了。雨後的山巔，特別顯得寬朗清麗。山麓如游絲般的霧，緩緩地飛向陽光。冬青倚在柵欄上看得出神；全然沒注意到身邊來了一個人。

那人輕輕乾咳了兩聲說：「嘿！妳總算來了，我等妳等了一個禮拜。」

冬青一回頭，嚇了一跳，差一點沒跌下柵欄。她不曉得這人要幹什麼？山脚下的雲霧好像一會兒工夫，全都往她身上靠攏。

「葉冬青是妳，對不對？不要害怕。我是周一言，經濟系的助教。特地來向妳道謝的。」說完他欠了欠身。

「我做了什麼事？」冬青不解地問道。

「上個禮拜一清晨妳在不在這兒？」周一言問着。

「在呀！」冬青一下子想起來了。「你就是一個騎摩托車的人？」

「對！對。眞抱歉！嚇着了你！很感謝妳救我一命。」

周一言說着，往柵欄的那一頭靠着。他隨手拔起一根青草，放在口裏嚼着。他有一個經常在笑的嘴唇。

「那沒什麼？只是我很奇怪……」多青欲言又止。

「是不是奇怪，爲什麼一大早，我會撞到這裏來？」周一言代她發問，露出兩個深深的酒窩來。

「是啊！你不知道這條路，車輛不准進來嗎？」她說。

「知道！但是那時候，我別無選擇。」他又拔了一根青草說着：「你知道我買了新車，駕照隔兩天才能拿到，但是我忍不住要騎它上學，所以就趁着大清早人少的時候出發。不巧，那邊出了事，好多交通警察在那兒，我心一慌，就往這裏跑！哦！其實他們不一定會查我的駕照，妳說是不是！」周一言像一個天眞的孩子，對一個熟稔的好友訴說他的歷險故事。

多青沒答腔。空氣中透着縷縷的幽香，那不十分顯眼的稻花，傳來了新鮮。

周一言指着鐵絲網說：「那天不要說這根横木，就是邊邊的鐵絲網撞上了，也會要了我的命。」他心有餘悸地拍了拍横木。他長長的腿，一個馬步，跨了上去，接着說：「只是我很奇怪，妳那時候，怎能一下子就抬起横木呢？後來，我試了幾次，都很費力。」

多青搗嘴而笑，她說：「我正在想這個問題。我也覺得奇怪。現在要我抬我也抬不動。」

多青沒好意思說：「大概在家常常關牛欄的横木，訓練出來的。」

周一言說：「噢！人的潛在能力，在緊急時，眞是無可限量啊！」

他們兩人同時笑了，笑得牽牛花一朵朵抬起頭來。

四

冬青大二了，還是個鄉下姑娘的模樣。還好，她有一身凝脂的肌膚。秋香色的裙子，配上黃衣衫；要不就是淡藍的花裙，就這麼兩件換來換去。雖然不怎麼搶眼，但脫俗清新，也別具一格。

這天是星期六。

冬青第三節還有一堂「分析」。她匆匆走向家政大樓。樓梯口，周一言站在那兒，閃着酒渦對冬青笑。

「你來這裡幹麼？」冬青開口。

「等妳！」

「我還有課，上課鈴已響過了。」冬青急着上樓。

周一言擋住了她說：「我知道，我不會就擱妳！中午我想請妳吃飯。」

「不行！下課後我要……」

她話還沒說完，周一言便搶着說：「嘿！我查了妳的課表，妳下一堂沒課。下課後，我在那棵刺桐樹下等妳！」

「爲什麼？你不必這樣做的。」

「等一會再說。妳來不來？不來，我這一節課就守在妳的教室門口。」

多青拿着兩顆大眼，用力瞪他一眼說：「來！來。你快走吧！我上課去了。」

周一言踏着輕快的步伐，穿過花架。他看到一株黃鐘花，花團淡雅麗緻。唔！像什麼？像葉多青。他撲了過去，聞了聞黃鐘花。却被花中的蝴蝶拍了一鼻子粉。

他覺得和多青在一塊兒，有說不出的舒暢。彷彿找到了失去很久的心愛的東西那樣的快意。

他吹起響亮的口哨，向花架高高跳起一個投籃的姿勢，愉快地走向商學院。

多青上了樓，老師好像還沒來。教室裏吱吱喳喳吵個不休。她輕輕推了推門。裏邊兒起碼有六七個人在談論着她。

「葉多青最近釣上了大魚喲！」

「什麼大魚啊！」

「你們都還不知道啊！經濟系的周公子，周助教啊！」

「人家說，她是周一言的救命恩人！」

「算了，算了，釣上就釣上，何必扯什麼恩人不恩人！」

「喂！你有本事，你的 face 也不差，你去和她搶啊！」

「說也奇怪，那麼多女孩子瘋他，他竟能視若無睹，怎麼偏偏看上葉多青！」

「對啊！你都沒看到葉多青那副土相，周一言不知怎麼看的，會選上她哦！每天都是穿着十八世紀的衣裙，叫人嘔心！」

「那有什麼！她喜歡他就行了，人家是嘉華水泥的少東耶！」

「咦！我看葉冬青穿的衣服，倒是很別緻，看來清清爽爽的，如果穿在你身上啊！就不怎麼樣了。」

有人開始唱反調了。

「她的鼻子挺好看的。」

「嘿！你不覺得周一言有酒渦，葉冬青有笑靨，他們很相稱？」

老師來了，冬青才進敎室。心頭頗不是滋味。女人天生一張利嘴快舌，專攪人長短。唔！要不是這些人，這世界也就太單調了。想通了後，冬青靜下心來聽課。

五

學校附近一家清靜的餐館，週末客人較少。

周一言喝着果汁。誰播放着「青草的家園」一遍又一遍。冬青喜歡這首歌，她靜靜地欣賞。嗯！這時候她應該回家看看阿兄！阿兄在家工作得像一條牛，冬青想：「阿兄一定以爲我功課忙，所以沒回家。下星期再回去吧！」她很不好意思。雖然她不以爲和周一言談戀愛。但人家都這麼說呢！「阿兄不要我談戀愛？也沒那麼確定；不要荒廢課業就是了！」冬青變得很緊張。

周一言看到冬青一動都不動，催促着說：「妳怎麼不吃東西呢？吃罷！想什麼？你客氣什麼？」

「我吃飽了！」

「就吃這一點點？」周一言的表情很怪。好像很沒面子似的苦笑着。

「我平常也吃那麼多！」多青解釋着。

「好！那你吃點水果吧！待一會，我們去爬山；泰山，我還沒去過哩！」

「開什麼玩笑！上了四年輔大，沒登過泰山，騙誰？」

「不！不。我是說，我還沒有單獨和一個女孩子上山過。」他笑着說。

「我也不大相信！」多青想起同學七嘴八舌的是非，於是她說：「你的目標，好像很不小，許多人會關心你的動向！」她挑起一隻眼睛釘着他。

他從水果盤裏拿下一顆大葡萄。放進多青的口裏。多青一咬叫道：「哇！酸葡萄！」

他們帶着一瓶汽水，從多青晨讀的小徑出發。沿途有水泥大水管，一節一節地排着。走累了，躲到大水管裏歇一歇。

周一言輕輕地唱：「昨天當我年輕的時候。」顫抖音震得水管內還起回音。

多青說：「你的歌喉很不錯啊！」

「我快樂時才歌唱！」他說。

「以前你不快樂？」多青問。

他們邊走邊談。

「可以這麼說。」他答道。

「看不出來哦！」多青瞄了一下他那生氣時都會笑的唇角。

他說：「妳知道，有些人很容易交到朋友，好不好都很能滿足；有的人就很難交上一個知心。」

多青說：「被人冷落，固然寂寞；朋友太多，找不到自己，更苦。我猜你是屬於後者！」

「也許！妳知道，對人對己我都不覺得滿意。」他說。

「執着着什麼的人，對好惡的感受比較强烈。」她說。

「我眞羡慕那些認眞而又豁達，執着而又飄逸的人。」周一言話中透着幾許無奈。

多青說：「有時候執着的人，還是很可愛。」

「妳的意思是說我很執着。」周一言握緊了她的手問着。

多青說：「你踩着了含羞草。」她指着脚下開着紫色小花的含羞草，悄然廻避。

周一言彎下腰，逗着說：「眞是含羞草呢！妳知道的東西眞不少！」

「我還知道哪兒有草莓，我帶你去採，好大耶！」

沿着山澗而上。他們繞進樹林，發現一個小小水潭，清澈見石。兩旁潔白的薑花吐露芬芳。

「我們在這兒歇一歇脚。」周一言小心地攙着多青涉過水潭，在青草地上坐下，周圍給人的感受，頗有「行到水窮處，坐看雲起時。」的情趣。

周一言把帶來的汽水浸在潭中央。他煞有介事地說：「等一下，這飲料就賽過礦泉水囉！」

他躺了下來，藍天下垂映着濃密的綠蔭，生機盎然；如此光景，足以啟廸人類心智靈敏，對自然美萌發愛意。

他說：「妳喜不喜歡這裏？遠離塵囂。多青！如果妳不想走，我會一直呆在這兒。」

淙淙的澗水，恰似一脈永不枯竭的智慧之泉。其清明，可以滌洗人心萬慮雜念。

多青挑撿小石片，拋水標。「波！波。」「波！波。」石片擦過水面，跳到岸上。這玩意還是阿兄教她的。

「多青！妳在幹麼？怎麼不說話啊！」周一言問着。

「捕捉自然界靜極之美。」多青回答。

「噢！多青！和妳在一起，有一種歸屬自然的寧靜。」

水面又跳出「波！波。」的清音。

周一言說：「妳知道這裏離臺北市多遠？」

「多遠？」多青問。

「很近，也很遠。」他說。

「怎麼說呢？」她又問。

「不愛自然的人，城市無時不在心中。喜愛自然的人，就是身在城市，心也常遠離塵囂！」他費周章地回答。

多青睨了他一眼說：「看不出哦！」

「又來了！看不出什麼？妳很喜歡用這句話，妳不會拿別人的眼光看我是不是，多青！」周一言

搖着她的肩膀問着。

冬青不敢說：「看不出你也有這種想法。」要是那樣，就好像誰附和着誰。儘管她發現周一言很鄉土味，人家不會說周一言愛鄉土；人家會說，多青拉住周一言不放。是不是應該城市化一點呢！「對啊！也許我可以拿阿兄給我的五百元去訂做一套新裝。邪門兒！眞可笑！」她兀自笑了起來；順手抛出一片水標；一個正着，擊中了他們的礦泉水。

「對不起，」一言。」她一語雙關。

「沒關係，妳渴不渴？那是爲妳準備的。」

多青搖了搖頭說：「有時候你像個大哥哥。」

他輕撫她的雙肩問道：「有時候呢？」

「有時候像個野孩子。」她拿下他的手說：「你還是像哥哥一樣牽着我的手好了。這兒有點涼，我們繼續往前走。」

山路彎彎，一會上一會下。一個急轉，田疇沃野，放眼綠油油的。走在寬寬的田埂上，禾浪翻風，清涼怡人。田中農夫聚精會神的拔除幾可亂眞的稗草；一棵棵抛向路上。

「多青，妳看，他們爲什麼把稻子拔起往路邊甩？」

「那是稗，你知道稗的，但是你沒有眞正看過對不對？它們專吃稻子的肥料，稗籽連碾米機都碾不碎，是水田中極頑强的敗類。你來看看，就是這個樣子！」

周一言拿起稗仔細觀察。

路邊冬青發現了草莓，她採了一兜兜。

周一言站在一旁，瞪大了眼，不知他怎麼想。

冬青說：「野生的，沒關係。」

「嘿！冬青！妳使我想起一件事。小時候，我喜歡畫畫，最愛畫農村；畫好了，就拿給我媽看，希望能得到幾句讚美。可是媽每次都說，畫得很像，可是怎麼農家都找不到一扇門進去呢？剛才我又看到那幅畫，你是畫中的那一扇門。我可以進去嗎？」他的天眞顯出他的可愛。

「當然可以，但是可別失望哦！」冬青腦子裏又打起阿兄那五百元的主意；去買件漂亮的衣服穿穿。唔！漂亮的衣服可以裹住形體，可裹不住天性；可以美化外形，可美化不了內心。她揶揄着自己。臉上不自覺地露出兩朵笑靨。

「我喜歡自然，許多人不認爲自然，所以我活得很不自然！」他說。

冬青聽得那麼多「自然」笑彎了腰；靠在他身上喘喘氣說：「你盡可以擁抱自然。」

周一言摟緊了她說：「妳不知道妳就是自然的一部分？」

冬青掙脫了說：「一言！我不是這個意思！我是說，我們順其自然。精神上的淸凉與超越，常常可以保存人和大自然純潔的感情。我們順其自然，你還是像哥哥一樣，牽着我的手，比較自然。」一臉的靦覥，她說了這些話。

周一言一路靜靜的低着頭，踢着石子；好一會他才緩緩的說：「多青，我就不明白，你有一個哥哥還不夠，你要那麼多哥哥做什麼？」

「我有一個偉大的哥哥，爲我做牛做馬！像他們！」她指着跪在田中除草的農夫。忽然她心頭難過起來，阿兄和秀梅還沒訂親。阿兄給她五百元買漂亮的衣服，不一定要她談情說愛；她看到農夫赤膊青筋的跳動，陽光下冒著汗珠。她輕輕地放開周一言的手。

周一言興奮的說：「多青！一言爲定，我爲妳做牛做馬可以罷！」

她拿一雙大眼瞪了他兩下。他最喜歡多青這種表情；樂得他酒渦不知打了幾轉。

伴着夕陽，他們一路下山。

六

天涼了，晨曦中的泰山小徑，依然透着寧謐。多青還是習慣在柵欄邊看書。一陣摩托車聲，是周一言，他叫着：

「多青！早！」

「什麼事，你一大早跑來？」多青問。

「多青！下午三點有一場足球賽，我打前鋒，我來請妳給我加油。上午我不能來學校，所以這一會兒來告訴妳！」他說。

「何必急着趕來呢！」多青說。

「我怕妳又跑回家去。很重要哩！這場球賽。妳會來吧？我走了！」

球場風好大。多青衣服穿少了。當着風，很冷呢！她打着抖擻。

贏了！下了球場，周一言牽着多青冷冷的小手，把外套給她披上。

他說：「這是我走前最後一場球賽，也是我打得最好的一次。」

「你走前？你要走到哪？」她問着。

「對不起！我一直不忍心對妳說，加大的獎學金，已經下來了。多季班的。本來打算放棄，等暑假再走。妳知道沒獎學金我也走得成，父親會供我。但是我不要只是父親的兒子。多青！妳會懂的是不是！」

多青一個噴嚏打來，淚水鼻涕直流，她找不到手帕。他掏出手帕替她拭去淚水。

「別哭！多青！我打算到那兒讀統計，早去也好，早去早回。說不定妳畢業後，也可以申請出來。」

只見多青不停地搖着腦袋。他又說：「有一句話，我早就該對妳說，但是我一直以為我們還有很多時間，所以……」

一股熱流穿過他的心。他說：「我愛妳，多青。」

風把周一言的話吹得好響好響。吹得好遠好遠！遠到天邊泰山的山巔凝住了。

多青聽得清清楚楚：「我愛妳！多青！」「我愛妳！多青！」在風中不住地回響。

「多青！剛剛打完球！我吃不下飯，我陪妳去吃！」

「聽着！明兒晚上……別哭，多青！」周一言乾脆拿下掛在脖子上的毛巾爲她擦臉。

「多青！明兒晚上，我爸爸媽媽請妳上我家。他們看過我們倆的照片，媽說我很有眼光！」

多青很後悔，沒去做新衣，阿兄的五百元應該可以派上用場的！

「多青！別難過！我明晚六點鐘來接妳！自然一點！」他像個嗜甜的孩子，貪婪地舔着多青帶淚的笑靨。

七

春節過後，阿兄一批芹菜，賣得了好價錢。現在正忙着播種。

阿兄對多青說：「妹妹！先送訂婚禮給秀梅好嗎？」

多青亮着大眼說：「好啊！阿兄，我看不必訂婚，把她娶過來就是，現在很多人都這樣耶！」

阿兄「唔！」了一聲。春風牽動了他的嘴角，阿兄笑了。

多青把上回阿兄給她買衣服的五百元送還阿兄說：「阿兄！您會用得着的！」

春雨霏霏，秧苗抽綠。

加州飄來的郵簡一片片，是周一言的情，好比綿綿的春雨，滋潤多青的心田。

捐棄

一

天才朦朦亮。阿母吩咐娟娟：「娟娟！今日退勤時，去你大兄、二兄的厝告訴他們，初十是您阿爸忌日；大小攏携回來。」

娟娟一面準備便當，一面應着。反正上下班都要經過大哥二哥家。有事沒事，要是被誰叫着，她都會在他們家駐駐脚。她不是頂喜歡上大哥二哥家，但是在這家裡，她一直扮着這樣沒脾氣的角色。

七點十分，娟娟騎着脚踏車出門了。她的手扶在手把上，兩肘向內側彎出很婀娜的弧線。這村子就那麼大，誰家姑娘出落得標緻，誰都看得清清楚楚。特別是那些在田裡作活的莊稼漢，這時刻都會瞪直了眼，一個個打點，點到娟娟一定得最高分。因爲她不是織布工廠的女工，也不是賣菜的姑娘；人家在肥料公司食頭路。文文靜靜的，在少年家的眼裡，是南雅莊天上的一顆明星。

娟娟經過雷公埤。神成橋腐朽的木板，輾過一塊，「咔啦！」一聲跳一塊。天晴時，還好。天雨時，好像隨時會墜落似的。橋下的水，自從娟娟阿爸走了以後，不知誰來管了。

橋的東側，一個高高的攔水閘，以前是娟娟的阿爸負責管理的。

前年春天，一個雷公閃照的夜晚。冷雨斜斜的下來；娟娟的阿爸，站在高高的水閘上，手扶着大轉盤，扳着水門的開關。一陣急風迅雨，把他掃落雷公埤下。以後捐捐的阿爸，再沒上過雷公埤的水閘。娟娟從小對雷公埤，就存着恐懼與神秘。以前她曾經和阿母來拜拜；菜肴就放置在最厚最密的樹叢裡。她看到一隻四脚蛇溜進草叢裡。

娟娟踩着車，急急地經過厚厚的樹叢。「如果那兒有神，阿爸不會落水；如果那兒沒有神，自己何必害怕呢？」才想過自己神鬼分不清時，她就已經到了肥料公司。

黃昏時，娟娟先彎到二哥家，然後到大哥家。

客廳裡，堆了些木柴，飯粒零亂地撒了一地。讀初二的姪女——麗梅在做功課，其他五個小姪子吵成一堆。一屋子亂糟糟。娟娟小心地走進去。一面叫着：「大哥！大嫂！」沒人應。倒是姪子們都靜下來，十二隻眼睛朝娟娟直射過來。娟娟說：「快六點半了，爸媽呢？」沒有人回答。

「娟娟！」招弟從屋子裡冒出聲音來：「娟娟啊！你又提配給肥皂來是否？」

娟娟說：「大嫂！不是啦！今天才二十，還沒領配給！」娟娟又問：「大嫂！大哥不在家？」

招弟翻一下上唇，氣氣的說：「伊幾日攏不下田啦，歸日粧水水（整天打扮得漂漂亮亮），不知去那裡？」

娟娟：「我阿母說，阿爸初十忌日，要大嫂大小都帶回去。」

招弟眼睛朝上翻兩翻說：「人死就死去了，有什麼好拜！」然後她又說：「娟娟！你二嫂出好多？」招弟像探照燈似地在娟娟臉上搜索。

娟娟氣都沒吭一聲。

招弟又說：「他們現在有錢得像什麼！」

娟娟靜靜地想：二哥的女兒腎臟病已經醫很久了，還沒什麼起色。

招弟還說：「娟娟！你一定得講，你二嫂提好多出來？他們現在有錢得很。阿爸留給他們一大筆錢，一塊厝地，攏是白拾得的。若沒伊大兄，現在，伊那有得蹺脚食月給。」

娟娟知道二哥是個小學教員，那有什麼錢，二嫂一直替人打毛線，幫忙家計。

招弟還說：「你二嫂外家厝，有錢。你二兄實在歹來和你大兄分財產。親兄弟是親兄弟。你二兄也沒流一滴汗，擔一擔土。誰講伊得有讀書命？伊得蹺脚食月給？伊大兄一世人，就得做牛做馬，揑田土。」

娟娟問：「大兄眞正賣田不愛做啦！」

招弟沒有正面回答，只說：「你大兄常常在怨嘆！」

賣了地，可以擺脫揑田土的日子，是眞的，但是否眞能擺脫冥冥中，命運之神的愚弄呢？阿爸的一生很苦，很勤。家業建立自田土，有何不好呢？大哥和阿爸同甘共苦過三分之二的歲月，大哥分得阿爸三分之二的財產，這樣大概很合理吧！娟娟沒敢說出。她怕大嫂算她和阿母的賬。她有三十坪建地，阿母現在拿來種花賣錢。祖厝所有權屬阿母名下。幾次大嫂都派大哥沒用。阿爸剛去世時，阿母讓出了房契和私章。阿母準備到青草湖去吃齋。結果，大哥又把房契和私章退回來。

招弟私下和大哥鬧了好幾次。

招弟說：「有讀書就會賺錢，你只小學畢業，捏田土，伊讀高等書，食高等頭路，錢像沙仔那麼多，你睬睬伊去！」

大哥低聲說：「兗這樣！阿母雖然不是我的親娘，我十歲時，伊就來了。伊也甘苦有得，你這一個媳婦，也是伊替我娶入門的。你不驚人講話？」

招弟這才稍稍收斂。

招弟對娟娟說：「娟娟！前幾天，有人看中你那一塊地，你大兄想要賣了，你會怪伊否？」

那麼賤的價，也想賣，是不是急着用錢？娟娟心裡疑問着。又想起阿母常說：「娟娟！金錢生不帶來，死不帶去，不用因此，與人結怨家，你的眉心有一粒紅色的觀音痣。這是好相貌，你事事項項攏愛慈悲爲懷。」

不知道是不是有了那顆紅痣，加上阿母的勸敎叮嚀；或者她原本就有悲天憫人之心。娟娟對大哥就是硬不起心腸來。她倒覺得大哥要是少了那筆錢，就做不了生意，那姪子五六張嘴巴，怎麼塡飽呢？阿母和她有房租可收，也過得去了。

招弟又說：「實在講，你大兄常常在講，娟娟若出嫁，要給你辦好看好看的嫁妝！」

招弟亮一亮眼睛又說：「昨日那個城內人，又來了是不是？我看伊向你家走去。」

娟娟這時把話做一個歸結：「大嫂！大哥若回來，請轉告他阿母的話，初十阿爸的忌日。天晚了！我走了。」

二

娟娟好久不見大哥，這一天在路上遇見了大哥。她幾乎認不出來是她大哥。太陽頂得高高，照在大哥亮油油的頭髮上。他穿着新西裝，流行極了。

娟娟從腳踏車上跳下來，喊一聲「大哥！」就不知道要說什麼。她大哥對自己那麼流行，有些忸怩。他說：「娟娟！下班了？聽你大嫂講，最近很多人來做媒，你想定了和人相親嗎？」

娟娟規規矩矩地說：「我阿母選了一個。」

大哥說：「是那一個城內人？」

娟娟點點頭說：「我們是肥料公司的同事。」

大哥問：「日子訂了沒？」

娟娟說：「還早呢？」

大哥家到了，娟娟跳上車，回家去了。

冬日躲在四合院的西邊。

娟娟的阿母在那兒砍樹枝，一堆堆木柴整整齊齊地靠牆堆疊。

娟娟把脚踏車放好，在阿母的身邊一塊大木頭上坐下來。

娟娟說：「阿母！爲什麼要請大嫂當媒人呢？」

阿母說：「我不愛裕雄一日至晚來我們家找你，像行灶脚。有話伊得叫媒人來講。再講，我們這邊也欠一個媒人。」

娟娟說：「大嫂話太多，我怕她亂講。」

阿母說：「自己小姑，伊愛講，隨伊講。那日，伊在討要做你的媒人，我也不好推掉。」

娟娟：「阿母！你對大嫂說了聘金的事？」

阿母說：「招弟講，看我愛三萬五千，裕雄的父母攏提得出來。叫我免客氣，開嘴討。但是，我講，人家父母還在，免貪人金錢，要貪得人疼惜。我講免聘金。以後，你入人門，較好做人。」

娟娟：「隨你主意，阿母！我感覺娶嫁講聘金，眞像做生意。」

阿母說：「我也感覺裕雄的父母不壞。你入門了後，事事項項要稱人心，得人意最重要。」

冬天的太陽也怕冷，早早落山。

在昏暗的暮色中，娟娟和阿母把柴火一捆一捆搬進廚房。一房子是柴薪的味道。

東廂房客，隨着收音機，大聲地吟唱歌仔戲。

三

娟娟在鷄舍邊找到招弟。

「大嫂！這幾件舊衣服太短了，我穿不着，麗梅他們大概還可以穿。」娟娟這樣說。

招弟只抬眼瞧了瞧，娟娟拿來的不過是幾件舊衫褲，不是什麼寶貝，也就沒作聲。娟娟還把衣服抱在手上站着不動。招弟忍不住大聲的嚷起來：「你大兄，做什麼頭路，看別人飼鳥，伊就飼鳥；看別人飼鷄賺錢，伊也跟着人家飼鷄。弄得我沒閒沒空。」

說着，招弟翻動鷄食盆，一條四脚蛇爬出來。娟娟大聲喊：「大嫂！小心蛇！」

招弟起身說：「四脚蛇！怕什麼。」說着舉起木棍，將要劈下。

娟娟趕緊說：「別打！阿母說，那是國姓蛇，打了國姓蛇，牠們會報仇。」

招弟說：「什麼國姓蛇不國姓蛇。」一棍下去，蛇的四脚顫抖三兩下。招弟用棍子挑起，扔到水溝裡，翻着白肚，流向雷公埤了。

招弟說：「你放了它，它就咬你，你不怕它，它就怕你。」這話說得很重，像是說給自己聽，又像是給娟娟顏色看。

娟娟把衣服拿進屋子裡。招弟也跟進屋。看到大哥又是一身金閃閃的打扮。一旁麗梅低頭作功課，嫌短的外套，袖口磨得油烏烏的，露出一截乾瘦的手腕。大哥沒說什麼，轉身避開娟娟的目光。

招弟開口說：「娟娟！你也免三天兩天走來我這裡。我眞實跟你講，你阿母無收人家聘金，給人沒面子。人家送五萬六來，得比你的破衫褲，較好用。」

這一下娟娟證實了裕雄說的話是眞的了。大嫂眞大膽，如此自作主張，收人聘金。娟娟氣極了，悶頭自思：「我只當你是長輩，沒把話直問，她居然這樣惡形相見。」

娟娟定了定神：「大嫂！你怎麼可以隨便作主，我還有阿母在。」

招弟陰陰地笑：「隨便作主？人講，老爸死，長兄如父，你阿母只有隨身嫚的分。」

娟娟說：「大嫂！你太過分了。你還不出聘金來，我自己會把它退掉。」

招弟勝利的說：「隨便你！人講，無收人聘金，是不是嫁不出去？」

爭既爭不贏，講理講不清。娟娟氣得要死。她轉身向大哥，大哥不知道什麼時候溜走了。

娟娟看到麗梅，還有五個小姪子，衣冠不整，面黃肌瘦的樣子。娟娟眉心的痣，彷彿跳出來似的閃着紅光。

四

從這個月開始，娟娟的公司，除了月薪外，配給全部換發食物。那一大袋的米，她和阿母倆，一個月也吃不了。娟娟在路上，攔住了放學的麗梅。讓她把米帶回家去。

麗梅說：「媽！這是阿姑送的，還有肥皂。」

招弟拿下米，重重地放在地上。那樣子好像誰欠了她錢似的。狠狠地說：「死人姑，牛屎菇。」

麗梅一雙大眼轉了半天問着：「媽！你那麼氣她，為什麼還要收人家的東西？」

招弟沒好氣的說：「還不是驚我給她扇動歹話，她才送東西來。」

麗梅說：「裕雄也不見得會相信你說的。」

招弟說：「裕雄的老母相信就好。」

麗梅說：「媽！老師說不可以搬弄是非。」

招弟擧手就是一巴掌對麗梅說：「囝仔人，有耳無嘴，你知什麼？」

麗梅去洗了洗手，捧起飯碗，面對着餐桌上，一大碗沒油味的韮菜；落下淚來。

五

娟娟的脚踏車壞了，送去修理。下班時，裕雄殷勤地叫了一部計程車，送娟娟回家。上車時，和司機講好了價錢，到南雅莊要二十五塊錢。

裕雄和娟娟一塊兒上了車。一抹斜陽，徐徐沉落。娟娟覺得裕雄實在不錯，還沒結婚，就這麼體貼。和他過一輩子，大概很安全。

車子到南雅莊，娟娟叫下車。裕雄也跟着下來。付了車資，司機揚了揚手上的二十塊錢。娟娟用眼示意裕雄，還差人五塊。裕雄裝着沒看見。把門一推說：「別理他，我們走吧！」裕雄拉着娟娟往前走。

「別理他！」這幾個輕輕的字，在娟娟的耳膜上，越震越響。最後，裕雄那種欺小貪便宜的嘴臉，也一齊扣在她腦腦海裡，久久不消散。

跟前的裕雄，變成她完全不相識的陌生人。

六

娟娟對自己的婚事也變得漠不關心了。

裕雄那邊的媒人，來問婚期，幾次阿母都推說：「娟娟不想那麼快！」

招弟也跑了好幾趟，沒結果。

招弟火大了，對着大哥潑辣：「我收了人家禮金，你小妹，到現在還不出面，是存心給我好看是不是？」

大哥溫溫的，沒應聲。

招弟說：「聘金是我一個人吃了是不是？你不想想看，錢放在人家口袋裡，攏燒燒，五萬六至我們家來，六七個嘴，一下子就吃空空，你好久沒有提一錢五圓囉？只會歸日（整天）粧水水。」

大哥仍然沒說話，臉色和他的一身打扮一樣，紅閃閃的。

招弟又說：「你不去催，我自己就撞去了。」

大哥閉一下佈滿紅絲的眼睛。狠心地往門外走去。

七

阿母在燈下，替娟娟繡錦被頭。

娟娟說：「阿母，我實在也說不出來，裕雄那一點不好；只是……」

「心肝狠」？只因爲裕雄賴掉司機的五元車資，就斷他是「心肝狠」似乎太重了一點，娟娟停了下來不說話。

阿母拾起話來說：「人啊！別太挑剔。你現在揀人，以後就遭人挑揀。再講，人也沒有十全十美的。有缺陷，才堪稱世間人。否則，就是修身的佛了。」

阿母的話，好像一瞬間，生了效。燈下娟娟眉心的紅痣，把她的臉蛋，襯托得極美，一種罕見脫俗的光潤。

用不着招弟的催促，娟娟結婚了。

大哥對招弟說：「弟弟都準備了禮數給娟娟。你怎麼不睬她呢？」

招弟說：「給伊讀書，就是嫁妝，何必你去替伊操心？」

大哥說：「你不感覺歹勢（不好意思）？娟娟讀書也不是讀你的。」

招弟强詞：「我若有讀書讀那麼高，我也懂禮數，你小弟很會做人，我也會。講了，才讓你懂了去。娟娟若無我，伊就嫁不出去。」

大哥氣着說：「招弟！你話得講較差不多啊！一日至晚怨妒弟弟、娟娟讀書讀那麼高。你不要太過分啦！」

招弟說：「難道無影？像娟娟那種䙡肚的人，就需要惡大家（婆婆）來收拾。」

大哥實在聽不過去，他說：「那是你講的。人家娟娟阿母講，裕雄的父母做人不壞。你上好，不要黑白講。」

招弟像一陣風一樣把話掃過來：「講到你，就有氣，專替外人說話；你不去講人，你比別人多得了什麼？乾會食死米，至今，還不是溜溜一個，連某（妻）子都飼不飽。」

這眞是一場不討好，又無理的爭戰，不知怎地，就結束了。

八

裕雄娶了娟娟後，除了上班外，還做了一筆板金生意，發達了。

娟娟很矛盾，她分明知道，生意場上，如果不是「心肝狠」，裕雄的板金生意，一定賠得一場塗。若不是心肝狠，做生意，起碼也要眼明手快，才不賠錢。這世界在娟娟的眼中，實在很難堅持一個原則去對付。她迷惑。好比她眉心那顆紅痣一樣令人費解。

九

娟娟回娘家看阿母。

娟娟問：「阿母！你搬到我那邊住好不好？我城內的房間多。」

阿母說：「憨囝仔。那有人這樣。我這裡有老厝邊（鄰居）相照顧，免了。再講，我種花種慣習了，不堪閒下來。」

娟娟說：「阿母！我會常常回來看你。」

阿母說：「這樣就好。哦！娟娟！你很久沒去看你大兄大嫂了！去看看。你大嫂身體不好很久啦！

去看看，不要囝仔性，計較東西。」

十

大哥家和以前沒什麼兩樣。亂糟糟的。

招弟懶懶的躺在床上。看到娟娟來，有氣沒力的說：「你嫁了以後就攏不來了。是不是你大家（婆婆）不讓妳出來？」

娟娟說：「我阿母說你病了。」

招弟說：「好了些，這幾日我有起來走走！」

娟娟問：「什麼病！大嫂！」

招弟說：「沒什麼！沒什麼！講到你啊！有一回，你大家（婆婆）說，你尖脚細手，不出勤時，大門攏不跨過是不是？」

娟娟說：「你怎麼會遇見我婆婆？」

招弟辯着：「才不是我碰見你大家，是你二嫂講的。」

娟娟心想：毛衣廠在我婆婆附近是不錯，二嫂織毛衣的材料，都是工廠的人送來的。交貨都是二哥騎脚踏車送去的。二嫂怎可能遇到我婆婆？不過，也有可能。她們一定談了些什麼？看，最近婆婆總是嫌這，嫌那的。也不知那一點錯了；從大嫂口裡，一定可以探聽出來。

於是娟娟問：「大嫂！我婆婆又說了些別的嗎？」

招弟興致大了，她說：「想到了，有一回，我賣鷄時，遇到你大家（婆婆），你大家（婆婆）說，你嫩稚，什麼都做不來。我當時趕緊回說，你自幼就沒爹，又一直在讀書，所以比較憨慢，要伊多教你一些。」

招弟睨了娟娟一眼；這話十分動聽；娟娟頭低低的，心中非常感激大嫂替她廻護。她覺得大嫂人還不錯嘛！

娟娟隨口問問：「大哥呢？」

招弟說：「還沒起床，昨晚，飲酒飲到很晚才回來。」

娟娟忘了自己是來看大嫂的病。聽了那些話，心中起一種莫名其妙的變化。以後，用不着阿母提醒，只要回娘家看阿母，就一定順道去看大嫂；爲的是什麼？好像沒人知道，又好像她和大嫂心裡都清清楚楚。

只是，有一天，裕雄對娟娟說：「娟娟！你眉心的紅痣，變得黑了些，爲什麼？」

娟娟回答：「我也不知道，黑痣不是很好看嗎？」

裕雄說：「沒有原來的動人，不過也不錯。」

十一

招弟的病，看起來完全好了。見了娟娟來，有說有笑的；只是亂糟糟的客廳，和招弟的笑容很不相稱。

娟娟仍然問一聲：「大哥不在？」

招弟收斂了笑臉，沒好氣的說：「不知死到那裡去，好些日沒回家啦！畜生沒得食不要緊。大小沒得食，伊也不睬不管。」

娟娟無可如何的沉默着。她瞥見了牆邊邊一堆髒衣服，聯想到婆婆昨晚說她衣服洗不乾淨，是不是又說了什麼？娟娟靜靜地呆了一會，心中盼着，大嫂再開口傳些話。

招弟一個勁兒地端詳娟娟身上的衣服。然後說：「太水囉（太美）！嫁給城內人，實在不壞，我就沒那種命。」

一副羨慕妒嫉的表情，十足地顯露出來。然後一陣急語：「喂！講你連地都掃不清潔，掃帚都不會拿，有影否？」

娟娟沒作聲，讓招弟繼續講下去。

招弟又說：「你大家（婆婆）告人告得很氣的樣子。」

娟娟本想說：「你怎麼知道我婆婆很生氣？」此時麗梅進來了。放下沉沉的書包。

招弟便說：「麗梅去洗米煮晚（做晚飯）！」

麗梅連校服都沒換，便去拿飯鍋量米。打開米缸，麗梅停了停，皺皺眉。娟娟分明看到米缸是空的。

娟娟推着車子走出門時，招弟已經在裡頭叫了。

「麗梅！你不會到店仔去賒一點米，還站在那裡做什麼？你老爸不會賺錢！飼你們不飽。你若有娟娟一半好命就好囉！」

大哥每天打扮得漂漂亮亮，家裡却可以沒米下鍋。實在不能理解。娟娟心頭有說不出的感受。娟娟回頭到阿母家。坐了很久，什麼也沒說。有關婆婆的、大嫂的、大哥的。她都埋在心裡悶住。看到阿母，娟娟緊緊窄窄的心，自然又寬敞起來。

立冬前一天。娟娟的婆婆說，要買一隻公鴨，做當歸鴨，她婆婆說，鴨公比較補，果然，下班時，娟娟就看到一隻活生生的大鴨子。

婆婆要娟娟把鴨公割一割（殺了）。這可難了。她實在沒殺過鷄鴨。

娟娟踩穩了鴨脚，拿起菜刀，往鴨子的脖子抹。看她一來一回地鋸着。鴨血噴了一地。婆婆趕緊過來幫忙。一面說：「刀口的鴨毛要先拔一拔。刀仔要稍稍擋一擋，血才不會四處噴。」

婆婆一面收理，一面還說：「莫怪你大嫂常講你是軟脚蝦，連菜刀都不會拿，你眞是一枝柴草都沒摸過？」

娟娟楞住了。「大嫂講的」，「大嫂講的」這是她聽得最清楚的一句話，大嫂說的，不干二嫂的事。接着她聽到婆婆說：「你大嫂賣鷄鴨，每天我買菜，伊攏會和我開講（閒聊）。這隻鴨公也是向伊買的。」

娟娟忍住了氣。照着婆婆的吩咐用滚水燙鴨毛。然後，認分地退去鴨毛。短小的毛頭黑黑的，好像永遠拔不盡似地。她脚都蹲酸了。這時她想到大嫂，眞不該。盡挑人是非，講人長短。不要理她了。

冬天的風，吹得娟娟清醒、冷靜多了。

阿母的話是對的。「娟娟！你還少年，婆婆若講你什麼！也是敎你什麼！你愛聽人家的話。」

補冬那天，燉出來的當歸鴨，香氣四溢，娟娟吃得好開心。

十二

午間，娟娟在公司書報室看報。麗梅氣喘如牛地撞進來說：「阿姑！阿姑！弟弟發燒，燒得醒不過來！」

娟娟問：「爸媽呢？」

麗梅說：「不知道！」

娟娟趕緊說：「我去看看！」

他們叫了一部車子，路上娟娟問：「麗梅！你今天沒上學？」

麗梅說：「媽媽不要我上學！叫我休學！」

娟娟無可如何的「哦！」了一聲。

她把姪子處理好後，又彎到阿母家。阿母正和鄰居聊天。

娟娟說：「我只是可憐那些孩子，大哥怎麼會這樣呢？」

一個老者說：「娟娟啊！你免睬你大兄！大人大種，自己要負責，你免可憐伊！這是人的命啊！

早就勸伊不好賣地，你大兄以爲賣了地，就會出頭天！伊就不聽人勸。你阿爸，一世人攏是在田裡生活，還不是攢聚了那麼多家業。」

娟娟說：「我想替麗梅辦復學，花不了多少，還剩一學期，初中總要讓她讀畢業啊！阿母！你看，我是不是會惹麻煩？」

阿母平靜地說：「你若做得到，你就去做吧！」

娟娟：「唉！要我不可憐大哥他們好像辦不到。」

阿母想到什麼似的說：「對了！娟娟！你出嫁那麼久，家裡一些舊東西，你若有閒，就回來整理，可以用的，提去婆家用。」

當天下班，娟娟就回娘家去整理。越理越亂，好像你眞的不想要什麼的時候，突然又會覺得那還是有用的。而許多東西，實在需要拋棄。爲什麼狠不下心呢？

搞了半天，她幾乎全數地帶回婆家去。阿母笑笑，沒說什麼。

經過大哥家時，她再不去想那幼稚而可憐的大嫂。只想起大哥，那莫名其妙的整天粧水水。心中同時湧起莫名的悲哀。是針對着大哥？抑或針對着這無可掌握的人間世？娟娟一時也分不清。

回到家裡，裕雄大驚小怪的呼着：「咦！娟娟！你眉心的痣又變紅了！喂！紅色的更美喲！」

咫尺天涯

一

夏日最長的時刻，曾經在午後九點，太陽還盤桓在西天的雲朵上。

八月初的黃昏，遠處地平線上，仍然散放着刺人的光芒。

從宿舍到L.D.S.醫院，只隔了一條街；柯明惠却好像走了一世紀之久。那空空白白的一世紀，就像她的護士服一樣平板而單調。什麼時候會加點鮮艷劑，她自己也不知道。

八點十分，柯明惠托着針藥盤，從走廊那一端走來，她輕輕推開三〇七病房。

病人俞有哲似乎已經在等待這個時刻。

柯明惠在床邊的椅子上坐下來，開始替他量體溫和血壓，作記錄。

俞有哲一直很專心的看着她的一舉一動。那樣子好像關心他自己的病況，而事實上呢？他自己知道。

她輕輕地掀開白色的被單的一角，壓了壓他的小腿。微笑着說：「很好！俞先生！你看來好多了。」

俞有哲放鬆身子，躺平了說：「明天還有一次洗腎，你想，我可以出院了是不是？」

她說：「詹森醫師這樣說的嗎？」

俞有哲說：「我自己曉得，大概也差不多了。」

柯明惠從針藥盤上取出一小包藥，給俞有哲服了，然後，她從小桌子的抽屜取出按摩霜，擠在手上示意；俞有哲緩緩地翻了身，露出鬆了衣帶的背，她開始從肩部輕柔的往下按摩。

說也奇怪，輪到外國護士值夜班時，他們也做同樣的工作。可是，俞有哲特別欣賞柯明惠；除了她同樣是中國人，又是台中人之外，他有許多不同的理由去期待柯明惠的來臨。也許那些理由都不成理由；但是，不管如何，這三個月來，他已經算準了柯明惠什麼時候值夜班，什麼時候上日班。

柯明惠的雙手不疾不徐地按摩着。

俞有哲輕聲地問：「醫師今天沒開安眠藥？」

她簡單的回答：「你已經能睡得很好了。」

俞有哲說：「眞沒想到啊！我居然能睡得那麼好，不靠安眠藥。」

他又說：「你想我可以回家自己洗腎是不是？我有好多事要做，躺在這裏，心裏眞着急！」

柯明惠做一個手勢，讓他翻過身來。

她說：「可能，不過要看詹森醫師怎麼說！」

她拉一拉被單，替他蓋好身子。

她說：「要不要我替你熄燈？」

俞有哲說：「啊！不！請等一等。我們再談一會兒好嗎？」

住院三個月來，只要柯明惠值夜班，他都說同樣的話來挽留她。

「我沒有朋友。」他說。

久病的人，多半沒什麼朋友，就算有，也會漸漸被人淡忘。這是眞的。所以柯明惠總是儘量多逗留一會，但絕不超過九點鐘。

俞有哲拿下牆上的電視遙控。柯明惠走近床邊，按一下鈕，把他的床頭往上升高了些。

她一邊兒問：「你要看電視？」

俞有哲說：「你也喜歡歌唱節目嗎？」他已經一個個按鈕，不停地更換著，但是沒有找到一個滿意的電視台。

她問：「你想看什麼節目吧？」

俞有哲放下遙控器說：「我知道今天晚上有猫王的節目，不知是幾點？」

「哦！是實況轉播，要九點才開始。」柯明惠說着，替他把遙控器掛上。

俞有哲問：「你看不看電視？」

「偶爾！」她說。

俞有哲說：「這些日子，我看了不少電視；我常常會想起我的爸爸媽媽，不知道將來，我是不是也會和他們一樣？」

柯明惠端端正正的坐着，挺着直的背脊樑說話：「醫師的行業，本來就不是尋常人的事業，多少要帶點犧牲。」

他回答：「爲什麼？我倒不覺得。」

她說：「很多人做着自己不喜歡的工作，儘管做得有聲有色！」

他回道：「啊！你說對了，我就是。」

她搖了兩下頭，笑着，等他發表長篇大論。

俞有哲一本正經的說：「我從來沒看過爸爸媽媽笑過，我爸爸是小兒科兼內科醫師，整天除了替人看病外，就是管教孩子，我媽是婦科醫師。只要一空下來，她釘住我們的功課，釘得比誰都兇。我爸媽他們沒有娛樂，眞的沒有娛樂。我害怕那種日子，不管過去的，或是未來的。」

她說：「其實也沒什麼好怕的，人人都要進入一個模子裏，那是生活，也是責任。」

俞有哲說：「哦！你不明白！你看，我醫學博士拿到了，我病了，當然，我的病，會好起來！」

他很有信心地看着柯明惠。

她說：「當然！你已經差不多完全好了。」

俞有哲說：「多少日子來，一種奇怪的意念，一直在我潛意中爬行。醫學博士不是我自己得到的，而是一羣人逼着我去拿的。」

她很平靜的分析：「那當然！你的姊姊是台中南區綜合醫院婦科主任，你大哥在美國也是有名的痲醉科醫師。這些醫生羣，對你早已構成一股强大的壓力，你毫無選擇，是不是？」

俞有哲說：「給你說對了，不過，我不知道，你爲什麼能把令人不舒服的事說得那麼自然？」

柯明惠笑着說：「除了你躺在床上之外，我不覺得你有什麼不舒服？我看你醫學系讀得蠻順利的嘛！」她笑着，又補充一句：「當然！我只是一個旁觀者。」

俞有哲點點頭同意她的看法。不過他說：「當醫師，多麼寂寞，我害怕孤單。」

他接着說：「高二那年，我參加學校露營，在營地裏，我和其他同學一樣分工合作；我幫着挑洗青菜，結果，我把芹菜的葉子洗得乾乾淨淨等着下鍋，却把芹菜食用的莖，全部抛到垃圾堆裏。同學們笑我孤陋寡聞。沒辦法，我在家裏，從來不進廚房。」

他頓了頓，又說：「我從垃圾堆裏撿回芹菜的莖部，那時候，我很窘，很孤單，就如同我上台領取模範生獎狀一樣的孤單無助。平時我見了同學，都笑一笑，人家以爲我很隨和，很快樂。其實天曉得，我只是笑笑。每一個人都像是我的朋友，每一個人都不是我的朋友，這和醫師的行業，是不是很相似？」

柯明惠說：「好像！但是我從來沒想過那麼多。」

俞有哲說：「你是護士，說說你的感受吧！」

柯明惠看看錶說：「已經九點，你可以看看猫王的節目了。」

俞有哲說：「嘿！你眞是一個訓練嚴格的護士。」

她說：「謝謝你！」

俞有哲拿下遙控，開了電視，猫王艾維斯・普利斯萊抖出磁性的歌聲。

柯明惠那美好的身段，幾乎要隨着節奏扭擺起來。她只是輕輕的把門帶上。

二

星期天，柯明惠通常會去看看弟弟柯明仲。

說起來，她也眞的沒什麼消遣，除了工作，便是反芻着許多人和她交談過的話，包括俞有哲的。

藍天下，白雲隨風變滅的痕跡，歷歷可見。

柯明惠數着數着，也來到了柯明仲的宿舍。他不在家。去看書？還是去玩兒去啦？這不是第一次她找不到弟弟了。

她一肚子不高興，因爲她總是假定弟弟出去玩了。她兀自嘀咕着：「這要荒廢課業的！」

她想進屋子裏去，替弟弟收拾一下，但是她總是忘了帶明仲的鑰匙出來。

於是，她往回走，這條街還在大學城內，粗壯的行道樹，給人一種安定的感覺，濃密的楓葉，已經開始轉紅。

在加州可以看到寒帶植物，也可以見到亞熱帶的樹木。

一個轉彎，一排油加利樹迎風款擺，發出嘩啦嘩啦的聲響，冷不防還以爲身在台灣呢！

柯明惠從德州轉到加州來，爲的是就近照顧柯明仲。可是，她來聖地牙哥已經快一年了，和弟弟見面的次數並不多；特別是明仲堅持不肯和她住在一塊兒，令她難過了一陣子。

不被人需要的事實和被拋棄一樣的，很難叫人接受的。所以只要見不到弟弟時，她心頭的酸楚，就已經說明了一件事實：她需要一個伴侶。否則，不知什麼時候，她會失去控制的嚎啕大哭。

那年，弟弟明仲十歲，撫養他們姊弟的祖母死了。明惠才十五歲。便開始挑起生活的擔子，她愛弟弟甚於她自己。

不知道誰告訴她的，只有讀醫科，才可以和貧窮絕緣。這個觀念，那樣根深蒂固地深植在許多人的心田。而柯明惠並不要致富，她只要擺脫「窮」字。

她曾經發狠地一鞭一鞭抽打着功課退步的弟弟。她自己呢？明仲考上醫學院時，已經讀完護校；明仲出國後第二年，她也申請到德州一家醫院。

她是這樣的鞭策自己，所以從來不覺得這樣管教弟弟有什麼不對。

她權威性地要明仲讀醫科，她承認不曾給弟弟喘一口氣的機會，直到弟弟考上醫學院爲止。

直到有一天，在三〇七病房。

俞有哲告訴她：「我不是現在才沒有朋友，從小孤獨就伴着我，爸爸媽媽對子女的要求十分嚴苛，我們被鞭打着作功課，得第一，後來，我才發現，不必鞭子，我們也可以拿到第一名，也可以拿到模範生。」

柯明惠她自己沒挨過什麼人的鞭子，而弟弟明仲却在她的鞭策下長大的。她從來沒聽過明仲抱怨。

不抱怨的抱怨是眞正的憤怒，才是可怕的。

她豁然想起了一件事。

有一年明仲生病，她帶他上俞小兒科去醫治。她看到俞老醫師身邊，站着一個初三的學生，俞老醫師一面檢查作業，一面揮動着手上的竹鞭子；是那種麻竹剖開的，不經修飾的粗竹鞭子，只要一點點錯，竹鞭子便落在身上。哦！不打不成器，棒子眞的可以打出天下來。那個挨打的學生，就是俞有哲。

三

在三〇七病房裏，柯明惠對俞有哲說：「我認識你的名字，你曾經是全國十大傑出青年之一，記不得是哪一年。」

俞有哲眨一下眼說：「哪一年都沒關係，我只記得，那一年，我得了腎臟病，那一年，我的媽媽才放下醫院的工作，摸我的手，捏我的脚；但是，你知道，這是不夠的，我要爸爸媽媽抱我，而不是打我。平常我接受爸爸媽媽的，只是莫名其妙的體罰，那不是常人所能忍受的責罰。我渴望他們擁着我，溫柔的親親我。結果……」他攤了攤手，露出失望的表情。

他繼續說：「當然沒有，那時候，我已經二十一歲了。低食鹽的日子，使我過得更單調。不過，我的病很快就好了。你很難分辨是醫藥的力量，還是父母親愛的奇蹟。」

柯明惠聽了，覺得不太舒服；因爲，俞有哲說的那個媽媽，好像就是她，所以她有些不安，又不得不講些動聽的話來：「不管如何，他們是愛你的。」

俞有哲反駁：「那時候，哪裏知道什麼是愛，只是痛恨日復一日的鞭打。」

柯明惠問：「現在呢？」

俞有哲無可奈何的說：「我曾經想離家，想轉行！說來也許很可笑，在台灣，在美國就這麼好端端的把醫科讀完了。這件事，很難解釋啊！」他笑着。

她說：「人的惰性，第一次在你的生命中出現，對不對？所以你讀醫科！」

俞有哲說：「啊！你怎麼知道？那是我想說的話啊！也許我無從選擇。而事實上，走上醫科的路，對我來說，本來就是一條坦蕩蕩的路，我讀下去了。後來，我才發現，我骨子裏，反叛的，不是讀醫這回事，也不是爸爸媽媽，而是他們的管教方式。」

他停了停又說：「儘管那也可以解釋成愛，但終究不平常，我厭煩不平常，厭煩極了。」

柯明惠仍然辯解着：「英雄的塑造，不是戲劇化，就趨於悲劇性。」

俞有哲說：「也許，但是，我不是英雄，我只是鞭子下的傀儡！」

柯明惠說：「路是你自己走上來的，不要說這樣的話，不要怨恨誰。想一想，醫學博士並不是一根鞭子可以打得出來的。」

俞有哲再度說出他對柯明惠的感覺：「最不平的事，叫你說出來，總是舒舒坦坦的，爲什麼？」

柯明惠沒有答腔，反正，他也不知道她是什麼樣的人，她不願意讓他知道，她曾經也是一個執鞭子的女人。也是一個嚴酷地要求弟弟成爲醫師的女人。

四

柯明惠沒找着弟弟，於是她走出大學城。回到她的宿舍，開了車子，到市中心繞了幾圈，她不愛買東西，結果，她一個人走進一家歌劇院，那兒湯姆瓊斯正在演唱。

哦！一個嚴肅而刻板的人，去聽歌，去看熱鬧，怎麼解釋呢？她自己最清楚。

她記得最清楚的是湯姆瓊斯演唱時，額頭上，冒出來的汗珠，說明成功不是偶然的；還有他出場退場時，要人護着走路，那彆扭，那不自在大概就是成功的代價。

星期一她到了三〇七病房，第一次主動地告訴俞有哲她的感受：「湯姆瓊斯算是成功的人了，可是這些有名望的人，往往比囚犯自由不了多少。」

俞有哲說：「本來就是這樣的，那天我不是看猫王的節目嗎？我直叫他很可憐，別看猫王的歌迷前呼後擁的。如果什麼也沒有，我說的是友愛，一羣人，不見得就是伴侶，許多人的臉譜，也只是畫像的展覽；縱然互相談話，也只是鐃鈸的叮噹！」

柯明惠說：「說來自古英雄偉人都是最孤單，最寂寞的，做一個平凡的人，才算得意的。」

俞有哲吐一口氣說：「總算你同意了我的看法，我羨慕平凡。」

柯明惠看到俞有哲起身整理東西，於是她問：「你可以出院了？」

他回答：「是的，我正在辦出院，詹森醫師答應我，一個月來醫院洗一次腎，同時檢查。」

她說：「那好極了，不過你知道，需要定期洗腎的人，並沒有眞正的健康！」

俞有哲有些不愉：「哦！你對出院的病人，都說類似的話嗎？」

柯明惠說：「啊！不！特別提醒你罷了，最容易忽略自己身體狀況的人，是醫師。」

俞有哲感激的說：「謝謝你，你多麼細心！」

他又請求：「能不能請你替我撥個電話九二三五四三二，以前的室友柯明仲，麻煩他來接我。」

柯明惠睜了一會，不過，她還是把電話接通了。明仲馬上開車過來。

她轉身就要離去。

俞有哲說：「請等一下！」

他很想對她說「我們可以再見嗎？」但是想到病人離開病院，似乎不大適合說「再見」所以他改口說：「柯小姐，你可以給我電話嗎？」

柯明惠隨便應着：「打到醫院就成了。」

俞有哲說：「那太不方便了。」

柯明惠脫口說出：「九二三五四三二」她自己也不知道爲什麼？是不是弟弟的電話號碼她比較熟就說出來了。

俞有哲聽了，張大了眼睛，扶了扶眼鏡說：「咦！是柯明仲的電話號碼。」

隨後他笑了笑說：「我應該想到的！」

五

勞工節，柯明惠有一天輪休。

前一天晚上，她去看明仲弟弟。

明仲正在準備行囊，好像有遠行，還有些別人的用具。

於是柯明惠問：「一個人去旅行？」

明仲回答：「不！很多人，我們去露營。」

她問：「上哪兒去露營？」

明仲說：「西奎亞山脚下，有一個很好的露營區。聽說那兒有山，有湖，有著名的原始紅杉林，我在加州待這麼久，還沒去過呢？」

她有些心動，她說：「有沒有女孩子參加？我也沒去過！」

明仲說：「姊！有是有，但很抱歉，我們人數已定，明天一早就出發。」他怯怯地看着柯明惠。

柯明惠拿起桌子上切開的葡萄柚，聞了聞，已經發霉，她皺皺眉頭說：「沒關係！我也不見得有空！」

當然她什麼事也沒有，她有一天的假日。

她一邊從桌子這一頭收拾過去，地上她撿起兩塊爬滿螞蟻的餅乾，三個骯髒的玻璃杯，桌角角兩雙臭襪子，她準備拿去洗。明仲看見了說：「唉！姐！您別動，我自己會收拾，等一下，我就弄乾淨了！」柯明惠放下臭襪子說：「明天走前，給我電話，我會過來替你清理清理！」說完轉身走出門。

屋子裡的明仲使勁地丟下手上的一雙球鞋說：「姐姐啊！你眞是無可救藥，人家放假都去玩樂，你却……怎麼都不想想自己呢？」

走出門的柯明惠，是在想着自己。

抬頭，一輪明月，篩出銀樣的夜。蕭蕭的秋，捲來一片淒清，她習慣地拾着落寞的石階。

二十四歲那一年，她有機會結婚；可是明仲弟弟學業未完成。

二十六歲那年，那一個人還在等她，可是明仲要出國，所以，她什麼也沒說。

二十八歲了，現在。

如果爸爸媽媽還在的話，一定會說，會替她說：「二十八歲了，不能再拖下去了，找個男朋友吧！」現在呢？二十八歲是她一個人的事，不必說什麼！只是很煩，像吃久了青菜那樣膩人。

進了自己的屋子，她扭開收音機，「Are yon lonesome tonight」的歌聲，如訴如泣的唱着。

她「啪」的一聲，關掉了音樂。

隨後，她拿出很久不動的床罩編織着。雙人份的床罩，已經夠寬了。她鈎了些花邊，然後開始收針。

此時此地，她的頭腦只是空白的一片；該想的，她早已想過千百回；能解決的，早已解決。所以她聚精會神的編織，一針一針的連同歲月的脚步也都編織進去。

「鈴！鈴！」身邊的電話鈴突然響起來了。在靜靜的夜晚，聲音顯得特別響亮，幾乎把柯明惠嚇一跳。

她自言自語，「明仲會有什麼事找我呢？」

她拿起聽筒：「哈囉！是柯明惠小姐嗎？」那聲音不太陌生。

她說：「是的！」

對方說：「我是俞有哲！柯小姐！你在聽吧?!」

柯明惠拿着聽筒，不發一言；她曾經想過俞有哲，他還在醫院的時候，她就想過。

柯明惠緊緊張張的回答：「我在聽着！你好嗎？」

俞有哲說：「好啊！我開始在醫學院工作，精神非常好，你呢？」

她回答：「很好，謝謝你！」她那「很好」兩個字，幾乎是聽不見的。

俞有哲說：「我現在在明仲這兒，我可以到你那兒談談嗎？」

柯明惠習慣地看看錶，還不到九點，於是她答應了。

她起身頭髮都還沒梳兩下，俞有哲就來了。

她問：「你用飛的？」

俞有哲定定地看着柯明惠，他笑着點點頭。

哪兒的話，他就在柯明惠的宿舍旁一個電話亭撥的電話。

俞有哲說：「怕你有約在先，所以……。你願不願意和我一塊兒去露營？明天一大早！」

她解釋着：「眞可惜，勞工節我只撿到一天假日。我想恐怕去不成哦！」

他拍拍頭說：「我眞沒腦筋，怎麼沒想到？護理工作是不尋常的工作！」

她說：「別那樣說我，很多事，我已經想通了。」

他問：「你想通什麼？和我去露營是不是？」

她閉起眼來，搖搖頭。

她自覺太像俞有哲的母親，一生中只有事業與對弟弟望子成龍式的期望與管教。除外，她的生命就是一潭靜止的死水。

俞有哲到現在還怨怪他的母親，所以，柯明惠早就想通了。俞有哲不適合於她。

有什麼關係，一個人不是生活得好好的嗎？

明仲已經有女朋友，不必再爲他操什麼心。

再過一年，她就踏進第三十個年頭，那時候，她會活得比誰都平靜。

現在，她心中小小的波瀾和掙扎，只是一條河流穿過叢巒密林，所產生的急湍和洄流，終歸要靜靜的流向大海的。

俞有哲看到柯明惠沒有答話，便接着說道：「不去露營也沒關係，我們找一處近的地方走走，你說好不好？」

柯明惠凝神看着他說：「你眞的這樣邀請我？你不和他們去露營？」

兪有哲說：「我不屬於他們一伙，我只不過從柯明仲那兒，找到你的電話號碼，和地址。」

她轉身從冰箱裡倒了兩杯檸檬汁。她一定要先喝些東西，否則，不知道什麼時候，她會休克。好久好久沒人關心她住在那兒，沒有人和她說一句切身的話題了。她先喝了一口涼涼的檸檬汁，然後才把另外一杯遞給兪有哲。

他說：「自從出院後，我一直很想你，我們曾經談得很好是不是？可惜，你只是一個好聽衆，你很少說自己。」

她問：「你和我弟弟，什麼時候認識的？」

他說：「柯明仲剛來美國時，我們同寢室過，第二年我畢業了。我們平常很談得來。因爲，呵！我也不知道，我們好像某些地方很相像。」

她說：「明仲現在朋友好像很多。」

他說：「這些都是最近交上的，以前他也顯得很孤癖。他很少主動去和人家攀談，他和我可能是物以類聚。」他很不好意思的笑笑。

柯明惠考慮一會兒才問：「你的女朋友呢？」

兪有哲好像答非所問：「九點以前，你不會趕我走吧？」

她搖搖頭。

他說：「我以爲這一輩子，不可能認識什麼好女孩。你知道，我媽媽給我的影響太大，我一直以爲天下所有的女人，都像我媽媽那樣，儘管不完全如此，我對女孩子還是十分膽怯，直到遇見你！」

她的臉上露出笑意，肚子裡笑得更厲害。

她說：「我十分瞭解你的心情。」

他說：「當然，我不是逢人便吱吱喳喳的講我的故事，我很高興你能瞭解我。」

她問：「你一定知道，我是明仲的姐姐？」

他回道：「出院時才知道的。」

她又問：「明仲什麼時候去讀流體力學？你知道他原來也是醫科畢業才出國的嗎？」

他答道：「知道。來美第二年，他把醫學院研究員的錢拿去讀流體動力，夜間部的；他一直避着他姐姐，當然完全不同性質的科系讀起來並不輕鬆。但是他很認眞，一切從頭來。不過，我知道，那時他很快樂；我就沒有他的幸運，也沒有他的魄力，他讀得很好。」

柯明惠垂着呆滯的兩眼不說話。

俞有哲問：「你一直爲這件事難過嗎？」

她回答：「最初是的，我確實絕望透了，雖然我們沒有正式談過這件事。後來，我就裝着不知道，順其自然了！因爲我在病房裡，聽了你的談話，對我有些開導作用。」

俞有哲說：「那只是巧合，我無意改變你什麼。而且我說的全是我自己的事，我只是想讓你多了解我一些；我喜歡你，第一次看見你，我就說不上來爲什麼。」

柯明惠說：「你看，我一直活得很不快樂；也許我做得不夠好，企圖掌握一個人的未來，是多麼愚笨而又不討好的事。」她有些自說自話的意味。

俞有哲說：「也許我不該說那麼多，不知不覺的影響了你的情緒。」

柯明惠說：「要發生的，一定會發生。我已經不在意了。」

俞有哲很誠懇的說：「明天讓我陪你到海底世界去看看好嗎？」

柯明惠說：「你不怕你選擇的，正是你害怕的那一類型？」

俞有哲肯定的說：「後來我冷靜的分析過，我從來就不怕我的媽媽，我也沒有眞正恨過她，我只是愛她。」

柯明惠那張樸實無華的臉上，綻露出一朵如春的笑。

壁上的時鐘一聲響，正指着九點半。

悟

一

——假如我們自比於泥土，那我們就眞正成爲給人踐踏的東西了—莎士比亞—

李介君這樣唸唸有詞，手還不停的翻著英國文學史。

下了公共汽車後，李介君飛快的脚步，跑到肅靜的校園裡。進了教室，他趕緊在第一排靠門的位置上坐下。

抬頭望著黑板上的試題。嘻！嘻！好極了！剛才背的，都考出來了。

雖然，他遲到五分鐘，但胸有成竹的埋首疾書。直到寫完——我做了什麼，便必然成了什麼。這是生命自然的法則，也是最高的邏輯。——這句話，他才停下筆來。

正抬頭，教授已經站在他面前等著。

交了試卷，李介君手摀著哈欠連連的大嘴，輕拍著，發出「哇！哇！哇！」的響聲。隨後又轉身伸了個懶腰。

「哦！同學都走光了。意寧怎麼也不等我？」他心裡嘀咕著。

這時他發現第四排靠窗的位置上，有個牛皮紙封套。他走過去，好奇的拿起來看了看。

「錢！誰忘了拿走？」他翻著封套，上頭什麼也沒寫。「不少呢！有五萬塊！」

他拿著這包錢，站在走廊上等著，好一會兒，也不見什麼人來找。於是他挾著牛皮紙封套往訓導處走去。

「哦！關門了！今天週末上半天班！只好星期一再來了！」

校園的杜鵑花倚著東風，姿態橫生。蜂蝶兒繞著花叢，傳出盈盈的笑語。

「原來春天來了，我還不知道呢！」李介君在花前多逗留了片刻。不一會兒，他又緊張起來了：

「我得去接媽媽，她今天要出院。」

挾在腋下的牛皮紙封套，頓時，給了他一個靈感。

「對啊！我先借用一下，媽媽的醫藥費不必等我家教所得分期還，今天我一次就付清。太棒了！還有，托福測驗下個月就去報名。我還可以先來幾次托福考前猜題保證班去臨陣磨個槍。哦！太美了！這回五百五十分穩拿了。有了五百五十分，不怕申請不到學校。我可以選個獎學金多一點的學校！」

「喂！不行啊！那是人家的錢呢！」「管他呢！誰讓他自己不小心。別人撿了去，也不一定還啊！」

他自個兒反覆的辯著。

最後，他告訴自己：「先借一借，先借一借！」於是，他心安理得的安排了五萬塊錢的去處。

自從他媽媽得了胃病住院後，他就多兼了兩個家教。要照顧家，又要唸書，所以，每天他都搞得深更半夜才上床。他很用功，王意寧常常說他，讀書只爲了出國，K書K得離了譜，他也不否認。

二

這一大早，李介君又遲到了。巧的是王意寧也遲到了。整節課，王意寧的頭，低低的垂著。

下課後，王意寧向李介君借筆記。

李介君好不得意的說：「眞稀奇！你向我借筆記！」

「借不借嘛！人家煩都煩死了！」王意寧說。

「借！借！衝著你的空手道，怎敢不借？不過，好些日子不見你來上課，上哪兒去了？」

介君伸出手，輕輕的抬起她的下巴，細細的看著。意寧的眼睛腫腫的，好像沒睡飽，又像哭過似的。噢！不管她是不是哭過，他很喜歡意寧。雖然，他從來沒有直接說出來。但是，他知道，她知道。

「幹麼老盯著人家看嘛！」意寧把頭一歪，躲著。

「你近來很忙？」他問。

「我接了兩個工作，一個秘書，一個家教！」意寧幽幽的說。

「嘿！你不是常說我跑家教，一天到晚不務正業。怎麼現在你也不務正業起來了？」他笑問著。

「英文秘書可是本行啊！學以致用。唉！和你扯這些幹什麼呢？我走了，我有好多事要辦！」意寧說著就想走。

「意寧！等一下，我有話要告訴你，你姑且聽聽！」

意寧很不耐煩的等著。

「我托福考過了。五百九十三分。開始申請學校了，你也申請吧！到時候，我們一塊兒走！」介君開心的說著。

意寧眨眨腫得透明的眼皮說：「你自己一個人走吧！我不是告訴過你了？我不出國。」

介君搖搖頭說：「哦！我知道，你托福老早考過了。意寧！你會改變主意對不對？」

意寧不好意思的搖搖身子說：「考著玩兒的。試試自己的能力。眞的！我不走，我不會改變主意的。」

「啊！你的眼睛騙不了人的。來！不管你說什麼，為了我托福考過了，我們去吃一碗紅豆湯。」

介君牽著她的手說。

「怎麼？介君！你突然濶氣起來了？」意寧笑着問。

撿到五萬塊錢，他是突然濶起來了。介君心虛著。不過，他還是很鎭定的回答：「別那麼傷人自尊。我雖然窮慣了，但是，吃一碗紅豆湯算不得什麼嘛！人啊！不能老是刻薄自己！」他心兒還是慌著。趕緊翻著手上的早報。

假酒傷人的新聞，佔去了一大篇幅。他心底兒有數。啊呀！其實，貧窮的人，到那裡都窮苦。唯有不怕窮的人，富有了。

意寧瞄兩下報上刋假酒的消息說：「人們的雙脚已經走在下坡了。」

介君敏感的反應著：「你是在說我？」

「我不知道我在說誰？不過，一個人如果把大好的時光拿去學習營利，實在是生命中最暗淡的時刻！」她說，

「嘿！意寧！你怎麼了？」

「沒什麼！」她沈下臉來，嘆著氣說：「明天我要回金門一趟，你好好兒上課，過兩天我還得向你借筆記！」

「意寧！你有心事，不能讓我知道嗎？」介君一方面在察顏觀色。

意寧搖搖頭說：「自個兒的事，得由自己來解決，旁人什麼也靠不住。」

「連我在內？」介君問。

她點點頭說：「你無時不想飛，我怎信得過你？」

「你這樣說我是不公平的，我心裡並不這樣想！」

「可是你那樣做了！」意寧說。

「許多人也和我一樣，熱衷於出國！」介君說。

意寧點點頭，垂著眼瞼，眉揚得高高的說：「呀！不是你的錯！可是，唉！反正我和你不同，畢了業，我一定回金門服務，那兒是我生長的地方。」

「啊呀！意寧！金門又不缺你一人，幹麼要作育英才，捨我其誰呢？」介君很不以爲然的說著。

意寧拉下臉來，嚴肅的說：「介君！如果你眞喜歡我，就別再說出令人傷心的話來。我並不反對你出國，只是，啊呀！也許我今天心情太壞……」她語無倫次，話沒說完，轉身就走開了。丟下李介君在那兒發呆。

「她是不是已經知道我撿了五萬塊錢呢？她今天說話顚三倒四的，會不會呢？」介君撫著胸不安的問著。

「人們的雙脚已經走在下坡了。噢！意寧一定知道了，否則，她不會這麼說。」想到這裡，介君揚了揚手，拔腿追著遠處正要轉彎的意寧。

「意寧！意寧！等等！我告訴你一件事！」他說著。

「你不是已經告訴過我了嗎？」意寧回頭問著。

介君站定了，理理情緒說：「你知道了？」

「知道什麼？」意寧反而糊塗了。

「知道我撿到五萬塊錢的事？」

王意寧瞪著憤怒的大眼，「拍！」的一聲，一個大巴掌摑在介君的臉上。她說：「班上所有的同學我都問過了，就是沒想到會是你！」她掩著哭泣的臉跑開了。

介君摸著臉頰五條熱辣辣的血痕。這不是夢幻，是生命自然的法則，你做了什麼，必然成了什麼。

縱然，撿到的不是意寧的錢，也一樣。這是攻不破的邏輯。

他整個人陷入極度的痛苦裡。這種處罰比什麼都厲害。從高棉來到台灣也有十幾個年頭了。這些年來，介君和他媽媽相依為命，自他懂事以來，無時不刻不想著如何出人頭地。當他知道父親已經不在人間時，這個慾念就越來越強烈，他不要人家踐踏。可是，他今天所作所為，在他很清醒的時候，都會覺得汗顏。

「意寧她會怎麼看我呢？她會怎麼看我呢？」噢！倒是他自己想得傷透了心。

這一夜，介君沒闔一下眼。他想好多，想好遠。

「意寧是個很特別的女孩子。一開始我就喜歡她這個樣子！」介君記得，那還是剛進大學的事。

三

李介君和男同學在教室裡爭論著：「唉呀！算了！算了。兩年兵役回來，還不是手無縛雞之力的書生一個，沒啥了不起！」

這話被王意寧聽見了，不得了，也顧不得是否響了上課鈴，她不聲不響的走到介君的跟前，提起他粗壯的胳膊，一個漂亮的過肩摔，說：「李介君！下課後別溜走，我們要好好的聊聊。」

課後，李介君看到等在門邊的王意寧，他趕緊說：「我知道，你要告訴我什麼，你是不一樣，你是金門來的。」

「一樣！一樣！都是中國人有什麼不一樣呢？除非你不知道自己的身份，才不一樣。」王意寧說著，又伸出拳頭湊到介君的嘴邊說：「我這只是强身，如果再有一支槍，我就可以保家衞國了。你懂不懂？」

李介君眨著眼看呆了。他喜歡這樣的女孩子，剛中帶柔。這兩樣東西，都是他生命中所沒有的。喝！從此，李介君眞纏上了這位來自金門的小姐。

他們無話不談。

「住金門，怕不怕？」校園爽爽的風吹著。李介君會冒出這樣的句子來。

「唯有不怕死的人，活下去了！」意寧的答話，時而簡短有力，介君看出了她的智慧。

「危險是不是？」介君總是傻呼呼的直問著。

「一個老長官告訴我，砲彈飛過的地方最安全。」意寧也不管他是否明白，就這麼說著。

「離共產黨那麼近！」介君的問話，很容易叫人看出他的心態。

「金門有許多戰壕和地道，那是代表著退此一步，便無死所的決心。他們怕的是這種與天地共存亡的決心。所以，共產黨是可以打敗的。」意寧說。

「我父親在高棉被共產黨驅迫而死！」介君說。

「所以你很恐懼，在台灣你都安不下心來？」她反問。

「也可以這麼說！」介君回答得一點也不臉紅。

意寧翻了個白眼說：「所以說，你們高棉會淪陷！」

「哦！好心一點！意寧！別說我們的高棉好不好！」

「難道不是嗎？你在高棉住了九年呢！呃！說不定，哪天，你也會說台灣不是你的。所以我說你好冷漠！無可救藥的冷漠！」意寧坦率的表示她的不滿。

「說眞的，自從爸爸死後，我常常搞不淸，到底我是高棉人還是中國人！」介君坦白得叫人生氣。

「完蛋了，你，介君，你的心在逃亡！」意寧分析著。

「那倒是眞的！」介君說。

「逃亡的人，會有什麼作爲呢？」意寧問。

「沒有根。」介君聳聳肩。臉上寫著悲涼。

「什麼時候到金門看看。我們如何在山無林木，地多荒瘠的金門紮了根！」意寧有心給他打打氣。

「很難想像，金門很小是不是？」介君又問。

「就像是人的眼睛，也像人的拳頭，我不知道他是不是很小；但是，我知道，他很管用。拿得出魄力，認得淸方向。」意寧看著介君問道：「你呢？」

「但願有一天，我會喜歡金門，像喜歡你一樣！」介君很認眞的回答。

「那倒不必！只要你相信自己，遲早會發現，你生長的地方也很可愛的！」意寧爽快的回答著。

「可愛！」介君想著想著。似乎又看到了意寧直爽的笑臉。可是，他心碎似的敲打著自己的腦袋。他分明看到了意寧憤怒的嘴臉。

介君摸了摸被意寧摑了一掌的臉，自言自語：「她是個好女孩，她從來不作假！這回，我完蛋了！」

「哦！不！我的意思是借用一下，我必需向她解釋，管她拿什麼眼光看我，我一定得解釋。」

天下事，佔不得便宜，有了便宜的貪心，便有不便宜的懊悔和下場。

介君揉著酸澀的眼睛，望著窗外朦朧亮的天，他起身往意寧那兒走去。

四

意寧打點得整整齊齊的。提著小行李袋，冷冷的往門外走去。

介君頭低低的跟在後頭。

他們靜靜的同行了一小段路。

介君先開口：「意寧！我會想辦法，儘快的還你錢！」

意寧直直的走著不說話。

介君又說：「你可以去告我！但是，不要不理我。我現在有一萬八，先還你！」

「現在你就是還我十萬，也已經沒有意義了！」意寧繼續往前走。

「意寧！我接受你任何方式的懲罰，但是，請你聽我說！」介君懇求著。

「回去吧！我今天有好多事兒要辦！」意寧說。

介君不再說話，但是，仍然亦步亦趨的跟著。

突然，意寧轉身停下了腳步。她很難過的說：「因爲你在我面前，從不掩飾，也因爲我喜歡你；

才把你看得很清楚。我從不和你計較。雖然，我不喜歡你的缺點……」她頓了頓，又說：「人嘛！總有缺點，不過，我並不討厭你整個人；因爲你很眞。可是，現在，我恨我看到的事！」

介君心理有了準備，他靜候著暴風雨的來臨。

可是，意寧只低下頭來，深深的嘆息著說：「你知道金門高粱假酒害人的事嗎？」

「已經在高雄破獲假酒製造地下工廠！」介君垂著雙手，眼看著地下回答。

「你有什麼感想？」意寧硬崩崩的問著。

Ugly！和他撿到錢，自己不聲不響的花掉一樣見不得人。介君沒有說出來。只是想著：一個人之被人家說自私自利，並不是因爲追求自己的利益，而是在於他經常忽略了別人的利益。

意寧看他不答腔，便說：「你走吧！我先要到高雄看我父親，然後，回金門。」她在趕他。

介君非常不願意這樣就和意寧分手。他厚著臉皮說：「也許我可以送你到高雄。順便看看令尊，也許我可以向他解釋。

「多此一舉。你們都是令我傷心的人！」意寧說。

「我們？」介君不解。他硬著頭皮問：「你是說我和你父親？」

意寧木木的看著前方，以冷靜的口氣說：「我父親和金門假酒案有牽連，他被判刑了。」

介君張著大嘴：「啊！那五萬塊錢是……」

「是當時要交保的，借來的。」意寧面無表情的說話。

介君扭曲著臉，無言以對。如果，意寧割他的肉，喝他的血，他會覺得好過些。可是，她什麼也沒做。

——我們無論用什麼方法取得不義之財，結果，和飲毒酒止渴一樣；雖然，能滿足一時，終究要毒發而亡。——莎士比亞的話，此刻正啃噬著他的腦袋，而他的心，彷彿毒性發作似的撕裂疼痛著。

意寧連正眼都沒瞧他一下。

「意寧！你瞧不起我？」介君觸摸著自己的傷疤。

意寧沒有正面回答：「有一天，我爸爸對媽媽說：我們到台灣去，那兒謀生容易。我媽媽說：在金門我們也不愁吃穿啊！我不走，我要守著這個老家。結果，我爸爸一個人走了。去年一年，我們家人都不知道他在做什麼？甚至於不知道他人在哪兒！」說到這兒，意寧抬起臉來，緊盯著介君說：「我媽媽沒唸過書！」

「我懂你的意思，意寧！」介君勇敢的接下了意寧嚴厲的目光。

意寧接著又說：「我以爲爸爸糟透了，沒想到你還要糟。最讓人受不了的是，這兩者都註定了，是我的秘密。」

「也是我的！」介君鼓起勇氣，上前去握住意寧的手說：「我願意拿我往後全部的生命償還你！」

「償還？」她冷冷的說：「就像我爸爸說的：他造假酒是爲了我們家小能過得更富裕些？是不是？」她生氣的反問著。

「完全不同的意義！意寧！我知道，現在我很沒面子說這些。但是，我說的，不是假酒，而是眞感情。我對你從不摻假，你明白是不是？」

意寧在哭。眼淚從抿得緊緊的嘴角流下來。

介君掏出手帕爲她拭去淚珠。

「你恨我吧！這是我該得的。」介君說得好沈痛。

意寧搖搖頭說：「我不能。我不能用恨來愛你。就像我沒辦法去恨我爸爸一樣。」

「你怎麼對待我都可以，只是，不要拒絕我。呵！我知道，現在很不適合說這話，但是，我還是要說……」介君幾乎說出了：「我愛你！意寧！」可是，忽然間，他又改口問道：「你決定不理我了？」

「我仍然愛我爸爸。只是，我不再喜歡他了！」意寧說得旣隱約又明朗。

介君舒了一口氣說：「我可以感覺出來，一開始我們相識，你就不喜歡我。但是，我們相愛過！……」介君沒法再說下去。腦中零亂不堪。一種扮演小丑的悲哀，不停的叩著他的心房。彷彿所有眞的東西，都在這一瞬間，變成了假的。眞眞假假弄得他簡直站不住脚跟。爲什麼？只因爲自己犯了一次不誠實，是嗎！

他仰望著天，幾乎要跪下來祈求上天，即刻來一陣雷電把他劈死。

他沉默的臉龐，寫盡了悔意和痛楚。他不敢再看意寧一眼。他覺得自己齷齪，也肯定了意寧對他整個人的鄙視。

於是，他給自己找了台下：「意寧！希望我們還是好同學！」說完，他放開了意寧的手。

「昨夜，我幾乎對你完全死了心！」意寧無可奈何的說：「今天，我再看到你時，我一點辦法也沒有。介君！你知道，我從來沒碰過這種事，我眞的沒辦法！」她激動得搖著身子。肩頭的小背包跟著滑落下來。

介君伸手去把小背包接過來說：「上車吧！讓我送你到高雄。如果，你不嫌我，我很願意陪你到金門。」

「到那危險的地方？」意寧驚訝的問著。

「最危險的地方，是最可靠的地方。你說的，不是嗎？」介君這樣回答。

「介君！你下車吧！是不是嫌你，讓我一個人在車上好好的想一想！」意寧伸手去拉了停車鈴。

五

下了公共汽車的介君，往學校方向，慢慢兒走著。

四月的小雨，像鵝毛似的輕軟軟的飄呀飄在杜鵑花叢上。

介君站得那麼近。但是，他看不到花兒多麼鮮艷燦爛。他滿腦子想的是：「去他的美國行。去他的留學夢。」

「假如我們自比於泥土，那我們就眞正成爲給人踐踏的東西了。」介君喃喃自語：「爲什麼我要讓人家踐踏？噢！去他的！美國　！」

介君拂去了臉上的水珠，打了一個寒顫，低下頭來，看到他的雙脚，正踩在一堆泥濘裡。一株新發芽的小青草，扭曲的壓在鞋底下。

附：本文獲六十九年教育部小說創作獎第二名

花非花

花非花，霧非霧，夜半來，天明去；來如春夢不多時，去似朝雲無覓處。

一

新竹到了，公路局中興號，繞過交流道，下了天橋後，袁金鈴便拉鈴下車。

春天算是比較不颳風的季節，但是在新竹，不管什麼節候，風總是訇訇地掃着。

走在東大路，袁金鈴掠掠被吹亂了的長髮，同時也扣緊外套。沿堤邊，風還不時地向溪裏掀起幾個小波來。水柳和往年一樣，舞着纖細的腰枝。春天的柳，總是這般鵝黃嫩綠；只是枝條越發彎得厲害了。誰也猜不透柳枝和溪水什麼時候才會分家。

金鈴瞥過這排水柳後，很快便彎進鬧區。

遠遠的看到高宜方時裝店的招牌，仍然高懸着。什麼時候在招牌上加了兩個虹也似的彩球？

金鈴和別的顧客一樣，大大方方的走進店裏，四處瀏覽。

時裝部的櫃枱，有個師傅正在替客人量尺寸。左邊闢出空間陳設手藝品。金鈴一一地看過去，最後站在一只滾絲鑲貝的帆布手提袋前發呆。

一會兒，一個女店員走過來，指着牆上的手提袋招呼：「小姐！要不要拿下來看一看？」

金鈴把臉撇過另一邊，逕直走向櫃枱後。

那兒她的養母！高宜方只顧低頭爲一件女裝加花飾。

金鈴一隻手托着下巴，另一隻手從縫衣機背後伸至機身前。她紅紅的長指甲，使高宜方抬頭扶正了眼鏡。

「爲什麼那麼久才想到回家？怎麼不先打個電話？」高宜方問着。

「要做什麼呢？打電話？拿起聽筒，總是聽到你問：要做什麼呢？」金鈴結結實實的回答。

「你是要做什麼才會打電話給我的。你是這樣的！」高宜方低聲嘀咕着：「連一聲『媽』都不是白喊的。」

「哦！我們爲什麼一見面就嘔氣？」金鈴停了停。滋！滋！滋地彈弄她的長指甲。然後又說：「這星期天，我可不可以帶一個人來？」

「做生意有趙大嫂和黃小姐幫着我，什麼大人物使我變得那麼重要？」高宜方還負氣的說話。

金鈴說：「我的朋友，姓呂，呂天心。」

高宜方說：「又是姓呂，你和姓呂的，前世不知欠了多少債。」

「他做房地買賣。」金鈴簡單的說明。

「難怪囉！賺的錢一定比呂樹賢多。」高宜方說。

金鈴硬綳綳的頂回去：「人沒錢，一天也活不下去。呂樹賢是窮了一點，何況……」

高宜方接住話說：「何況是我介紹的，你不喜歡？」

金鈴回答：「有點。」

「你嫌他一個月兩萬塊錢不夠你花？」高宜方戳着人似的問。

「本來。我是你養大的，你是知道的。」金鈴回答得夠清楚。

高宜方不再說話。頭低低的，也沒拿針線，那樣子，很淒涼，很淒涼。

店員黃小姐正哼着：「花非花，霧非霧……」

金鈴又說話了：「不要想太多，我是你的。但是，總不能我將來的丈夫也是你挑選的。我總要有一些自己的東西。」

他們之間，有一段似懂非懂的靜默。

金鈴又說：「他只有這個星期天有空！」

「差不多什麼時間來？」高宜方問。

「大約晚飯後。」金鈴回答。

高宜方問：「你們認識多久了？」

「一年多！」

高宜方說：「你差不多一年沒回家了。我以爲你不回家了。」

「我又不是袁志立。」

高宜方說：「志立沒滿月，我就領來，他本性善良，這不能怪他，應該說，志立的生父母不守信用。」

「你還是那麼想志立？」金鈴問。

「一樣的，你，我還不是想！」高宜方回答時聲音都變了，她儘量不要讓人知道她的心境的空寂。不過她還是說出了眞心話。

金鈴說：「說眞的，沒事，我也不敢回來！」

「你吃過早飯來的？」高宜方問。

金鈴搖搖頭。店裏的時鐘已經十一點了。

高宜方說：「冰箱裏有麵包，也有餅乾！」

「我不要吃！」

高宜方說：「對了，有兩粒蘋果你拿去吃！」

金鈴咬了一口金黃的蘋果，一邊兒還坐在縫衣機後面說着話：「那些手藝品都是洋貨？」

高宜方說：「那我可就成了洋人囉！」

金鈴說：「你怎麼那麼有天才！」

「看書來的。空了我就邊看邊做！」高宜方回答。

「什麼時候請了店員？」金鈴問。

「難道我等着你回來不成？」高宜方用問句回答着。

金鈴說：「台北事情也忙着。」

「如果你願意，這裏還需要人手！我可以付薪，比你現在多一倍。」高宜方說着起身入厨房，準備做點吃的。

金鈴說：「別忙！我馬上要走。要留兩年前就留了。我們合不來是不是？」

無可奈何的，高宜方又撿起客人的衣服，趕着花飾。

黃小姐又哼歌，還是「花非花，霧非霧……」

「人家說，母女連心，我們不是母女，心怎麼個連法哦？可是金鈴抱來的時候，也還沒斷奶呢！」

高宜方頹然傷感着。

金鈴又問：「那個帆布手提袋賣多少？」

「三百」

金鈴說：「不貴嘛！」

「當然比不上你用的舶來品那麼豪華！」高宜方應着。

金鈴說：「那裏！像那樣的，在台北起碼要花五百塊。委托行就更不用說，你看我這個就要六百塊，看起來也不怎麼樣！」金鈴說着展示她的手提袋。

高宜方上前去，從牆上取下那只鑲貝的手提袋說：「這個你拿去用，我還可以做！」順便從錢櫃裏數了六百塊，放進手提袋裏說：「你現在用的那個手提袋，算是我買給你的！」

金鈴扔了蘋果核，接過手提袋；用指尖拎出六百元。好像鈔票上全沾了細菌似的放在縫衣機上說：「手提袋我拿了，錢，我不要！」

高宜方拿起六張百元大鈔，很無奈地拍着另一隻手掌心。好像設法要把鈔票上的細菌拍掉似的。她覺得好嘔心。用金錢去收買一個喜歡錢的人，應該是順理成章的事，而事實上却不然。她感到卑賤而痛心。

「媽！我走了！」金鈴揮了揮手，在高宜方的眼前，畫一道模模糊糊的線條。

二

暮色呑盡西天最後一抹彩霞，墨一般的夜，就這樣漫延着。

是誰點着了第一盞燈，黑夜的眼睛，於是乎像火一般的亮了。

依着陽台欄杆，高宜方看到一部車斜斜的停在店門口。她返身進入客廳。

好久，她不去理會電視旁的花架。大概是袁志立走以後的事。不！更早，應該是先生死後，她就無心去睬它們了。今天她分別在上頭擺了一瓶三色堇紙花，一瓶新鮮的晚香玉。她呢？自己隨時都打扮得光光潔潔的。

袁金鈴和呂天心上了樓來，高宜方把燈扭成強光，讓了座。

呂天心對她說些什麼？她都聽不見。她只是釘住了呂天心一啟一合的嘴。恍惚間，高宜方彷彿聽到：「利發牌西褲！二百元！二百元一件！來！歡迎試穿！哈咦！便宜！快來買！尺碼齊全。」

「是啊！給志立選一件吧！兩百塊連工帶料是很便宜。」

那時候，是去年的事了。高宜方到台北找袁金鈴。金鈴不見她。她站在忠孝西路等車。巷口有人擺地攤。拉開嗓子直吼。「嘿！老闆娘，給先生買一件吧！」

高宜方蹲下來挑了一件淺灰色的，買下來提在手上。才想起志立老早不在身邊了！為什麼還傻兮兮的掛記着志立？後來她就把那件西褲丟進衣櫥裏。

不知道過了多久，金鈴說：「媽！天心要走了！」

高宜方以為那賣西褲的人，要收攤了；她拉着金鈴說：「那我們走吧！」

「走到哪？我和天心吃過晚飯才來的呢！」金鈴以為高宜方要他們上館子。

「哦！那我就不送了！呂先生有空再到新竹玩！對了！金鈴！你的房間我替你整理好了！今晚你在家休息，明兒再走吧！」高宜方吩咐。

「媽！我要和天心一塊兒上台北，他開車來的。」

「哦！這樣倒也省事。」

下了樓，天心對金鈴說：「你去打聽一下行情。」

金鈴冷冷的回答：「沒什麼好打聽的！」

呂天心說：「總要知道她對我的印象！去問，去嘛！」

金鈴又上樓來，客廳的燈，高宜方已扭成昏黃黃的。她雙手支頤沉思。聽到金鈴又轉回來，便問：

「忘了什麼嗎？」

金鈴坐在高宜方身邊說：「不是的！你看呂天心怎麼樣？」

「沒有志立好！」高宜方心中早有答案。

「志立走都走了，還提他做什麼？何況太好的東西，容易節外生枝！」金鈴說着眼睛故意朝高宜方溜了一圈。

「也比不上呂樹賢！」高宜方又說。

「媽！別比來比去！」金鈴說。

「是你問我來的。不然我什麼也不願意說。」

金鈴很不服氣：「從小，你就說我沒有志立乖，沒有志立聰明。現在你說什麼都沒關係。反正別阻止我。這大概是我這一生唯一做對的事。」

高宜方說：「我早知道，我說什麼，都不能改變！不過，我看他不像一個經營房地產的人。」

金鈴說：「我們一定要抬槓嗎？」

高宜方說：「抬抬槓有什麼不好？像母女一樣討論，才有好處！我們一直不像母女，像寃家！」說到傷痛處，她還是很冷靜。

金鈴回道：「我們本來不是母女！」

高宜方已經習慣金鈴的無禮，但沒想到她會說得那麼露骨傷人。

高宜方說：「你今晚是決定留下囉！」

金鈴憤憤的說：「打死我，我也不會再踏進這家門！」說着轉身就要走。

高宜方徐徐地吐出：「他是不是賣過衣服？利發牌的。」

金鈴氣咻咻的說：「他就是要過飯，我也不在乎！」然後一陣急鼓，咚咚地下了樓。

三

路燈籠罩着黃暈。天空開始飄起雨絲。雨刷滋滋地滑動着。

天心把車轉入慢車道說：「怎麼樣？」

金鈴說：「不怎麼樣！」

天心問：「你們吵嘴？」

金鈴沒好氣的說：「說與不說都一樣，不是告訴過你了嗎？」

天心回說：「話不能這樣說，她是你的家長，總要聽聽人家的意見！」

金鈴說：「我倒想聽你的意見，你是不是……」她差一點把高宜方的話拿來問他。

收費站到了。她把話留在收費站，沒說出來。

天心說：「你的養母屬於精明能幹型的。她好像能看穿人。」

金鈴說：「她若不能幹，就不能獨力收養志立和我！」

天心說：「她看起來很年輕！」

金鈴說：「她沒生過小孩，結婚一年，先生就死了。聽說她先生很帥！」

天心敏感的問：「你是說，她嫌我不漂亮？」

金鈴說：「她說什麼都是沒意義的！」

天心說：「她對你很不錯。我看。」

金鈴說：「好像。可是我沒志立那麼好，傷透她的心。志立聰明、用功。醫學院畢業後，我們要結婚的。可是志立被生父拐跑了！」

天心問：「你喜歡他？」

金鈴說：「我是他的童養媳。他一直對我很好。可是和他們在一起，活像個洋娃娃。哦！在同一個屋頂下活了二十幾年，也差不多了。」

天心問：「你不喜歡你的養母！」

金鈴說：「她有統治慾，顯得我很笨拙。」

天心說：「有一個能幹的母親是福氣，你怎麼嫉妒？」

金鈴說：「沒辦法，我是嫉妒，連她能給我吃好、穿好，我都生氣。」

交通號誌開始多了。天心不再說話；幾個紅燈過去，又是行行停停。

金鈴說：「台北到了，我們到『金帝』去坐坐。」

天心沒意見，一路就開過去。

金鈴要了個奶酪洋芋。她最喜歡吃，所以像是很饑餓地吃着。

天心呆呆的望着面前的冰水，他說：「喂！你養母很厲害哦！」

金鈴回說：「她學家政的，事業心很重。你看她的時裝店搞得多好！比台北的委托行也不差。」

天心說：「我是說，她還會要你回去。」

金鈴說：「你忘了，一年多，我一直在你身邊。」

天心抿一抿嘴，閉一下眼；同時揚起那杯冰水說：「我以前很土，什麼都不會。你說的！嘿！現在，你是很聰明，教我很多東西。」

他呷一口冰水，繼續說：「你的養母，花錢花精神栽培你們，她會把你們找回去的。但是，說眞的，金鈴！我不能沒有你，除非我不認識你！」

金鈴不耐煩的說：「啊呀！你緊張什麼？我們連房子都租好了，你怕什麼？」

天心問：「你不怕吃虧，跟着我？」

金鈴反問：「興隆路不是又賣了三間嗎？難道不賺一點嗎？」

天心說：「我又買了一塊地。已經開工，但是……」

他停了停很謹慎的說：「我想，我們可以和爸媽住在一塊，可以省下房租。」

金鈴警覺的問：「還缺多少？」

天心說：「大約五、六萬。」

金鈴毫不猶豫的說：「我可以拿出來。」

天心說：「這樣太委曲你了！」

金鈴說：「金錢對我來說，好像很重要，有時候又毫無意義！反正以後你會還我，連本帶利。」

天心應道：「那當然。」

金鈴說：「房子押金也付了，我們住一個月再退好不好？」

天心說：「也好。」他把那杯冰水灌進肚裏，心頭涼透了，舒服極了。

四

今天金鈴不上班，她有一個禮拜沒見到天心了。給他電話，都說不在。

她有一答沒一答的清理衣物。

衣櫃角角，窩着天心的一件西褲，皺巴巴的。她拿出來準備去洗；無意間却翻到「利發」商標。心頭發毛半晌。

「利發」牌，哪兒都買得到，何必多心？她笑笑，將這事擱在一旁。

窗外茉莉一大叢，花葉雜亂，看起來極不順眼。院子蛙鳴得很囂張呢！她心煩，走到窗前拍拍窗子。青蛙仍然唱得厲害。

她自言自語：「你叫個什麼勁兒？這大雜院我受夠了。」她隨手拿起桌子上的杯子，對準窗子。正要擲出去時，發現窗架的鐵釘掛着一條藍色長褲。「利發」牌天心弟弟的。她從屋子裏衝到後院，那兒晾着兩條黑色的天心父親穿的也是「利發」。

「天下間沒有那麼巧的事。」她窩窩囊囊的搖搖頭。

突然，她想起高宜方那光光潔潔的模樣，她無端的生氣着。

天心的母親，上市場，還沒回來。

金鈴輕輕悄悄的離開了天心那矮矮黑黑的舊房子。

到了天心的公司，她才知道，天心已經不在那兒，公司早已換了老闆。

沒有陽光，高懸的廣告牌，亂花花的。

金鈴一個定睛，「利發」西服的廣告，彷彿針似的刺螫着眼睛。

霎時，一團不散的濃霧，擋住了她的去路。她能看到最清晰的一線光，是高宜方那光光潔潔的影子。她跑着，追着。

不一會兒，她來到了高宜方的跟前。

高宜方說：「你們可以從頭來。」

金鈴猛搖頭說：「已經無能爲力了。」她克制不住，像個小女孩似地哭了。
高宜方說：「怎麼回事，你一下子瘦了這許多。」
金鈴說：「什麼我都不管了，只求你到呂家，把我的行李拿回來。」
高宜方聽了，眼睛瞪得圓圓的，嘴巴也張着想說：「啊！你已經住在人家家裏？哦！算了。」她沒有說出口。

五

天悶得壓住了人們的胸口；馬上要有一場大雨了。太陽躲到雲後有半天了。呂天心額頭還直冒汗。
他從臥房走到客廳踱到厨房，一個上午他就這樣走著。
天心的母親，心頭也悶着一個擊不出聲音的小鼓，十分難過。她不停地包着粽子，粽子一個個也蒸熟了，還不見金鈴回家。
「過年過節也該回來的！」天心的母親，對着厨房的小窗口，巴望着。
天心說：「我想，金鈴今晚一定會回來的。」
他看看時間六點了。他說：「媽媽！我去找她，我知道金鈴會在哪兒。」
他母親說：「你昨晚沒有睡好，開車要小心點啊！」
話才說完，雨已經傾盆而下。
金鈴和高宜方合用一把傘。端陽節的龍雨，差不多把他們都打濕了。

金鈴挽着高宜方。這一刻他們眞像母女一般，喁喁談心。

金鈴說：「我覺得很委曲。」

高宜方說：「你不是說：「天心待你不錯？」

金鈴開始抽咽！她說：「他的公司，被歪得很慘。」

高宜方說：「錢滾錢看起來很容易致富。但不是人人有的機會。我看他人海口，海口。」

金鈴說：「談生意時，總要有一點口才。其實天心很靜！」奇怪金鈴又替天心來辯護。

高宜方問：「他對你眞心的？」

金鈴點頭說：「如果我不理他，他會去自殺，所以我不忍。」

高宜方說：「你對他呢？」

「我把積蓄都給他了。」金鈴說。

高宜方明白的說：「錢財是小事。那不是最重要的。」

金鈴提高了聲音說：「可是那是我僅有的。」

「金鈴！你是我的女兒呀！別哭！我會給你想辦法。」高宜方這時心中冒着氣。「呂天心這小子，果然被我看透了。」說着，他們已經來到呂天心的家。

天心的母親正準備午飯。屋子裏散發着粽子的香氣，低低的氣壓和矮矮的屋簷却叫人感到不舒服。

天心的母親見了金鈴，高興的放下手上的工作說：「金鈴！你回來了！家裏大小都念着你！」

金鈴木木的沒有反應。
於是天心的母親又問：「請坐！這位是？」
金鈴說：「是我媽。」
「請坐！這不像樣的地方，眞不好意思。請坐！」
三人都坐定後，高宜方表示：「呂太太！這些天，金鈴不懂事，在這裏打擾。很對不起！現在她要拿些衣物，我要帶她回家。」
好像話還沒說完，天心的母親紅了眼圈說：「金鈴！是眞的嗎？」
金鈴點點頭。
天心母親說：「家裏每個人都喜歡你。天心說你會回來，昨天他失了神似的。對他說話，他聽不見；喊他吃飯，他說不餓！」她邊說邊拭淚：「袁太太！我知道，在這不像樣的環境裏，太委曲了。天心對金鈴一片心意，她也曉得；我也常說：選個日子去提親。天心說要等事業有眉目再說。不巧，他爸爸事業也不順利。不然……」
她又唏噓起來：「天心昨晚出去找你，到現在都還沒回來，雨那麼大，不知會不會出事？金鈴！你能等等嗎？」
金鈴說：「也沒幾件衣服，我自己去拿。」
這時天心突然從門外閃進來說：「金鈴！我來幫你忙。」

高宜方看到天心那原本能說會道的雙唇，一直往下牽扯，抖抖地往下牽扯。那是一個比哭還令人鼻酸的表情。他轉動淚光的眼睛，一直閃避着高宜方。

他們進去後，客廳留下片刻的沉默。

天心的母親，抹不盡的淚痕，渲染着臉上黃斑和皺紋。

高宜方心中情不自禁地感動着。她忘了原來對天心切齒的氣憤。

「天心居然不爲自己作任何的解釋。哦！可憐的孩子！金鈴不應這麼做！」高宜方默默地想着。

這時天心的母親，調整了嗓子說：「袁太太　！你把金鈴帶走，還會讓他來吧！天心這兩天要考職業駕照，你說她還會來吧！」

說着說着又抽泣起來。她說：「告訴天心，還會回來，好讓他安心去考執照，做事業。袁太太！你說是不是？」

高宜方把淚呑進去。她沒有親生兒女，可是，志立、金鈴也是心啊肉的疼着。天下父母心，她怎會不了解呢？

靜默片刻後，高宜方說：「等金鈴出來，我們問她的意思好不好？」

天心的母親含着淚點頭表示同意。

金鈴提着一個紙袋出來。

高宜方問：「就這些？」

金鈴對天心看一眼。天心紅着眼睛說：「其他的東西，過兩天，我理好了，給她送去。」

天心的母親接着說：「金鈴！你有空要來玩哦！」

金鈴沒應聲。

高宜方推了推金鈴說：「你回答啊！」

金鈴這才勉强的回答說：「好啦！我空了會回來。」

天心的母親聽了，心頭放下一塊石頭，輕鬆了許多。這時候她才想起自己是主人，她站起來，禮貌的說：「大家就在這裏吃中飯。今天是五月節。留下來吃粽子吧！」

高宜方起身回道：「不必客氣，我們就要走了。」

端午節豆大的雨水，霹靂拍啦地在行人的傘上跳躍。

天心一直跟着金鈴和高宜方。

好久，他才冒出一句：「這只是暫時的，最多兩年，我會有一番事業。」這話是給高宜方聽的。

他轉向金鈴說：「相信我，這只是暫時的。」

誰都沒有吭聲。雨越下越大。

天心又問：「我可以去看你嗎？金鈴！」

「暫時不要！讓我靜一靜！」金鈴回答。

天心頹然的目光望了望高宜方。

這時高宜方說話了：「你也需要一段時間去開創你的事業，不是嗎？」

天心回說：「是的，我懂您的意思！我會盡力的！」

高宜方嘆息着，不再說什麼。

大雨之中，她和金鈴上了車。

回到新竹，雨停了。

一個賣烤蕃薯的小攤子，停在高宜方時裝店的門口。蕃薯的香氣，吸引着人們走近些。一陣急風吹落了攤子頂蓋帆布的積水。不巧，潑灑在高宜方的頭頂心。冰涼的水，點醒了渾渾沌沌的腦袋。人們的感情，如果可以隨時收放，世間的怨家是不是就會減少呢？

看起來，金鈴的事，還沒有個了結。呂天心却是個柔情痴心的人。

六

電話響了幾次，金鈴沒去理會。只在那兒翻箱倒櫃的。

高宜方問：「你眞的不理天心了？」

金鈴說：「我太疲倦，他也太讓人失望了。」

高宜方說：「可是你這樣離開他，是不是……」

「太現實？」金鈴接腔後冷笑着說：「也許我還想他，可是，我怕……」

「怕他窮，我拿你當笑話？」高宜方接着話。她早知道，金鈴嘔氣的對象不是天心，而是她。

金鈴默然不語。

高宜方從衣櫃角落拿出那件「利發」西褲問着：「天心有沒有淺灰色的西褲？」

金鈴回答：「好像沒有。」

高宜方說：「拿去，我送他，讓他知道，我不是那麼市儈。」

金鈴打開來翻出「利發」商標。她很沮喪地看着高宜方，差一點沒說出來，「利發」你這陰魂不散的東西。

高宜方說：「金鈴！給他一點機會，白手起家，固然很苦，但那才是眞正的富有。」

陽台上的含笑花，開得一樹笑吟吟的。一隻烏黑滾金邊的大蝴蝶，在花叢中飛上飛下。鳥兒不知唱的什麼調。

金鈴眉開眼笑的說：「剛才我接過電話，答應天心，先訂婚，年底結婚。以前我一直擔心，你會怎麼樣的笑我，戀着窮小子，現在……」

「現在你放心了。我們一直沒有機會好好說話。以錢去估計一個人，常常會看錯人，就像你我。」高宜方說。

金鈴說：「天心記得你向他買過西褲，所以他也一直擔心。」

高宜方說：「早年，我也很窮。你知道，從貧窮中站起來的人，會站得比較穩！」

金鈴說：「天心說：你會看穿人心。」

高宜方笑笑，把話推向一邊說：「金鈴！你要的衣服，款式都列出來，讓趙大嫂趕趕工。」

七

氣象報告說，東北季風已經有一個多月了。

台北的冬天，連日細細的冷雨，人們開始盼着灰灰的低空能展現一縷陽光。

高宜方進入中泰賓館時，感到很疲倦。也許從新竹趕來，太累了。

「設宴中泰賓館，好風光。金鈴一定很滿意。可是一定不能叫她知道，一切費用都是我拿出來的。」高宜方邊走邊想。

那一頭有人認出她，過來招呼。引導她入座。

對面的新娘很大聲的喊了一聲「媽！」叫全桌的人都聽得清清楚楚。

高宜方不自在的扭曲嘴角，應了一聲：「金鈴；你好漂亮啊！」

天心的母親在高宜方的身邊招呼：「來！用菜！用菜！免客氣！親家母！」

高宜方不喝酒。席間，一片煙漫。她感到頭暈，她很少動筷子。直釘着金鈴，可是，很奇怪，就在她對面那麼近，視線却分散而模糊。

「媽！來到袁家，應該是我的歸宿，沒想到，我還是離開你。你會恨我？媽！你恨我吧！」高宜方聽到金鈴的聲音。那是前幾天，金鈴對她說的。現在清晰的又回到她的耳畔。

高宜方冷冷地笑着，那可是金鈴和她共度二十五年來，講出來唯一像女兒對母親講的一句話。

天心和金鈴走過來敬酒，高宜方翻着皮包找手帕。
金鈴不慌不忙地拭去了高宜方眼角的淚水；金鈴看到她那樣子，仍然光光潔潔的。
上來一道新菜。
「來！吃啊！趁熱。紅燒甲魚！好菜！別客氣！」一個長者招呼大家。
一個小女孩伸手就夾。
「你不能吃！還沒生過小孩的女人，不可以吃甲魚。」一個老嬷嬷阻止的聲音。
高宜方已經夾起一塊，正要放進嘴裏。這時候，不知怎地，不偏不倚地，就掉進滿滿的酒杯裏。黃黃的酒，溢了一桌，紅色的桌巾，漫着狼籍的光景。
沒有散席，高宜方就先離開了。
外頭下着不小的雨，她沒帶傘。夜不像夜，霓虹燈那樣使勁地眨着。人、車不停地流動。她踩着地上反光的雨水，緩緩的走着。也許，她想叫一部計程車，但是她沒有，只是遲鈍的移動脚步。什麼時候，身旁來了個人，爲她打傘。
「親家母！雨這麼大，你怎麼就走了呢？來！我給你叫部車。」說話的是天心的母親。
「不！我會慢慢走。謝謝你！請回去招呼客人。」
高宜方看到天心的母親眼角的魚紋，在燈光下笑着。她下意識地掠掠自己的頭髮，拭着自己的眼角。

「該有魚紋的時候，就會有魚紋！」她又想起志立、金鈴都走了。

「該回來的時候，他們就會回來。」她凄楚地抿嘴解嘲。

雨實在太大了。她以優雅的姿勢揮來一部計程車說：「新竹！」

車窗蒙着一層水霧，高速公路的照明燈，彷彿一朵朵向日葵，在細雨中，向後飛逝。

高宜方喃喃的說：「說不定新竹沒有雨哦！」

司機應着：「誰知道？」

不是代溝

北大路天主教堂的頂尖半落青天之外，罩住人間多少善惡與悲喜。

紫書走進教堂，很快地又退出來。她分不清楚自己屬於善的或惡的；只是紛亂的心情，像透了教堂屋宇上五光十色的玻璃。可惜她的生命未曾像玻璃那樣亮麗光燦過。

「孤獨就是勇者。」這是過去紫書拿來拒絕姊姊的擋箭牌，如今却急於尋覓認同，來證明自己存在的意義。

她第二次拿起電話，仍然只撥了三個號碼，就放下電話筒。

難道她和姊姊的距離，眞的遙遠得連電話都無法溝通。誰的錯較大？誰知道？紫書疲倦於這種問題的探討，不知什麼時候開始，她就是一個不需要思考的人。

從石級這頭望過去，是教堂的後院，人造山水中，隱藏一尊石像，聖母懷抱着聖嬰。紫書看得出神。

「母親」對她來說，只是個名詞，而慈愛、溫暖也只是朦朧的幻象。最可怕的她曾把這些幻象視爲一種譏諷，一種頑冥的遊戲。

灰濛濛的天開始飄雨。一滴，兩滴……聖母頭上的光影一點一滴的消失，最後只剩下一臉黃蠟蠟的油光，那是姊姊。手上抱着的嬰兒是紫書她自己。

記不得是誰告訴她的：她小時候，體弱多病，姊姊常常頂着日頭，抱着她去看病，姊姊那時候才小學四年級。路上總有些無聊的男人取笑姊姊：「那麼小就養孩子，哈！哈。」姊姊對於這種輕狂的取笑，從不加以理會。在醫院裏，看到她細小的大腿上，注射鹽水針而鼓起一大包時，姊姊哭了。

「姊一直愛着我，像母親，應該是的。」紫書終於將自己的思緒投入輕紗一般的雨幕裏，她狠命地想着姊姊，這是幾年來她最不願意觸及的人物。

二

成長可以說是一種喜悅，然而對某些人來說，却籠罩着悲涼與淒苦。

紫書在低矮的門邊扇着炭爐子。屋子本來就不大通風，現在更瀰漫着烟霧。姊姊老叫她不能流淚，但是此時誰能控制，不單純的淚水，硬是逼了一臉。

姊姊出嫁了，紫書總不能拖着姊姊不放呀！雖然姊姊不在乎，她可不願意。如今柴米油鹽都亂了步子，她告訴自己：「十二歲了，從小沒有爹娘，不該如此笨手笨脚的啊！」

吃過幾次生硬的菜飯，洗了幾次冷水澡，冬天就來了。

沈沈的冬夜，蕭涼被冷，無邊的孤寂與淒淸無時無刻地包圍着她，啃噬着她。

冷風呼嘯，掀得鐵皮屋簷「啪噠！啪噠！」響。時而響起三兩聲貓吼叫。夜彷彿是一頭猙獰的怪獸，張牙舞爪地掐緊了紫書的頭顱，疼痛欲裂。她恨長夜漫漫，失眠與頭痛，逼得她時時與夜魔搏鬥。日子才開始哩！她不時面壁自問：何時才能走完這些路途？

她羨慕房東新裝了瓦斯。房東是紫書的遠親。一回紫書偷偷地用瓦斯燒水洗頭，沒想到就給房東逮住了。紫書難堪了好幾天。最後還是認命地在那矮小爐上生活。倒霉地還挨了姊姊一頓訓。

「紫書！到我那兒住！」姊姊送米來的時候，這樣說。紫書猛搖頭。

「哦！紫書！對你說過多少次了。要有骨氣，不要窮得叫人瞧不起，不要活得叫人害怕。不要叫人說，父母早死沒人教育啊！」

這樣的話，紫書能背上一大堆。什麼「你要學着站立，若能穩住腳跟，就表示你的成長……。」說眞的，紫書才害怕成長呢！樹大了要分枝，人大了要分離，要死亡。在她的直覺裏，成長就是生離死別，是純眞、善良、至美的幻滅。她的確感受到孤寂中成長的苦痛。她幾次想對姊姊說：「長大就是苦痛。」但是直到姊姊出國，她始終沒說出口。

她不願意違拗姊姊。只有一件事例外。她拒絕姊姊的接納。她這樣做，並非意味着她眞能獨立。而是她認定了，也恨透了，「喜歡的人，終究要分開」。早不分晚分，何況，姊姊就是如何地愛護她，也不能全心全意。她不要剩餘，她要完整的。

她沒有家，沒有父母，這樣無可彌補的缺憾。

每每在她的意識中，若隱若現。

那年姊姊出國。等於在紫書的內心鑿了一大洞。她整個人空了。留下來的是姊姊的金玉良言，揮不散，擺不掉。

「女孩子該怎麼，女孩子不該怎麼。」像屋子裏的蒼蠅整天在她的頭上嗡嗡嗡打轉。姊姊在身邊時，那些話她還覺得很受用，因爲姊姊就是個好典型。可是姊姊一走，她覺得許多事情都離了譜。她開始抱怨地下的父母，生下了她，她以爲要是身爲男孩的話，就沒有那麼多的禁忌與束縛。

二

夢魘般的恐懼，攫住了紫書許多日子。不知她如何摸索着來的。很快地，她學會了凡事以笑來取代哭；雖然笑不一定快樂，但總比哭喪的臉，容易讓人接受。風箏，在主人的操縱下，看起來是那麼沒辦法；可是一但掙脫了擺佈後，又怎樣呢？不是消失在無名的時空裏，便是一聲栽倒破碎了。不管紫書屬於前者或後者，離開姊姊後，她的生活有很大的改變。

新的天地是自己的，懷着異樣的胸襟，她容納了各色各樣的朋友。他們有的以爲紫書是富家千金，有的知道她只孤零零的一個人。不論如何，都無礙於彼此的交往。她不願孤單屢次的侵襲，所以只要能塡滿心頭無奈的空洞就夠了。

姊姊幾乎每個星期都給紫書寫信。

紫書既高興又緊張；好像姊姊的每一封信，都是一棍棒，時而打在她的疼痛處。沒有人知道她的身心負荷多少衝力與壓力的交戰。

紫書頭一次在女同學家——小禾家過夜，只覺得充滿了犯罪感。雖然她知道根本沒人會干涉她。可是只要自己稍微放縱，姊姊嚴謹的影子，就會出現牽扯着她的神經。

她害怕，但也體會了擺脫姊姊約束、教條而爲所欲爲的痛快。

她這樣回姊姊的信：「姊！您的信和支票都收到了。我會自愛，照您的話去做。姊！我要告訴您，我好高興，學校英文朗誦比賽，我得第二名；音樂比賽，獨唱我拿第一名。我還擔任班上合唱指揮⋯⋯最近我忙着珠算檢定，除了上課外，平常我都不到那兒去，只待在家裏做功課，偶而也會覺得很孤單，⋯⋯我希望⋯⋯」

吃盡世間的苦難都不輕易流淚的人，只看了紫書信中兩字「孤單」，姊姊兩眼立刻模糊而淚流汪汪。千不該，萬不該，在紫書還需要扶持的時候，結了婚，又出了國。姊姊責罵自己的狠心與自私。事實上，紫書除了上課外，都想法子，逃出一屋子都是死寂的窩。那小窩不能給她安全感。這不是她的錯，錯在她無依無靠？錯在姊姊曾經嚴厲地管敎過她？

三

時間使蟄居的甦醒，使乾枯的抽綠。

就是無風也無雨，擺在紫書面前的路子，也需要費力地，間歇地掙扎；那樣地掙扎，往往使她陷入深邃與苦痛的茫然裏。

紫書的生命從此周旋在兩種型態中。在學校她發揮了才藝的天賦。她隨意創造自己的世界，在這世界裏，她可以得到片刻的放縱，滿足於平日所覬覦的標的。她成爲學校的風頭人物。白天她過得豐盛而愉快。夜晚，則恐懼悔恨自己白天的行徑，姊姊的訓誡，在她的心上，好像生了根似的。她的心靈被壓擠得只剩下，女孩子該端莊文靜，不可放浪形骸。

這種牽制心靈的理性媒介，不是出於自我意識，她的內在與外在世界，難以獲得平衡。因之，她的心時而敞亮，時而閉暗。

一種莫名的憤怒，油然升起、堆積，終於鑄成一把利劍指向自己，同時也指向這個世界。

很多時候，她覺得姊姊的話很對，但更多次數，她覺得自己也沒錯。像她的同學，妞妞的爸爸媽媽還不是當老師。對妞妞管得並不緊，人家妞妞還不是好好的。如此相形之下，她說：「姊姊丟下了我，自個到美國去，還管我那麼多，我何必在乎她呢？」

找到這個好託詞，紫書好像想通了什麼似地，拾起行囊，尋找自己的天地去了。

喜歡否定的人，生活不會太平靜；日子也往往會亂了步調。

她在妞妞家住了兩晚。後來想到小禾好幾天沒來上課了，去看看小禾吧！

結果，她看到了一個滔天的祕密。小禾有孕了。小禾的爸媽要小禾滾出去。小禾把孩子拿掉了。小禾若無其事的對紫書說：「喂！那沒有什麼！別那麼大驚小怪，就像擠掉了一顆青春痘那樣平常。」

紫書聽了不禁打了個寒顫。是夠刺激的了。

她第一個反應是想到姊姊；遽而她虛弱得直覺打胎的人是她自己。她趕緊提起了背袋，又回到自己的小窩。那兒有苦口婆心的教誨，縈繞不絕。就如一把熨斗，足以溫暖燙平心中的寒冷與起伏。曾幾何時，她自己也覺得抽烟、喝酒、吸食强力膠，不是什麼不得了。什麼時候，她會跟着學，她不敢說。但自己不是成天和這些人泡在一起而薰薰然嗎？

她很想讓姊姊知道她目前生活的眞貌。但她不敢，只說：「姊！收到您的獎品，謝謝您！我會多看書。只是我很害怕。我怕一個人……。」

姊姊確信自己沒有逃避養育妹妹的企圖。而實質上，已經犯了不可原諒的逃避責任的罪名。

姊姊一陣鼻酸，心頭一抽，漫上錐心的疼痛。當夜姊姊夢見妹妹遇上危險，發生了不幸。一身冷汗驚醒過來。她澈夜未眠地想着紫書。這種精神上的負擔與功課的壓力，在姊姊的生活中，佔了同等分量，姊姊趕緊回了一封信說：「紫書！發生了什麼事嗎？千萬振作，要自重。我的論文已初步完成。明年就回台灣，不要怕。讓你一個人，很殘酷是不是？我知道。我會儘快回來。紫書！你會潔身自好對不對？我知道，你是堅强的女孩……。」

紫書捏緊信紙，心中的痛楚，不是自己的叛逆。而是不知如何讓姊姊接受自己已經不是從前文文靜靜的女孩子。

四

時間的脚步，四平八穩地踏過憂愁與歡愉。

紫書高商畢業了。一個嶄新的世界，好比潑滿了各種顏色的染缸，正張着大口等她。

學校對成績優異的畢業生，優先安排工作；紫書並沒有接受。她不喜歡平凡。所以和幾個朋友，妞妞、小禾、小吉到台北打天下。

一個新的開始，興奮及刺激。

每一天都是個好日子，每一個工作都是好工作。

這是小禾的論調：「多換老闆，才夠新鮮。」

對於這種深具挑戰性的話，紫書好像着了迷似地奉爲圭臬。她明知道，這是危險的傾向。不能對即將回國的姊姊交待。可是她越是害怕，越是無法自拔。

一年內她已經換了三個工作。有時爲了好玩，有時實在耐不住工作的呆板。潛意識中，恣意所慾的激素，在她十分清醒時，總是把它歸罪於小禾的調調在作祟。只有這樣，她才能稍稍解脫過分活躍的罪惡感。

一天晚上，紫書和一些新交廝混至深夜。

第二天十點才上班，老闆先是冷峭地一瞥，而後請她走路，當着面，結了帳。紫書一臉不在乎的笑容，毫無掛礙地拎着皮包逛街去也。

她拿了十天的薪資，買了兩套最新的時裝。順便彎進一家照相館，拍了照片，說是十七歲的生日留影。

她給姊姊寄了一張去。

姊姊看了照片嚇呆了，說：「太漂亮了，紫書！只是領口太低，裙子太短，肚皮還露出一大片，當心着涼。頭髮好像剛睡醒的樣子……」

紫書讀着姊姊的信，噗嗤一笑，手裏拿着可口的甜筒雪糕，依偎在小楊的身上。小楊是她新交上的男友。此時正替她梳理頭髮。

紫書繼續看着信：「紫書！看你的照片，好像很瘦。要注意營養啊！再給你寄一張一百元支票。「算是你的生日禮物，你自己去買點心愛的東西，買個蛋糕與好友分享吧！」

紫書揚了揚手上的香檳對小楊說：「乾了！爲了我有一個可愛而善解人意的姊姊。哦！她老當我是三歲的小娃兒。」說着她從點心盒裏，拿起一塊炸鷄腿，笑着說：「啊呀！我才不那麼傻。大概只有書蟲才成天虐待自己，用三個饅頭來度日。喂！小楊！你說我是不是很會過日子？」紫書說完，勾摟着小楊親了一下。仍然看着姊姊的信。

「紫書！上回聽說你要考大專夜間部，現在準備得如何？實在高興看到你懂得繼續進修。以你學商的根基，報考相關科系，對你的前途，必定更有助益。不管你讀那一學系，只要你能脚踏實地，我就放心。」

紫書心裏嘟囔着：你先別放心。

接着又看信：「我實在擔心你學壞。紫書，抱歉。我會這麼想，只因爲你太年輕又那麼漂亮。漂亮很多時候是危險的信號。雖然『美麗』本身並不具任何罪惡性，但假如一個女孩仗恃外貌的姣好，陷於膚淺無知的田地，那麼『美麗』就會帶來更多的是非。以你的聰明，大概可以體會我的意思。再半年我就可以回國，我希望看到一個美麗而懂事的妹妹。」

紫書把信看到這裏，嘴噘得老高；一種被識透的心虛，使她一氣之下，將姊姊的信揉成一團和鷄骨頭一塊兒，扔進垃圾筒裏。一隻油膩膩的手，往小楊身上抹去。隨即拿起小鏡，修整臉的粉妝。不一會兒就呵欠連連。

「你先別睡，晚場電影現在出門還來得及。」小楊說。

「你已經買了票？」紫書沒好氣地問。

小楊厚臉皮地說：「錢拿來。」

她拿起手袋往小楊臉上摔過去，皮包裏空空的，一毛錢都找不到。

小楊還眞不知恥地問着：「你的美金不是換了嗎？」

紫書理都不理。自顧自地鬆下了髮帶，長髮散亂了一肩。她無所顧忌地往床上一横道：「你幾歲很鮮哩！小楊把過不少馬子，也沒見過這樣的問題。他咧開大嘴，似笑非笑地湊到紫書身邊，輕佻地說：「大你三歲，正合適。」

紫書急吼一聲：「合適你個鬼。離我遠一點！」

小楊嬉皮笑臉地說：「何必呢！那麼認眞幹嚒呢？」

紫書冒着無名火說：「你能養家活口？你一心想着我的美金，自己賺去！你休想我姊姊的血汗錢！」說完她連推帶扭地把小楊往門外塞。

她頹喪地走近垃圾筒，望着姊姊蘸了油污皺巴巴的信。身子只探了兩探，就走開。

夜很深，紫書沒有睡意，一屋子流蕩着姊姊的聲影。但又抓不着一個依靠。濃濃的悵然包圍着她。許多日子，在猥瑣、黏滯、茫然中，她十分清楚，勉强擠掉姊姊的音容笑貌，就像駝鳥把頭埋在沙中那樣的愚蠢。她哭了，她希望小禾能在身旁，她就不會那麼清醒，也就能順理成章地詮釋自己的腐化。

第二天，她拿了姊姊的錢去補習班報名。還有五個月的時間，她想好好準備大專考試。

白天她仍然上班，在一家貿易公司當助理會計。看來生活好像上了軌道。可是誰知道她給姊姊寫信時露了一句：「姊！我想結婚……。」

姊姊回信：「哦！太好了，結婚對女孩子來說，和讀書一樣重要。你已經有了對象了嗎？還是要了？小楊。」

我介紹？我認識不少很不錯的男孩呢！」

紫書巴望姊姊這樣回信。可是當眞姊姊不說她半句不對時，她又困惑起來。好像吃一道沒加鹽的菜那樣不對勁。

讀書與工作中，細小的空檔，使她萌生了結婚的念頭。其實她並不是眞的想結婚。只是心情陷入幾乎窒息的低潮。讀書沒勁，工作乏味。只一味的晃蕩蹉跎。她巴不得姊快回來。但她更害怕姊回來。

五

紫書頭低低的，一雙黑而亮的眼睛，用力往上瞪着姊姊。那樣子似乎在防着什麼，又好像試圖在姊姊的臉上發現什麼。反正她一看到姊姊，先是一陣虛，而後她莫名地生着姊姊的氣。可是姊姊一些也沒察覺。一直到紫書說：

「姊！我還是一個人住算了，我已習慣。何況孤獨就是勇者。」

姊姊說：「你一定要這樣做，隨便你，不過我隨時等着你回來和我同住。」

紫書笑了笑，習慣地瞪了姊姊一眼，這是她厭惡與害怕時的神情。

姊姊繼續說：「讓你隻身漂泊三年已經很過意不去，從小把你帶大，我是你姊姊，不是別人，希望你再考慮考慮。和我在一起，雖然不是最好的歸宿，但還可以就近照顧，是不是？你想想看。」只要紫書接近自己，就能減輕一分操心，姊姊認爲要是紫書不肯待下來，那麼心頭的責任永遠不了，內疚也將永遠追隨着。所以儘可能地挽留着。

可是紫書就不這麼想。紫書以爲：「我又不是小孩子，照顧什麼！姊！你也不欠我什麼！不必這麼嘔心。」

看到出國三年的姊姊，不是披金戴玉的回來，而仍然是當年的土相。紫書不免生起自己的氣來。「我紫書變來變去，始終逃不出姊姊的掌心？窩囊透了！不！我要遠走高飛，不要任何憐憫，不要人收容，我喜歡隨心所欲扮演自己的角色。」

她內心的吶喊，與外表的安靜乖順，全然代表著兩種意識狀態。

紫書無意中，透露出驚惶與畏縮的神色，使姊姊感到很不安；連忙說道：

「紫書，你補習班的課很緊嗎？看你臉色不大對，別太累。明天我給你介紹一個男孩，是我的學生。你下班時，到我這兒吃飯。」

紫書走出門，並沒有去上課，反正她已經好幾天沒去上課了。她直接彎到小禾家。不知怎地，她覺得小禾比姊姊可親溫暖得多。

小禾說：「你不是想結婚嗎？去了說不定你姊姊會給你找到合適的。」

「鬼啊！找來找去，還不是和我姊姊一樣死板。」

「阿賢最活潑了，對你迷得要命，你還不是沒有答應啊！」小禾好像很有腦筋地分析着。

「別洩氣好不好。小禾！我心裏矛盾得要命，對阿賢、小楊、毛豆他們談不上什麼感情，可是我沒辦法甩掉他們，你說怪不怪！」

「正常！正常！那叫不到黃河心不死。」小禾說。

「啊呀！你不知道！我姊姊是個老頑固，常常她的決定就是決定。」

「哼！我爸爸也是這樣！有些人眞難理解！要不然，我也不會落到今天跟人私奔的下場！」小禾感傷的說。

六

姊姊已經先離去了。才八點左右，亮亮的燈光下，紫書對自己的服飾，感到妞妮起來。因爲她今晚只是敷衍姊姊而隨便套了衣裙。

坐在面前的陳先生，戴個近視眼鏡，說起話來，慢條斯理，顯得很有敎養，很守分寸的樣子。

紫書料想姊姊就會介紹這類的男孩子。

話雖這麼說。紫書並不討厭陳先生。比起阿賢他們來，至少多一分新鮮。

紫書生來就是一副討人喜歡的模樣。她自己對男孩子，一向也都能應付自如。因此，很快的，陳先生便顯得很有精神的樣子。

出奇不意的，紫書對陳先生劈頭就是一句：「不要對我談書本，不要對我談人生。」

那談什麼呢？第一次見面。陳先生本想問她：你喜歡看文藝片還是動作片？這下子只好改口說：

「爲什麼不談書本和人生呢？」

紫書一臉不屑地說：「何必兜圈子，這世界已經夠複雜了，人與人的交往，因爲空談、虛飾，已變得夠麻煩了。」

聽了這番話，陳先生直想笑。沒想到他的老師，有這樣一個可愛的妹妹。他好像發現了題目似的；開始認眞地對紫書探討研究起來。

紫書對陳先生這樣一個可有可無的男朋友，居然也喊他「小陳」了。

雖然她儘量不把小陳放在心上，但是她也沒有拒絕小陳的約會。

紫書從不對姊姊談小陳。不過她奇蹟似地搬進姊家住。姊姊高興的不得了。就像一個終身犯，突然獲得減刑那樣的興奮。

那天紫書看到姊姊正爲兒子解說鷄兎同籠的算術應用題：「聽着！兎有四十二隻，鷄……。」那一聲「聽着！」實在叫紫書嚇了一跳。當年姊姊也是這樣教她的。吼得她昏頭轉向，懂也不懂。她只會哭。

說她害怕算術應用題，不如說她害怕姊姊教人時兇巴巴的模樣。好像非要掀開人家的腦袋瓜，把知識灌進去不可。噢！古人易子而敎，實在不無道理。

這時正有客人來。紫書去應門，她很想說：「改天再來吧，我姊姊正忙着。」却聽姊姊急急趕出來說：「不忙！不忙。」然後把客人讓進客廳，順手把紫書正聽的熱門音樂唱片，換了一張孟德爾松的小提琴曲。

熱門音樂不能登大雅？那麼不堪入耳？紫書悶悶不樂地問自己。

她覺得姊姊很可憐！明明有忙不完的事，也不能說眞忙。好像許多人都活在不說眞話的世界裏，不這樣，就不正常？後來她也認爲姊姊虛僞得可笑。她恨虛僞。

她怕姊姊的嘮叨。她不認爲那是一種屬於母親的叮嚀。

「紫書！天涼了，帶件衣服出門吧！」

「紫書！今天怎麼這麼晚下班？」

「紫書！你吃那麼少，不餓？記得帶中飯啊！」

這不是關懷，這簡直是管制。紫書按耐不住地爆炸了。

七

星期天，她和小陳玩了一天，太累了。回家倒頭就睡；一睡睡到第二天八點還沒起床。姊姊過來喊醒她：「紫書，上班要遲到了。快起來！」

紫書朦朧的睡意，仍然掛在惺忪的眼上。任性的本色抬頭了，她回頂過去。

「遲到有什麼關係，家常便飯，窮緊張什麼？」

「窮緊張什麼？紫書！你是這麼說的？」姊姊不相信自己的耳朵。

紫書還想接腔，後來想想：「不行！我不能那麼糟糕，犯了姊姊，露出廬山眞面目。」

但是，已經太遲了。下班時，紫書拿了公司半個月的薪水回來。强忍着內心的難堪，臉上不自然地扭曲着。

姊姊有許多話想說，但是不忍說。只是深深的嘆息。

倒是紫書自己主動地向姊姊談起小陳的事來。

「姊！你認爲陳先生這人好不好？」

「他很實在，你們發展到什麼程度？」

「姊！他是不是急着結婦？」

「他告訴我可以等你讀完大學再談婚事。」

「噢！姊！你告訴他我要念大學？」

「紫書！你多久沒上補習班了？其實我也不逼你，讀不讀全看你的興趣。並非每個人都非上大學不可。」

紫書悶聲不響。她的內心有幾副矛盾交戰着。她想上大學，但她怕考試；她想結婚，但她怕約束。

「姊！我覺得陳先生年紀太大了。」

「二十九歲，你二十歲，或許大了一點，你已經有更年輕的男友？」

紫書大膽的說：「有是有，但是不很理想，不能當丈夫！」

姊姊聽呆了，歪着腦袋看着這確實變得太多的妹妹，久久說不出話來。

紫書很快又找到了工作。上班之餘，除了赴小陳之約外，還忙着學起家事來。她個人無法解釋其動機。爲了結婚？是爲了在姊姊面前掩飾幾年來的放蕩不拘？好像都不是。

這些縫縫補補，燒飯作菜的家務事，又能給她多少安定呢？

沒有多久，她對姊姊說：「姊！你每天除了上課外，回家還要忙家事，煩不煩？」

「煩有煩的時候！不過任何工作都一樣，只要有一分樂趣，就值得去做。」姊姊應着。

「姊！你不覺得天天自己做飯太麻煩！我覺得應該兩三天出去吃一次館子，不然好單調。」

姊姊看出來紫書的談話越來越富於逃戰意味，但絕沒想到其中有一枚火藥即將引發。所以只漫應着：「也許你成家後，會三兩天上一次館子。而且陳先生的經濟條件也允許這樣做。但不久你會發現，那樣並不能產生預期的樂趣。」

不說還好，提到小陳，紫書有氣的說：「他好小器！」

「懂得理財的人，誰不是當用則用，可省則省。手鬆顯軟弱，手緊顯堅强。他收入不錯呢！」

紫書用鼻子哼了一聲：「不稀罕！」

「你稀罕什麼！紫書！」姊姊追問着。

「自由！」這是一聲由大聲壓抑下來的唇齒音。紫書說完，頭也不回地轉進自己的房間。

姊姊楞了半晌，才從霧中跌回現實來。

「是什麼地方不對？」姊姊喃喃自語：「紫書已經不是當年純靜天眞的小女孩，她不需要人家照顧。她已二十歲了，該有很多的自由。我有愛她的義務和權力，但是她有不接受的自由。」脊梁升起一股寒意。姊姊猛然覺醒自己一直在做着自以爲對的錯事。心頭感慨萬端：「是不是我怎麼做都不對。哦！紫書！你眞叫人費心啊！」

才說完這句話，沒想到紫書衝出房間冷冷地說：「姊！你說這句話時，最可愛！我是叫人費心的。我不會煩你太久，我遲早會離開你的，放心。」

眞是晴天霹靂，姊姊驚愕的嘴臉僵在那兒。

八

天很悶，紫書沒有回家。

公司找人上班，打了三次電話給姊姊。老闆談了些紫書在公司工作的情形，表現不甚理想。姊姊搖搖頭，不願意承認這是她的妹妹。紫書不會這樣的。

難道多年來的教導，成績竟是如此。姊姊傷心透頂，悲哀自己的無能。半生站在講台上，却無法引導這可憐的孩子上正軌。想到這兒兩脚一軟，癱瘓在地上好久好久。

九

紫書輕鬆愉快的歌聲，隨着脚步飄進門來。

姊姊說：「紫書！下班了！這兩天你上哪兒去了？」

「上班啊！公司派我出差。」紫書隨口說着。

「以後最好先說一聲！」姊姊說。

「來不及嘛！臨時派的，對誰說呢？我也不是小孩子。」

一股强烈的隔離感，驟然侵襲過來。姊姊心如刀割的疼痛。瞬間腦中閃過的是：「太久沒有人管她了；我只是她姊姊，我不能多說，說多了她一走了之，等於逼她走絕路，如何對得起九泉的父母。」因之，姊姊不動聲色地說：「公司老闆打電話來，要你去報到。」

紫書的臉閃過一抹灰白，問道：「他還說了什麼？」

「他說你該去上班了，公司有你很多電話。」

不待姊話說完，一陣搶白：「姊！你怎麼可以這樣？你無權過問人家的私事。我和小陳去旅行了，怎麼樣！你怎麼可以去打聽……。」

紫書氣憤的吼聲，直衝着人耳膜。這個已經改頭換面的紫書，姊姊幾乎認不得了，不過還是冷靜的對紫書說：「我事兒多的很，哪有工夫去打聽你的情形。只是我知道了你不願讓我知道的事，不管你如何火大，我還是關心着你。」

「算了吧！你希望我和小陳不要太接近。你想破壞我們。」

「紫書！小陳是我的學生，我介紹給你的，你想到哪兒去了，說這種瘋話。」

「不要逼我用你的生活標準來過日子。」紫書無所顧忌地說。

一個人要是對什麼不滿時，很多事都會變得稀奇古怪。姊姊很想放聲大哭。過去她只顧念紫書的孤苦伶仃。從沒想到無依的感傷也會重重地襲擊着自己。曾幾何時，自以爲菩薩心腸已經被紫書踩得稀爛。

她意識到紫書會不顧一切揚長而去。她心頭話要說，否則悲劇的發生，將加重她的罪孽。不管紫書聽不聽，姊急切地說：

「紫書！你忍耐些，聽我說，小陳對我說過，他很喜歡你，他想娶你。他曾說你太活潑。我說大概結婚以後，就會穩重些。我知道你並非第一次交男朋友，但是矜持端莊與大方活潑並不相悖。膚淺可以叫人輕視；穩重使人覺得實在。你希望人家對你的估計是輕浮沒分量嗎？不管你交友的態度如何？也不論今天小陳對你的觀感，世間各種型態的男人，保守或開放。最後尋找妻子的條件，仍然極為傳統、古老。那些成天追隨新潮、玩世不恭的人，實際上也只是短暫的玩伴而已。只有先自己定了，才有辦法過紮實而富於變化的日子。否則只是無根的漂萍。只是盲目的陀螺。」

淚水迷漫了姊姊的視線。她看到一個可憐無依的妹妹，多年漂盪，任誰都會想法子逃避孤單與一成不變的日子。所以今天紫書的造型，錯不在紫書。那麼該有一個塑造者，姊姊！你難逃其咎。

十

當姊姊淚水乾了以後，紫書已不在身邊。日用的小背包不見了。桌上留了一紙條。

「姊！放心！我不會損壞你的名譽。再和你住下去，每一個時刻，我都會窒息。小陳我決定不理他了，不管他喜不喜歡我。不用找我，我會好好的過下去。

紫書留」

時間與空間的隔離，會叫相愛的人更親愛；相怨的人忘掉一切瓜葛。

紫書習慣無拘無束的生活，一個人或與更多的朋友，她都能享受任性自得的樂趣。只要不去想那該殺的姊姊。瞎忙亂撞自會把許多不愉快拋得遠遠的。只有小陳，紫書想甩都甩不掉。有時候她厭惡極了。她把小陳與阿賢、小楊歸爲一類，同是她感情生活的絆脚石，使她無法邁開大步往前走。特別是小陳一天好幾次電話，搞得紫書心神不寧。

本來她也覺得小陳不壞，他們之間曾經有過一段歡愉的時光。小陳也不是想像中那麼老氣。撇開姊姊的嚴苛，紫書仍不失爲一個好女孩。

小陳說：「姊姊好像管你很多，難怪你想躲開。」

紫書氣虎虎的說：「少談我姊姊，她是粒油鹽不入的四季豆，三年的洋水對她一些作用也沒有。」

小陳識趣地拉起紫書的小手道：「我們到外面走走，晚霞正美。」

海邊水鳥嗚嗚地叫。陣陣的海風迎面吹來；紫書心頭堆起了人生孤寂無常的苦澀。彩霞的變滅彷彿自身的寫照。小陳吹着口哨，並沒有察覺紫書的鬱悒寡歡。他一味地把話題轉入結婚上頭來。

紫書很不以爲然地說：「你大事舖張迎娶我，我害怕，公證結婚太委曲你，你們家一定反對。」

小陳一本正經地說：「只要你高興，家裏方面由我擔當，請你放心，我不在乎什麼排場，你喜歡住哪裏？台北或中壢？」

紫書俏皮地瞇起眼直笑，心裏打着轉：「小陳啊！住哪兒我都沒興趣。你大概想結婚想昏了頭，你別作夢了，我非離開你不可，我才不找罪受，剛從姊姊那兒逃出，又要進入另一個錮禁。」

十一

聖誕節的彩飾，使年輕人更加年輕；聖誕的鈴聲，使歡樂的人充滿笑聲。

紫書答應小陳的邀約，參加小陳公司的聖誕舞宴。

當小陳捧着一束鮮玫瑰，敲開紫書的房門時，看見紫書花枝招展地把阿賢大大方方地介紹給小陳。阿賢比起小陳高大多了。一刹時，小陳覺得整個人矮了下去。

紫書做得太離譜了。她若無其事地牽着阿賢，飄然而去，留下小陳一臉的愕然。

小陳恍惚之中，並沒有離開紫書的房間。好難得一個聖誕酒會，公司的同事，都等着看小陳的女朋友。

瞬間，房子開始搖動。小陳看到許多朋友對他敬酒。是啊！酒！這裏有。嘿！海量！海量！他笑着舉杯，彷彿面對着一桌熱鬧的朋友。他一杯接着一杯喝得醉薰薰的。

不知幾點鐘了，小陳起身，一個天旋地轉；他聞到一股酸臭。酒後的翻胃。他混身沒勁，費力地從沙發上爬下地，張着充血的眼睛，搜索眼鏡。

酸痛的手腕上，一道血痕。小陳竟癡得做出割腕的傻事。難啊！就是自殺身亡也難以把持紫書反覆的心。一屋子支離破碎的酒瓶。小陳摸到了眼鏡。

十二

過去有不少好聚好散的女孩子，小陳能有揮揮衣袖，不帶走一片雲彩的襟度。可是今天，面臨與紫書攤牌的時候，他彷彿老了十年似地婆婆媽媽。不爲什麼。注入了眞情的割捨是不容易的。

小陳眞喜歡紫書，包括她的缺點。他有心容忍諒解。無奈紫書不屑這種近於憐憫的愛情。

紫書憤憤地說：「只要你喜歡我，就必須喜歡我的朋友。否則請便。」

「什麼樣的朋友，和你手牽着手走出門的男朋友？」小陳五內俱焚，臉龐也燒紅了。他沒有發作，功夫到家，硬是把這難題接下來。他說：「當然！我辦得到。可是你若不能對我守信，你我之間就不具任何意義了。」

紫書反問：「你和我姊姊一樣，要我疏遠那些朋友？」

「慢慢的試着。」小陳謹愼地挑着字眼說話：「有些人和他們在一起只有消沉、墮落，有些人則能使人上進振作。」小陳嚥了一口水，似乎要長篇大論。却見紫書低頭不語，想什麼？

小禾、妞妞、小吉他們的結局都不太美妙。小楊、阿賢、毛豆他們，沒有一個能自食其力，是社會的蛆。更別說可以託付終身。如何與他們廝混窮泡呢？

海裏的鰂魚遇到攻擊時，吐一口黑墨，可以保得一命；紫書覺得她的那些朋友，眞像那一團黑墨。可是她呢？是不是躱到黑幕後，便可以重獲新生？她只是在黑幕的掩蓋下，越來越消沉，越來越齷齪。

姊姊對她瞭若指掌，她高高地築起一道牆。小陳也試着了解她，他進一步的認識，只有對她增一分體諒與深情。她爲什麼要害怕這些人？這些年來的行止，分明是在閃躲着什麼。她也不一定眞喜歡那些黑霧般的朋友。她也不一定喜愛東漂西蕩。無根的生活，使她發狂似地，只追求今天，不管明天。

小陳見紫書雙目呆滯，於是推了推桌上的牛奶說：「紫書！把牛奶喝了吧！」

紫書說：「不！我要咖啡。」她沒放糖，閉着眼喝下黑濃濃的咖啡。

小陳說：「很苦是不是？」

她回說：「沒感覺。」淚珠在她的眼中打轉，她吞了一口水，憋住了淚水。

小陳說：「本來我以爲姊姊手上有一根鞭子鞭你，有根繩子拴住你，事實上，都沒有。只是你厭棄生活中道德的批判與世俗的羈絆。但是你自己的選擇又是那麼令人失望，那麼沒有安全感。」

紫書喝了第二杯咖啡，看來很平靜。心裏却滴咕着：「小陳和姊姊一樣，善於觀察和分析，一樣可怕。」

習慣性的逃避意識又開始蠢動。

她說：「小陳！別說了。我會離開那些人，你呢！暫時也別來煩我。」

「好的，不過紫書，只要你想到我的時候，我一定奉陪，我會一直等你。」

紫書拿起第三杯咖啡，小陳按住了她的手說：「咖啡刺激性太大，聽說還會致癌，不宜多喝，換別的飲料吧！」

紫書冷笑一聲：「正因爲它可以得癌，我才愛它。」

「什麼道理呢？」小陳問。

紫書一向都不明白自己在做什麼，這一下好像淸醒得很，她說：「喜歡，就是喜歡，何必什麼理由。」

小陳無奈地說：「紫書！好像越是痛苦的事，你做得越起勁。」

紫書說：「如果我得癌，我便可以盡情地享受有限的人生，不必長久忍受生活中無可避免的缺憾；那時候，人人都會縱容我，沒人管我。」

她拿起咖啡一飮而盡，一副極度的自暴，寫在臉上。

「別這樣糟蹋自己。」小陳說。

「珍惜什麼！每個人還不都是無可奈何的活着？」

「怎可這麼說呢？我就爲你活得很有意思。」小陳說。

「那是因爲你從小就有人愛你。」紫書說着，一臉忿忿，心中盤算着：我要叫你嚐嚐失去愛的滋味。

小陳抱着希望說：「現在我愛着你，還不算太遲。」

「我不關心任何人，你別愛一個連自己都不愛的人。」

「你在傷害你自己？」小陳問。

「豈止。」紫書肯定地說。

小陳知道紫書的姊姊，去看過紫書，幾乎每一次都不歡而散。紫書對姊姊不理不睬；不管姊姊待多久，她都能一言不發。小陳覺得，他們姊妹很可憐，應該相親相愛的姊妹。却因爲什麼，而互相殘殺起來。他說不上來誰是誰非。

小陳說：「你有些東西，放在姊姊家，你不去取回？」

「不要了。別以爲我會對什麼東西發生很久的興趣。這世界上沒什麼值得我留戀的，你知道什麼是眞實？」

紫書乾笑了兩聲接着說：「人人歌頌的眞愛，也會長了翅膀哩！」

她低頭，攪動着沒有糖的黑咖啡。一顆豆大的淚珠，不偏不倚地掉入杯中，消失在混濁的小漩渦裏。

她笑笑的說：「不要來找我。我會搬家。」

她簡直無法克制自己的逃避狂。一味地搬家，一味地丟棄隨身用品，藉以矇騙自己的單薄。她尋求的，也就是她所厭棄的東西。

十三

離開小陳後，紫書並不覺得輕鬆多少，她坐立不安，心隨時都會漂浮起來。

擺脫一切羈絆，遺世獨立，曾經是她夢想的境界。但是一種奇怪的心理作祟，雖然她厭惡人羣，特別是那些看起來活得比她好的人；但她還是身不由主地向人多的地方擠。好像只有這樣，她才能找到什麼。

撲朔迷離的性格，那麼誇張地佔據了她短短的生命。

流離的生活方式，在她的世界裏生了根；若是誰想去拔那根，她便會瘋狂似地去護着那根。到頭來，她發現什麼也沒有把握住。

她不要朋友，她不要姊姊假惺惺。她厭煩姊姊的牽掛。她一直以爲姊姊是有所爲而爲的。

她寫了一封信，要姊姊死了心：「姊！你的愛使我有負擔。我很好，也很忙；你有家，有孩子，也忙，我們彼此最好少牽掛。」

她的拒絕正是披露自己的孤寂；她的冷漠正顯示了她對親情的渴求。

「紫書什麼時候才能醒來呢？」姊姊總在盼望着：「如何挽救，恐怕需要極大的耐心和技巧。」時間可以沖淡什麼，但是無法沖去他們姊妹間的血緣關係。

兩年了。紫書不讓姊姊知道住處。

兩年了，姊姊對紫書的思念，已經成爲生活中的一部分。她一直强迫自己相信，不管紫書到哪裏都會活得很好。當然，事實並不盡然。

紫書是一株幼苗。成長的過程，或因愛之深，責之切，而發生揠苗的悲劇，應該由身爲姊姊的人來負責。紫書永遠不了解姊姊的擔待。

望見北大路的教堂，紫書走啊走的。也許那兒可以找到平靜。上帝懸得那麼高。她原不屬於教堂裏的人。

她坐在石級上很久很久。那尊聖母像還眞有點像姊姊。但心籬尙未拆除之前，也不願承認自己想親近姊姊。姊姊永遠不知道她現在需要助力。

紫書拿起電話，只撥了三個號碼後，輕聲似耳語地說：「過去如果我有錯，那不是姊姊的過失，如果姊姊有錯的話，也應該是我的錯。」

她把電話掛上。是下班時刻，雨開始下大了。沒帶雨具的人，在雨中奔走，臉上總是笑嘻嘻的。紫書起立，她也想痛痛快快的笑。於是她沒入斜斜的大雨裏。

不息之戀

一

十月的雪不是太大，可也靜悄悄的下了半個多月。

過了這些天寒地凍的日子，江曉航覺得不習慣的，都已習慣了。唯一不能適應的是，工業技術學院的學生，上課的態度令人作嘔。他們囂張、無禮，使人分不清他們的年紀。

江曉航走出課室。低低的氣壓飄着漫天的風雪。溼溼的貼在大地上，一個白色的世界就這樣產生了。

不管江曉航多麼不甘心，只要步出工業技術學院的校門，心裏就覺得舒服一點。工業技術學院與猶大只隔一條街。她脚上的新皮靴，活動起來，比靜止的時候自在。她邁開步子，踢着雪片，趕着去聽課。

每星期，六節工業技術學院的課，換來自己的學費與生活費，不知道值不值得。每一回上課受氣時，江曉航都會這樣問着。

「蜜斯江！蜜斯江！」一個聲音喊住了她。是她的學生，口裏不停地呵着氣跑上來。

「蜜斯江！我們從來沒遇見過教得這樣好的老師，像你！」他說話時的忸怩，和那黃色皮膚，很容易讓人想到他是炎黃子孫。但是江曉航對他沒什麼印象。

江曉航說：「所以，你們用叫嚣搗蛋對我表示！」她抑不住氣。剛才上課，實在不愉快。

「我很抱歉！蜜斯江！我們常常不明白如何做，才能表達我們的內心。蜜斯江！我們喜歡你！大家背地裏喊你依人小鳥！」說完，學生轉身，飛快跑開，消失在白色饅頭形的小山坡下。

江曉航扯一下跟前的樹枝。頂着的雪花，頓時，淅瀝嘩啦的抖落。硬是要得，是一棵青葱的小樅樹。

罩着白雪的世界，萬物常常很難看出他們是什麼，除非從他們的根。

九月初猶大中國同學會，舉行的迎新送舊旅行，江曉航沒來得及趕上。

梁有橋告訴她：猶大的中國留學生，大約有兩百來個。

梁有橋來美已經兩年。今年，江曉航把他的準新娘一塊兒帶來猶大，梁有橋樂了，不知什麼時候舉行婚禮。她聽說：在美國的中國學生，常有閃電結婚。那麼梁有橋這對相戀多年的情侶，相偕進禮堂，更是理所當然之事。

雖然，鹽湖城在這樣的節令，已經下着冰冷冷的雪；但是在中國人的心中，十月應該有許多光輝的好日子。江曉航急着想知道，那些留學生，在美國怎麼走進結婚禮堂。她對自己如此好奇，感到好笑。她又說：「粱有橋是我的好友，我不應當關心他嚒！」

雪停了。她輕輕鬆鬆的踩着，沒人踏過的茸茸的雪，發出「嘎滋！嘎滋！」的聲音。那是雪地裏的音符。

「雪停了，不見得有陽光。」她開始愛上雪的時候，粱有橋這樣告訴她的。「但是，你不必害怕飄落在鼻子上的雪。這裏一年有六個月的雪季。」

江曉航呵着手，走進自己的研究室。室內的暖氣與室外的冷風，逼着她眼淚鼻涕直流，每次都是這樣。

一個熟悉的人影。古谷，是他。她擦了兩次眼睛，看清了，還是他，古谷。

「古谷，你怎麼會在這兒？」江曉航看到古谷還穿着厚外衣，剛進來的樣子。他手上拿了一份請帖。

「是誰的？」她問。

「粱有橋的。」古谷平靜的回答。

「你專程趕來參加粱有橋的婚禮？」江曉航懷疑的問。

「不！我半個月前就來了。」古谷回答。

「你，你……眞的。那勃朗的課不管了？」她問着。

「猶大的醫學系要了我。你知道，他們的醫科，很少給外國人的。」古谷有些興奮地說着。

「勃朗那邊怎麼辦？不是只差一年就可以拿到PH．D嚒！有奬學金，多可惜啊！」她說：「轉學，多可惜啊！」

古谷說：「今年春季，我已經拿了勃朗的碩士。這裏，猶大的醫學中心，已經給我工作。」

江曉航說：「東部好的醫科，多的是，何必老遠轉到這兒來！」

「這裏的醫學系也不差。」古谷腼腆地看她一眼又說：「梁有橋告訴我，你今年來這裏。」他拿下眼鏡，拭去鏡片上的雪水。意味深長的說：「人啊！有時候需要一鼓作氣。我這麼做，不一定會有什麼結果，但是，我總得試一試。」他閃動着大眼；那是台灣山地人特有的深邃的大眼。睫毛長長齊齊的。

江曉航明白他在說什麼！她沒作聲。順手整理書包。

「江老師！」古谷還像三年前一樣稱呼她。「我送你回宿舍！」

「走路喔！」她說。

「可以！」他不管自己是開車來的，就這樣順從了她。

鉛一般的雲，凝重地滯留低空。天還會下雪。

古谷替她拿書包，空着一隻手，讓江曉航頂着風，冷寂寂地走着。在這樣的天氣，他一些也沒改變，只是小心翼翼地待她。

雪地上留下兩行清晰的平行的足跡。

「周宜生還在竹中？」古谷問。

「他去清華唸研究所。」江曉航回答。

「老劉呢？」古谷又問。

「還在竹中，他結婚了。」她回答。

「哦！實在很懷念竹中教書那段日子。」古谷仰着頭說話。

「嗯！」她點點頭表示同意。古谷的聲容笑貌；從相識開始，就沒有一天離開過她的腦海。所以她今天在此地遇見他，並不覺得特別驚訝。好一段長長的路，只聽得雪地裏的音符—嘎滋！嘎滋！的跳躍。他們默默地走着。也許心中想的是相同的一件事。

二

梁有橋、周宜生、劉力，還有古谷，他們是一夥兒的。師大畢業後，服完兵役，回母校任教；還一塊兒擠在單身宿舍裏。

江曉航呢！可從來沒到過竹中。那時候，女老師在竹中，可眞像怪物那麼好看。好些日子，江曉航被瞧得連走路都顯得不自然。

可是她眞喜歡在這學校教書。爲什麼？她沒有認眞問過自己。

進門的斜坡路，兩旁發了葉芽的木棉，高高地撐起竹中巍巍的校舍。

十月的風，吹落了一地亮澄澄的木橋花。她拾起一懷抱金黃的木棉花，那是她粉筆生涯的豐盛與歡欣。

走過長廊時，操場的風沙，常常狂亂地捲來。她從來不敢穿寬裙。吹亂的長髮，髮帶一紮，是很省事的。她的衣着變得那麼樸素、保守，甚至於那麼古板。站在講台上，她一直認爲應該如此。

粱有橋第一個問她，爲什麼想到男校來教書。周宜生、劉力和許多同事也都問過她，爲什麼不回女中去。記不得她怎麼回答他們。可是她清楚的記得，坐在對面的古谷問她時，她脫口就說：「我喜歡男孩子！」古谷聽了把嘴巴一裂，露出潔白的牙齒。

江曉航沒看過古谷露齒。她好像偸看了人家的秘密一樣的心慌。她更爲自己毫無修飾的回答發窘。「全校都是男生！羞死人，我爲什麼對古谷說這樣的話！」也許對那些純眞自然的人，用不着掩飾什麼。

學生問：「老師愛不愛我們？」

江曉航斬丁截鐵的說：「當然！沒有一個老師不愛學生的。」

學生滿意地露齒微笑。

桌上堆了些書，想看的，看過的，搞不淸。古谷沒情沒緒的，懶得整理。不過天天面對着這些書，就是無心翻閱，也知道了大概。

古谷從抽屜裏拿出一朶茉莉，偸偸揷在對面江曉航辦公桌的縫縫。他凝想着，江曉航看到花後，低下頭去吻花香的模樣。「她一定以爲學生放的。」古谷想。

上回學生揷了一把仙丹花！古谷看着她把玩半天。不知不覺，他也會趁江曉航不注意時，偸偸地釘着人家瞧。

江曉航走進辦公室，古谷却站起來，去看佈告欄。

「好大好香的茉莉！誰放的？」輕輕地她問。

她不一定想知道誰放的。她喜歡這樣悄悄的被寵着。

梁有橋眨了眨一隻眼示意，是古谷放的。霎時她的臉紅得像窗外的燈籠花。

古谷說：「我來自花蓮山地！」對一個人表示友愛時，會不經意地透露自己。

「許多人對我提過。」江曉航這堂剛好也沒課，看看辦公室老師不多，她才這麼回答：「花蓮對我來說，雖是個陌生的地方。可是我母親是花蓮人。」

「我說的是山地！雅美族山胞，你會感興趣嗎？」古谷很小心地解釋。

「那兒一定很新鮮！」江曉航含糊地回答。

「下星期五、六日的長假期，你空嗎？」沒等回答，古谷繼續說：「梁有橋、劉力、周宜生他們準備到我家，碰巧有豐年祭。你能去嗎？」

江曉航的微笑，令他心滿意足。

計程車顛到路的盡頭。江曉航已經吐得一身冷汗。大概路太壞。她從來不暈車的。

大家下了車，還得上山約五公里。古谷抱起江曉航，直往山上走。

劉力說：「我來吧！我叫劉力！力大如牛。」

古谷說：「你別開玩笑，馬上要天黑，要先找個地方讓她休息，恢復體力，從這兒上去向左，約三百公尺有戶人家。」

周宜生說：「你行嗎？古谷！三百公尺！」

梁有橋說：「你忘了古谷是山裏長大的喲！」

古谷回答：「沒問題，我可以從花蓮市區，挑一百台斤的米上山，所以請放心。」大家看了看江曉航點點頭。

懷中的江曉航，能感覺到古谷身上的體溫與心跳。哦！在那麼多人面前，要一路抱上去；她不安地說：「還是讓我下山，我可以叫車，我到我舅舅家過夜。」

梁有橋問：「你去過你舅舅家嗎？」

江曉航搖搖頭說：「不過我帶了地址來。」

於是大家又轉回頭，送她到她舅舅那兒。

古谷很惋惜的說：「江老師！很抱歉！讓你受罪。我明早下山來接你。

她乏力地看着古谷和一夥人離去。

感覺上，她還在古谷的懷裏晃着。古谷高大的身材，矯健的步伐。特別是那張苦難相。很有伸縮性的嘴唇，不說話時，抿成一直線，很像美國影星却爾登・西斯頓，不時給人一種强烈的「力」的震撼。

她沒有上山，並不覺得太怎麼樣。反而讓她有個時、空的距離，好好去揣摸古谷這個人。在學校時，面對學生、同事，她從來不敢如此膽大妄想。儘管這是她內心的小世界，她也不敢這麼做。回學校後，她很怕看到古谷那對炙熱而有所期待的眼睛。他那強壯有力的臂膀，可以做他想做的事，她相信。

走廊上，他們有過一次比較長的談話。

古谷對她說：「江老師！上個月我回家，設的陷阱捕獲一頭山猪。兩根長牙剮破了我一件外套。」

江曉航說：「你把牠製成標本？」古谷教生物，她自然這麼想。

「吃了！我留下兩根牙！」古谷若無其事的說。

「哦！野蠻呢！不可思議。山裏的人，現在還打獵？」

「不完全需要。但這些本領，山胞生來就會的，丟了也可惜。」古谷說。

「山胞很苦哦？」她疑問着。

「必然的。不過。從小大人就教我們憑本領生活，與大自然相處。」古谷頓了一下，又說：「窮也不一定苦。文明的世界，從歷史的觀點來說，很多是野蠻的躍升。」說完他拿出一串潔白如玉製成的項鍊，準備給江曉航戴上；一個學生跑過來，打了岔。江曉航把頭轉向學生。

古谷顯得很不自然。心中一絲絲惆然，頗不是滋味。

古谷癡癡地望着江曉航的次數越來越多。

「古谷的舞跳得好極了。天生的。有舞蹈細胞。」周宜生說：「星期六晚上，學校土風舞會，我主辦的，捧捧場怎麼樣！江老師！我要古谷去約你！」

江曉航說：「別了，製造新聞！」辦公室外面，劉力口沫橫飛的說服古谷去邀江曉航，效果並不見佳。古谷每天都想約她，但始終沒約過她。爲什麼？

「他昨夜，看了一晚上的月亮！」坐在江曉航左側的梁有橋低低地說給她聽。

江曉航不知該說什麼好。

梁有橋又說：「他的智商很高哪！」

江曉航苦笑說：「哦！別這麼笑話！我沒嫌過他！」

梁有橋說：「你沒收下他的項鍊，他沮喪得很；他花了好幾個晚上，用山猪牙磨製出來的。」

江曉航說：「唉！你不知道，那時候正好學生來問問題。多不好意思呢！我不是有意傷他心，事後我想解釋，又開不了口。」她一副無可奈何的樣子。

「全校沒有人不知道他對你。學生更是敏感。當着古谷的面問他：什麼時候給江老師戴上戒指。」梁有橋說。

江曉航很不自在地望望窗外流動的學生。好像他們烏溜溜的眼睛，個個都冒出來似的。

江曉航說：「他暑假眞的走？」

梁有橋回答：「不回山上去，就出國。」

「也許我會鼓起勇氣和他談談。」江曉航說。

「古谷相信出國學點東西，再回來，能爲自己的鄉土做更多的事。山胞需要改善的地方很多。他準備去學醫，和他所讀的，也很相近。」粱顯然和古谷長談過。

剩餘的日子，她等着古谷的第二朶茉莉。結果，只存一縷不眞實的幽香，困擾着她。高擎的木棉樹，禿了又紅了。古谷走了。她分明記得他的苦難相。

三

那張苦難的臉，又出現了。在鹽湖城白皚皚的冬季。古谷說：「這些日子都好吧！」非常平凡的字句，江曉航聽來，却是最貼切的關懷。她只是感動；連那掉出來的淚都是熱辣辣的。

沿着綴滿銀花的行道樹，他們繼續走着。

古谷說：「粱有橋說：你最近時常和那些毛孩子嘔氣？」

江曉航說：「他們的言行舉止，已經不是孩子，所以……」

古谷說：「時間、地點的轉移，許多事情也變得不一樣。這些學生當然不能和竹中的學生相比。」他頓了頓又說：「事實上，竹中的學生，也已經沒有我們當學生時那樣尊敬老師了。」

她說：「在氣頭上時，我不會想那麼多。只想到只是爲人作嫁，我心就更不平。」

古谷說：「地球不停的轉，很多事情在轉壞，許多事情變得更好！去看那些美好的吧！」接着他問：「你喜歡雪嗎？」

她說：「我喜歡白色！雪使白的東西更白。」

「這就對了！」古谷點點頭。他們兩人同時跨過一道黑烏烏的雪堆，那是被汽車排出的廢氣染黑了的。

江曉航說：「我的宿舍到了。它原來就是一間小白屋。」江曉航把書包接過去。

古谷說：「不要用功過度，身體重要。」

她緩緩地說：「我很高興再見到你。」她再次對古谷說出心中話。她又看到了古谷潔白的牙齒。

他只曖曖她的手說：「再見！江老……」

她卽時糾正他說：「喊我江曉航。」

他叫不出來，只說了：「江，江，再見。」

古谷依然如此含蓄而專注，穩重而純眞。彷彿玉壺冰心，更像遠處山巔的雪帽。透頂的潔淨，終年依戀着山巒。

梁有橋已經有家了。古谷空下來時，也會去坐坐。

這回古谷找他下棋去。梁有橋當年在竹中還是圍棋社的社長。他們邊下邊談。江曉航和梁太太閒聊。

梁有橋問古谷：「嘿！你這一趟從東部過來，走了幾天？」

他說：「我原來就打算一路玩過來的，所以也不趕路，從從容容的，大約兩個禮拜。」

梁有橋又問：「去了哪些地方？」

古谷說：「人多的地方我不去，森林公園去了幾個，差不多是那樣的。倒是我參觀了兩處印地安人保留區，一個是南達科達松嶺印地安保留區，一個是歐馬哈印地安大草原。印象非常深刻；給我許多啟示和刺激。有助於我以後回鄉改善山胞的方向。」

梁有橋說：「台灣山胞和印地安怎可混爲一談。」

古谷說：「當然，種族的源流與文化歷史的淵源，印地安和台灣山胞是兩回事。但是，貧窮、落後却是相同的。」他停了停又說：「有時我會想，他們如何活在一個被人遺忘的世界裏。」

梁有橋說：「被人遺忘沒關係，重要的是不要忽略自己。」

古谷怔了一會兒說：「咦！這像印地安人說的。很能代表他們的精神。」

梁有橋笑笑說：「猶他州也有一個印地安保留區，我去過；感觸沒你那麼深刻。可是也發現他們是那樣認眞地爲每一個明天工作，作得好不好都不管。」

古谷說：「啊！這大概就叫希望是吧！」

梁有橋問：「你準備從何着手？」

古谷回說：「我回山上開醫院。山胞不講究衞生，是高死亡率的主因。所以，一方面我可以推行衞生教育。」他又說：「小時候，我的母親死於肝病，叔叔死於破傷風。許多族人死於不知名的疾病。這些疾病，今天看起來，都不是什麼要命的重病。」

梁有橋問：「假如沒有人和你上山呢？」他看了江曉航一眼。她一直專心地聽着他們的談話。古谷苦難的臉孔，說話時透着懾人的光，雷霆萬鈞也無法讓這光轉折。

古谷說：「我父親會支持我，他是個很有眼光、很有魄力的人；否則也不會送我到平地去唸書。」他充滿信心。

梁有橋說：「許多人處心積慮，留在國外，你學醫更有機會……。」

他說：「我懂得愛自己。家園的土是屬於我身體的一部分。不是嚒！」

古谷又接着說：「我在醫院裏看到一些美容整形外科病例的統計，多數不滿意美容後的自己。我說如果你嫌你的鼻子不夠好，割了它或補上一塊，都是令人難受的。只有愛它，讓它自由的呼吸，才能發揮功能。」

這盤棋古谷輸了，他今天太多話，他把梁有橋給他倒的酒喝了。山地人嗜酒如命，他今天却是頭一遭喝酒，是太痛快，還是太煥悶？有沒有人聽懂他說的話？反正說出來了，心頭寬鬆許多。

地上的雪，連鹽都溶化不了時，就堆積成厚厚的冰，凍壓在走道的底部。

猶他的山很美，在雪的籠罩下，自然成爲風光綺麗的滑雪勝地。『雪鳥』是其中的一個。滑雪季節來臨啦！通往『雪鳥』的公路上，鏟雪車把路面鏟得亮麗麗的。來往的車輛，輪子用不着按裝鐵鍊，可以輕輕鬆鬆地順着黑緞似的公路蜿蜒開上山去。

兩旁的積雪和城牆一般高。山間疏落的小屋，玲瓏精緻，像甜甜的冰淇淋做成的。縷縷上升的炊烟，襯出白雪如絮的溫柔與寒肅之中的超然。山林中的幽渺靜謐，因此也深藏着無限的生機。

古谷不喜歡超車，他把車開得很慢。一方面好讓江曉航仔細觀賞積雪浮雲端的景色。

江曉航興奮的叫着：「簡直是變魔術。第一次我來這裏，看到的是紅葉滿秋山。哦！他們說，那時已經開始落葉了。不過我還是看得很過癮。那種詩情畫意大概只有『停車坐愛楓林晚，霜葉紅於二月花。』可以形容。古谷！你看過嗎？」

古谷笑而不答，專心開他的車。

她又說：「那些葉子，在樹上的，在地上的，不完全是紅色或黃色的。咖啡色系列的顏色多。想想太美了。哦！現在看到的，又全是白色。多奇妙。今天的山看來好像胖嘟嘟地，發福了。」

古谷噗嗤笑了，他沒聽人說過山會發胖。

他說：「山的誘人處就在他無時不變的景觀，而又一直那麼凝定穩重的屹立在那裏。」

江曉航說：「那時候，風好大，好冰，我怕風。」

古谷把左側的窗搖上來。古谷是風之子，喜歡在風中奔跑，特別是山風。

古谷問：「那時候，誰帶你來的？」

她說：「剛來鹽湖城時，鄧捷帶我來的，他是梁有橋的朋友。」

「鄧捷？」古谷唸一遍。

「你認識？」她問。

「師大同期的，不太熟。」古谷回答。

江曉航說：「他修電算，我經常會碰到他。」

古谷關掉收音機，轉進山腰，隱約可以聽到麥克風的聲音。他說：「說不定我們可以看到滑雪比賽。你聽！那是成績報告的聲音。」

他把車開進山谷中闢出的一個廣場，木造的滑雪中心，二層樓沿山麓而起。右邊斜度較大的松林山巒，一條長長的滑雪跑道，雪白的，平滑的從山頂而下。許多滑雪高手搭乘纜車緩緩上山，四道電纜車在空中繁忙的工作着。左側是坡度較小的雪場，也備有纜車，供初學及一般人玩賞。飲食部前伸出一個大看台，四周景色一覽無遺。多數人在餐飲部喝熱咖啡。在瑟索的冰天雪地裏，實在是一種享受。

古谷和江曉航只要了冰淇淋，依在看台的欄杆上，舔着裏外涼透的滋味。

江曉航說：「咦！你看那是滑雪教練是不是？」

古谷說：「對，那是滑雪中心的教練，請他們來教很貴哪！老美他們很多運動，都太花錢了。那一身滑雪行頭，不是普通人可以買得起的。」

江曉航說：「不過會滑雪一定很痛快。」

古谷想了一下說：「你在這裏等一下。」

說完後他跑到服務中心租了一套滑雪用具，坐了纜車上山。而後他沿山坡滑下來，對着看台的江曉航大聲喊：「江江！江江！」

江曉航在熙攘的人羣裏好容易才找到古谷，給他揮揮手。不一會，他又溜走了，滑近柵欄處。

江曉航說：「古谷！你怎麼會滑雪？」

古谷說：「不知道！大概是那股山胞的衝勁。有些事我以爲很難，但眞正去做，並不那麼難，我在東部時學會的。」「江江！你要不要學？我教你，轉角處有租鞋的，從最簡單的學起。」

她說：「我不敢，而且我什麼都沒準備。」

古谷攀着柵欄，費力的跨上來，脫下脚上笨重複雜的滑雪的傢伙。

他說：「這玩意兒，滿危險的就是。我們可以去租一個滑雪板玩玩。」

太陽毫無阻攔地放出光與熱，整個雪地亮花花的，滑動穿梭着戲雪的人潮。

古谷帶着江曉航滑過幾回，兜了幾彎。突然，滑雪板控制不住，撞在一株矮松樹下，蓬鬆鬆的雪花飛了一身。

江曉航坐定了。指着前面，「你看！那是什麼？在動呢！」

古谷定定地釘着，示意不要出聲：「是野兔，找人要東西吃！」

江曉航繞過樹叢時，古谷猛地衝過去，一把抓住了。

江曉航抱在懷裏，看兔子紅眼睛，驚惶的咕嚕咕嚕轉。她撫摸着牠細軟的毛說：「我可以養牠嗎？」

古谷說：「恐怕牠不會高興。」

江曉航說：「嗯！就是我善待你，你也不會高興？」她愛憐地逗着牠說：「你有你的天地，我有我的天地不可相强對不對？」

古谷應着：「那是眞的，在我們山地裏，對於自然界特別喜愛的一花一木，一鳥一石，從不做無謂的侵犯。」

她有些惱色道：「爲了你是野生動物的保護者，爲了你那高貴的情操，去吧！」江曉航把兔子放了。又說：「雖然你（兔子）那麼可愛；以後我不會再看到你（兔子），也不會再想你（兔子）。」

「其實，我不會傷害牠的。」她轉向古谷這麼說。

古谷說：「不是這個意思，我們讓牠們活着，存在着，不一定爲了天天看到。但是，可以確信的，牠們和人類一樣生生不息。」

江曉航說：「抱一隻野兔，有那麼多大道理？」

古谷說：「江江！可以！可以！你可以養牠。你知道，無論你怎麼做，牠都不會舒服的。雖然你愛牠。」這些話正是他對江曉航的心境。他心裏想的，永遠比說出來的多，他生着自己的氣。

江曉航說：「你是聖人，你就從來不會做壞事？」不知爲什麼她生氣的說了這些令人費解的話。她心中滴咕着：『他永遠不知道我要的是什麼？我要他誠心誠意的，自動自發的。我不習慣指使人，我也會不着痕跡的指使人，那會叫我痛苦萬分。』

古谷經她這一叫楞住了。好一會兒他說：「壞就壞在這裏，我只是一個山地人。」

陽光躲進雲後歇息，四周立刻陰暗起來。

古谷把她的手塞進他的掖下暖暖。心貼着心，思潮無止境地奔馳，他能感覺出來，彼此心靈深處，在某些方面，很難找到一個交會點。

太陽進去後，一直沒有再出來。

古谷說：「我們下山吧！」

江曉航不止一次這樣想：『我們太敏感，也太相愛，所以都不願把話說得夠清楚。』今天這種感覺顯得特別鮮明。

四

古谷剛從醫學中心出來，就遇見下了課的粱有橋。

「嗨！沒課了？聽說上週末，你們到Snow bird，過癮吧？」

古谷回答：「沒有那麼好！」淡淡的一句。苦澀的臉上勾出些許的愁苦。

粱有橋說：「咦！我出來時，碰到江曉航和鄧捷在一塊兒！」他覺得不對勁，推了推古谷說：「你沒事吧！走！走！到我辦公室坐坐。」

粱有橋泡了熱茶。古谷頭垂得低低的，而手抱着熱茶杯，直打轉。他是那種把愛看得很重要，很神聖的人。

粱有橋說：「你心太軟。」

古谷沒有抬頭，緊釘着熱茶說：「我只是儘量使她了解我，了解一個山地人，慢慢的。」他啜了一口茶說：「你知道我的決心，我一定會回山地去。如果我什麼都不告訴她，就把她帶上山。噢！我不願意她受折磨，我寧願自己痛苦。」

梁有橋說：「有一天她偷偷問我，你來美國後，交過女朋友沒有？她問，你是不是非回山地不可？她要我勸你，我沒說什麼。」

古谷說：「我一向做什麼事，都有幾分自信。只有這幾事，從開始，我就沒有太大把握。」「在竹中時，學生喊她依人小鳥，我確信一下子可以把她捉住。但是怕揑緊了，她會死掉；放手，又怕她飛跑。所以……。」古谷無奈地攤了攤手。接着他又說：「那時候，每晚，我都以爲我逮住了她，但是，白天一看到她，又全然不是那麼一回事。」

他拿起茶杯喝了一大口茶說：「感謝上天，給我鐵打的身體，我這般自苦折磨；好容易挨到暑假。我本以爲出國可以幫助我忘掉她。誰知我却又笨得到處打聽她的消息。」他的兩手掌，像梳子一樣插入髮際。支頂着千斤重的頭。

梁有橋好心的說：「我去和她說話。」

古谷說：「謝謝你，讓我們自己去處理。」

停了片刻後，古谷不尋常的說：「梁有橋！梁有橋！你是懂得我的。很多時候，我也需要把她擁在懷裏，甚至於……噢！」他頽然地搖搖頭說：「那是卑鄙的，勉强，彼此都會痛苦的。」

梁有橋理直氣壯的說：「她是愛你的呀！」

「我知道！我知道！」古谷蒙住了耳朵，聲音揚高了說：「有一滴滴的勉强，或是暫時的歡樂，都不能解決要發生的衝突。」

梁有橋喊住了他。他說：「對不起！我太累了，梁有橋我走了。」

多麼厚的雪，春天過後，都會漸漸溶化了。

鹽湖城的春新鮮，夏濃豔。轉眼間，地球又換了幾次衣裳。

古谷默默的擔着什麼？沒有誰去注意，他生就是一副苦難的臉。

江曉航拿了碩士後，發了結婚帖子，新郎是鄧捷。

那天江曉航和鄧捷在購物中心買東西。裏頭暖氣叫人感到燠悶。江曉航先出來，鄧捷還在裏面選購。

購物中心的廊下，轉盤椅的小木馬，有個小孩騎着。慢慢的轉動。江曉航站在邊邊木木的望着。她想：『古谷從來不會做錯事。我一直希望他來找我吵一頓，然後，我可以回心轉意。可是，現在都決定了。我還想他做什麼呢？』

轉盤椅停了。江曉航對那洋娃娃笑笑說：「還要轉嗎？讓我找找看，有沒有一角。」她從包包裏翻出一個一角，丟進去，翻盤椅又呼啦呼啦轉了起來。

她望着遠處的山出神，那積雪的山。

不知什麼時候，古谷輕輕走過去：「江江！江江！」

江曉航說：「嗨，你也來！」

古谷說：「我來選一個結婚禮物，送給一個人。」

她說：「噢！不！古谷！你……。」她眞想摔他一把，後來她很委屈的說：「你最好不要來！」

古谷說：「我想親親你！」

她氣着說：「在婚禮上，親別人的新娘？You're Stupid。」

如果他現在傾着身，摟着她，一切都會改變的。轉盤椅「嘎！」一聲停了。古谷什麼也沒做。他把手伸進口袋掏了半天。江曉航以爲他在找銅板。結果，他拿出一封皺皺厚厚的信，交給她說：「結婚以後再看，或者你都不看也沒關係，永遠放着。」

古谷轉身，看到一個大垃圾筒，孤零零地立在角落，張着大口。他回身，搶回江曉航手上的信。「嘶！嘶！」兩下。厚厚的信，變成粉身碎骨。

「扒！」的一聲，拋進垃圾筒裏。他說：「對不起！江江！那已經沒多大意思了。我會親手掀開你的面紗。你是我的新娘；永遠是的。」

他拿下眼鏡往身上拭擦，而後平靜的說：「江江！我喜歡看你活得快樂！」

江曉航說：「謝謝你！古谷。」她眼中含着淚。

古谷逐漸遠去的背影，隱隱約約透着叫人憐憫的孤寂，那種孤寂此刻也正無情的包圍着她。

五

梁有橋在加州找到工作，離開猶大一年了。

古谷依然靜靜地工作讀書。醫院實習只剩下一年，不久他也要回家了。

今天晚上，沒下雪。呵！地上的雪已經夠厚的。他把車停妥後，走向醫院，今晚輪他值班。

黃昏的路燈，筆直地排站在雪地上，遠看，只像螢火蟲淡弱的光圈；牽引着一個茫茫的夜。

月亮倒是挺圓的。多少個夜晚裝滿隨時可以擊倒人的鄉愁。寄托在醫院裏，是上上策。

他想唱歌，一首有關月亮的歌，很適合他嗓子的歌，他忘了什麼曲名。

『月兒高掛在天空，光明照耀四方；在這個靜靜的深夜裏，憶起了我的故鄉……』唱不完的歌，忍不住的淚；也沒讓他掉下。

醫院有急診的病人。他噔！噔！地步上了醫院大門的石階。

對講機傳來了：「古醫師！你那兒空了嗎？」

古谷回答：「是的！急性盲腸病人，已經處理好，這兒沒事了。」

對講機又說：「古醫師！這兒要你幫忙！產房。」

古谷搭了電梯上五樓，助理大夫透過玻璃窗，給他手勢。

他迅速消毒，換上工作服、戴上口罩，進了產房。待產的人是江江。

古谷問：「給她的醫師通過電話嗎？」

護士回答：「通過了，他馬上來。」

江曉航正在上麻醉劑。

古谷接生過不少嬰兒，中國人這還是頭一次。唔！巧的是江曉航的，怎麼說呢？不知是誰的安排。他笑笑，很彆扭的笑。

江曉航醒了，古谷告訴她：「是個男娃兒！江江！你知道，你多麼勇敢嗎？」

江曉航看到是古谷，心中起了極微妙的波。她很想罵他，隨便罵什麼都好。但是，她痲醉劑剛退，一點力氣都沒有。眼睛向古谷轉了一圈算是謝意，然後又閉上了。她多麼想說：「如果你不那麼固執，這孩子應該是你和我的。」

古谷什麼也不知道，只說：「江江！你好好休息，等一下，我再來看你。」

難得的，古谷抽空到校園散步。

楓葉紅過無數次，今天又綠了。滿園的松香，淡淡的清風，徐徐吹拂，吹亂了團團的花叢，却吹不亂心中小鳥依人的影子。

一個人，總有什麼都不做，什麼都不想的時候。那時候江江會出現，輕盈地伴着他。跟着而來的的是自心底升起的幾分拂不去的寞落。他好像走了很遠的路，累不累？習慣罷了。

藍藍的晴空，飛升着飄逸的雲，那是一幅看不厭的畫。樹下幾隻松鼠忙着搬運松果。

江曉航從另一端走來，手上抱着小娃兒。她叫着：「嗨古谷！我們到宿舍找你。」

「你們！」古谷問。

「鄧捷在那兒停車。」江曉航說明。

「嗨！好嗎？娃兒！」古谷問候，並逗着她的嬰兒。「六個月大了，好快！」

江曉航說：「我來和你告辭，鄧捷在休斯頓找到較好的工作。後天我們上路。」

古谷漫應着：「很好哇！」沒有表情。

她問：「你怎麼啦？」

古谷說：「沒什麼！」他指着樹下的松鼠說：「你看，牠們又搬了兩粒松果。你看！我在這兒也呆了很久。認識的，不認識的。一批批來了，一批批走了。」

江曉航懂得古谷那顆善感的心。

她問：「你可有要好的女朋友？」

古谷歪着頭說：「在鹽湖城？只有你，天涯海角也只有你。」

江曉航急了說：「噢！古谷，你別這樣，我會很難過。」

古谷說：「我不會難過，我會找一個和你一模一樣的人結婚去，人生就是這樣的。」

江曉航明白的說：「你恨我！我知道。」

古谷沒答腔。江曉航又說：「環境會塑造一個人，你想是不是！也許不在竹中認識你，在別的地方認識，我們早就結婚了。」

古谷把她的嬰兒抱過來，問：「他叫什麼名字。」

「不告訴你。」她說。

古谷說：「沒關係，你一定會告訴他，是我接生的。嘿！眞的，大了，讓他多跑跑跳跳。將來你想上山地來看我，他可以背你上山。」說完兩人都笑出聲音來。

鄧捷走過來，一邊兒就問：「你們在笑什麼？」

「笑你還沒給兒子取名字。」古谷說。

「誰說，他叫鄧亦江。」鄧捷說。

古谷說：「眞會取啊！誰也不吃誰的虧。」空中傳開幾聲響亮的哈哈。

江曉航瞪了古谷一眼。

鄧捷說：「咦！聽說你畢了業，要回山地去，你學醫在這兒很吃香哩！」

古谷說：「我已經寫信回家了。父親很高興，明年春天動身。」

要走的人都走了。

春來的時候，古谷自己也上了路。從此告別了罩着長長雪天的山城。那是一個任何季節都美得醉人的小城；包括那曾經奮力掙扎的點點滴滴。

他的路好長好長。

回到花蓮的老家。古谷張臂長嘯，舒服透了。老父的頭髮，白得像雪。說不盡的千言萬語，他們說了一句，相同的一句。

「爸！回家眞好。」

『山谷綜合醫院』成立於民國六十三年。

江曉航從休斯頓來信，告訴古谷說：「鄧亦江會說話了。」

古谷給他寄了國語音標的積木玩具，數套中文童畫故事。他覺得這樣做，會有點意義。說起來這還是古谷的父親給他的靈感。因爲有一天，他父親對古谷說：「阿谷！你看！我漢文是不是比以前通了？自從你回來後，我就不講日文啦。漢文你敎我不少哩！」

山地社區一片安詳與進步。

古谷一身是勁，忙碌使他的生活更充實更美滿。踏在自己滴了汗的土地上，他笑了。山風伴着他，時時撫摸着這個逐漸成長茁壯的山莊。

六

一個秋高氣爽的晴天。

江曉航神不知鬼不覺的搭車上山來，帶着五歲的鄧亦江。

「當年如果有這麼好的公路，說不定……。」江曉航沒有說完，古谷便搶着說：「說不定，那時候，我抱你上山來後，你就不願意下山啦。」

「也許。」江曉航點頭表示同意。她又說：「也許就不用花那麼多時間，兜那麼大圈子。」

「鄧捷到菲律賓開會，多久回來接你們母子？」古谷問。

「大約一個月吧！」江曉航說。

「他好嗎？」古谷問。

「待我？」她指着自己問着。

古谷點點頭。

她說：「不比你差，也不比你好。他沒什麼心眼，有一次，誰說了你什麼，他和那人狠狠的打了一架，噢！那一回他傷得不輕。」

古谷笑笑說：「我們應該可以成爲好朋友，我說鄧捷。」

江曉航說：「沒有感情的，可以慢慢培養，我對鄧捷就是這樣的。」

古谷接着說：「生了根的愛，也不太容易忘掉，你對我就是這樣的？」

「皮厚！又不是人家肚子裏的蛔蟲？」她假生氣。

古谷笑聲響徹整個山岡。他說：「逗你玩的。唔！難道不是這樣嗎？我說，那可是我心中很眞的感受。」他停了停：「好像我那時候，沒有從鄧捷的手上把你搶回來；爲的是，我一生一世可以對你保有一分不停息的愛戀。就像我所依戀的大自然、山河等，任何時刻都是清新動人。」

她說：「我沒有你那麼會說話，但是我離開你時，什麼都不想；只覺得我隨時可以回來對你說些心中話，因爲你太寵我了，是不是？」

古谷把嘴裂成「一」字形，露齒而笑。他說：「去看看我的醫院，順便到附近走走。」

江曉航說：「哇！好摩登的設備，建設山地社區時，砍掉你不不少心愛的樹吧！」

古谷說：「必要時，總難免有犧牲。文明的輸入，往往是自然的侵入者，醫院前那棵黑松，是我力爭保存下來的。」

一個臉蛋清清秀秀的護士，大腹便便地向他們走來。

古谷介紹着：「這是我太太，這是江曉航。」

江曉航釘着人家老半天，古谷的太太也沒放鬆眼睛。這人在那兒見過？似曾相識？哦！他們倆人太相像了。

江曉航指着古太太肚子說：「什麼時候會……。」

古太太說：「大概這兩天就會生了。」

江曉航說：「那我可以趕上吃紅蛋，油飯囉！」

古太太說：「歡迎！」

古谷說：「你們倆要不要坐下來談談？」

江曉航說：「啊！不啦！我得去找我兒子，他不知道跑到哪兒去？」

古谷陪着江曉航走出去。

江曉航很不服氣的說：「你眞悪作劇，她是山地人？」

古谷搖搖頭。江曉航表情怪怪的，心裏酸溜溜的。

鄧亦江手上提了兩隻小青蛙，搞得一身泥巴，跑過來。

江曉航說：「亦江，我們該下山啦！」

她兒子說：「不要！這裏眞好玩，媽咪！讓我留在這兒。」

風撥弄着樹梢，彈奏好聽的旋律。

江曉航的兒子，望着古谷那張苦難的臉孔問着：「媽咪！古叔叔好像Jesus，Is he Jesus？」

天邊一抹彩霞，緩緩延伸，啜舔着古谷亙古不變的微笑。

給我一片天

愛是一首唱不完的老歌，不管你我生活的步調如何，我們都需要這一片天：包容與被包容。

一

葉金來放下雕刻刀，扶起作品—那一塊浮雕屏風斜倚著牆，他左右端詳，畫面上，龍舌烈火熊熊，一粒明珠直朝人射來；他揉揉發酸的眼睛，滿意的笑了。這眞是一條神氣活現的龍。他回頭看看，整個廳堂只剩下三個小徒弟在收拾打掃，屋裡揚起一片木屑灰。

金來走出庭院，十來個工人下了工，正徜徉在粗大的木材上。他繞過堆積如山的木材，向田裡奔去。

寒風中，碩大的菜心，一棵棵挺立在園中。一個赤脚的老農，肩挑數百來斤的菜心，從田埂那端緩緩走過來。

金來在路旁叫著：「阿爸！我來挑！」

老爸習慣的嘟嚷著：「看人挑擔不吃力！」並不理會他，儘管邁著每步一尺半的步伐。天邊的雲壓得低低的。沈甸甸的擔子，響著「唏嗦！唏嗦！」的節奏。長路透著無邊的蕭索與寒冷。

金來挨著老爸，邊走邊說：「阿爸：你太辛苦了。把田賣了吧！我的雕刻家具工廠很賺錢呢！今天又有客人來訂購十張虎脚圓桌和十口酒櫃，外銷美國的！」

老爸已經知道金來要說什麼，他放慢脚步。

金來趕緊接著說：「訂金都付了，不過，今天我也買了一批木材，很便宜……」

老爸停了脚步，放下菜擔子說：「只剩下這幾分地，是給你們三兄弟娶老婆的。」老爸一直很心疼他已經賣掉的那片田；他抬頭遠望，冷風在他多皺的臉上刷一層霜。

「金來！還欠多少？」老爸問。

只要這句話，金來精神就來了。他一向認定，老爸是一座挖不盡的礦山。

金來說：「阿爸！我們先回去看看那些木料。」他一高興，覺得菜心也和木材一樣可愛。他蹲下身，咬緊牙硬挑起那擔菜心；來到家門，他急著想放下擔子，誰知重心不穩，一邊撞上院門那對直立的青石雕獅。

老爸端坐在那頭雄獅上說：「放下擔子可比挑起擔子難得多。」

金來趴在母獅身上，望著母獅脚邊那頭小獅子，張口喘氣。

「春雨快到了，現在買木材要吃虧的。出口櫃子最怕潮濕，要特別處理，否則不乾……」老爸起身進入東廂。

「是！是！阿爸！」金來喜形於色的跟進。

誰也弄不清老爸有多少家當。但是，只要跨過那磨得亮光光的門檻。金來的心便篤實多了。他的工廠就是這樣一點一滴的建立起來。

二

梅雨已下了一個多月，屋子裡透著一股濃濃的霉味。

老爸已過世一年多了。誰也弄不清老爸的蚊帳多久沒拆洗了。古老的床榻，一邊銀鈎掛著帳子，另一邊帳子深垂著。往年老爸總是從深垂的帳子後面。將鈔票遞給金來的。如今老爸走了，金來彷彿失去了重心。

他失神的倚坐在老爸的床沿。舉頭望著那一小方天窗，雨停了，但他卻有一堆煩人的濕木料。

守川進門來，隨手把書包一扔，用最快的速度，剝下身上的髒衣服，隨手拿起明仁的制服套上，一邊兒往門口大叫：「歐巴桑！歐巴桑！」

「不要穿明仁的衣服！」金來突然出聲。

「借穿一下沒關係！啊！大哥！我沒看見你坐在這兒！」守川已經穿好衣服。

「你不配！」金來使勁罵著，沒想到，老爸的帳子竟被他撕下一大截，頂端露出透雕的床簷和五蝠球飾的銀掛鈎子。

守川目瞪口呆，分不清是因爲金來的羞辱還是訝異於老爸的舊床榻。居然如此玲瓏精緻。

「嘿！大哥！我本想向歐巴桑借錢，我要去露營三天，大哥！我要買很多東西！」守川若無其事，不在乎的說話。

「你以爲我是挖不完的金礦？」金來不情願的從身上抽出兩張百元遞過去。

守川眼著眼說：「阿爸對我可沒這麼苛過，你當家，你狠！」說完跨出門檻，衝進廚房。灶頭上一塊五花肉，他拎起來就往包包裡塞，餐桌上兩條煎好的魚，他也沒放過，順手還抱了一棵大白菜，跑了。

歐巴桑扯開大喉嚨：「守川！那是工人的晚餐，眞是沒人教示的亡神仔！」雖然守川、明仁兄弟倆自出娘胎後，就是她一手帶大的，但她還是氣得牙癢癢的罵著。

這時，明仁也放學回家，他規規矩矩的招呼：「歐巴桑！我回來！」

歐巴桑搖頭嘆息：「眞奇怪！同一個娘胎出生的雙生子，差別這麼大。」

金來走過來，明仁拿出成績單說：「這是第二次月考成績單，請大哥蓋章。」

金來看著成績單，眉開眼笑的說：「太好了！又是第一名，明仁！明年考大學，要唸法律系！」他自己沒唸什麼書，小學畢業後就去學雕刻，手藝不差。他已不止一次要明仁做律師當法官；明仁雖覺納悶，但總是乖順的不作聲。

廳堂有幾張虎脚茶几，因爲木料不夠乾燥，被退回來。工人早已就寢，昏黃的燈光下，金來一個人在那兒拆卸，好不淒涼。

三

老爸的忠告，猶在耳畔：『出口櫃子最怕潮濕，要特別處理，否則不乾……』

金來已經向人訂購一台木材乾燥機，靠牛欄的菜園，也改建爲乾燥房。等乾燥機運來，就可以開始作業了。

這些日子，金來的生意，雖然不頂順心，但師傅又多請了數名，他有心大幹一番；不妙的是，會計徐美枝—他的未婚妻，已不止一次向他報告收支不平衡。所以最近他總是在提款，提款。礦山也有挖光的一天。

以前老爸在世時，他穩穩當當的設廠，添機器，那怕是賣田買木材，他都心安理得。好歹總有老爸頂著。

現在輪到他做主，工人照請，工錢照發，但他卻心慌得不得了。天曉得，他賺到了什麼錢！

記得老爸臨走前，在老床榻上交待：

『土地最實在，不能再賣，兄弟三人一人一塊；其他產業交給徐代書辦，一人一分。明仁我不擔心。金來！你要栽培他上完大學。守川啊！我最不放心，農專讀完，就在古厝邊那塊地種植…』

哼！什麼一人一分，金來已經弄不清現在是在花誰的錢了。守川的？或是明仁的？明仁的要留著上大學，自己的那一部分也早見了底。所以啊！當然是花守川的囉！

提起守川，金來總是恨得咬牙切齒。

今天學校寄來守川的記過通知單，在校破壞公物，賠償單二千五百元。小店老闆上門討債，說守川賒帳五千二，太不像話了。他隨口罵道：「廢類！」一邊兒還對著退貨嘆氣。

歐巴桑走過來，輕輕喊著：「金來！金來！」

「哦！歐巴桑！你還沒睡？」

「我看廳裡燈沒關，就走過來！」歐巴桑看著金來尖尖的下巴說：「自從你父親過世後，你就更辛苦了，都三十幾歲了。選個日子和徐小姐成親吧！也有個照應！」

「是！是！歐巴桑！但是我最近生意不賺…哦！不！我生意忙不過來！」他閃著泛血絲的眼睛。

「唉！沒爹沒娘的孩子，就是不會照顧自己。金來，你早點休息吧！」歐巴桑說完後離去。

這樣的叮嚀，金來打心窩裡溫暖起來，但是，也難過得直要落淚。「我可不能叫他們說我，沒了老爸就不行了。」他自言自語。

明仁做完功課，走進廳堂說：「大哥！我來幫忙您！」

「守川還沒回來？」金來問。

明仁點點頭。

「眞是廢類！」金來又是一聲咀咒。「明仁！你去睡吧！明天才有精神上課。」

明仁一面拆包裝，一面問：「大哥！最近生意不賺錢是不是？」

「明仁！金錢是身外之物，是不是？」金來苦笑。

「但是大哥得養家活口！」

「沒問題！明仁！不許瞎猜，好好唸書，將來當法官。」金來說。

「大哥！爲什麼您一直要我當法官？」明仁定睛看著金來。

「要你主持公道！」金來脫口而出，忽而改口：「做律師（比較高尙）比較神氣！」

「大哥！有人騙了您是不是？」明仁很小心的說。

「誰告訴你的？明仁！」金來臉色一變，抓住明仁的手猛晃著。

「大哥！我會察言觀色，您不是要我當法官？當法官要明察秋毫……」明仁似乎還想說什麼。

「去！去！明仁！去睡覺！」金來連推帶趕的說。

也許金來眞的需要一個法律顧問。當那個個子比他高一個頭的明仁一轉身，金來豆大的淚珠「啪噠！」掉在他粗糙多繭的手掌心。

四

原來空曠的土地上，現代公寓如雨後春筍般，一棟一棟冒出。葉家這幢古厝，越發顯得寒傖。

一部嶄新的一二五野狼機車蛇行穿過小巷道，一陣呼嘯，停在三合院門口。

守川跳下車，一步兩脚跺過那對靑石獅。進了廳堂，便大叫：「大哥！大哥！」

美枝頭也不抬一下的應著：「你大哥不在！」

「啊！有你在便行！我未來的好大嫂！我要付機車的錢！給一點方便吧！」守川說。

「我做不了主！」美枝愛理不理。

「帳都是你管的呀！支票也行！」守川退而求其次。

「沒你大哥允許，我不敢開。」

守川無奈的跨出廳堂，習慣的又跦過那對青石獅。跳上機車，對著廳門大喊：「神氣什麼！阿爸說，我也有一分。我都二十歲了，還不給我，沒關係，你們捏得越緊，我花得越兇。我身上還有五千多塊註册費！」機車發動，「噗！」的一聲，出了巷道。留下一道廢氣濃烟。

機車行王老闆看到守川，便笑嘻嘻的問：「怎麼樣？騎得爽不爽？」

「爽是爽，但是，」守川用手指在空中搓兩下，說道：「這個不夠爽，哪！這五千元先付，其餘的到家裡找我老大收！」

「什麼？找你大哥要？哼！那比登天還難！」

「窮叫什麼！你去！拿的是我的錢！」守川火大。

「知道啦！不過這樣太麻煩了，我告訴你啊！你從家裡隨便拿個罐兒給我，餘款我都不要你的啦！」

「你是說，我家牆角那些破瓦罐？」守川不解。

「是啊！要不，你家院子裡，青石頭搬一塊給我也行！」王老闆不敢說得太露骨。

「什麼？那兩塊踏脚石頭獅？你瘋了！百來斤重，你要那笨石頭有屁用！」守川還沒開竅。

「我是沒啥用，但是有人要！」王老闆神秘兮兮的從口袋中，摸出一隻銀掛鈎，在守川面前搖晃著。

銀鈎上那五隻小蝙蝠的球形雕飾，似曾相識。守川看傻了眼，他一把搶過來問道：「從那兒來的？」

「我也不清楚，到我這裡已經是轉三手了。嘿！聽說是你弟弟明仁拿出來的！」王老闆說。

守川像遭電擊似的，全身一陣痲！

他從來就不關心明仁—那個與他最相似的弟弟，更遑論天底下的事事物物，他會付出什麼關注。不是嚒！老爸只是耕作了一輩子的傴僂的老農。金來也只是成天握緊雕刻刀頂著胸肌使勁用力的工人。歐巴桑潑辣的追罵，他只是發笑，何其冷漠！這些人，彷彿誰也不認識誰。只是孤立的往前撞行。他們怎能淒寂無告的生活在一起那麼久？說他們是一家人，彼此間怎能留有那麼大的空隙？突然，明仁清癯的面龐逐漸向他逼近。守川在心中呼喊著：『不！誰都可以做這種事，尤其是我，但絕不是明仁。』想著想著，他不覺大叫：「不，不是明仁！哦！不是！」

「聽說的啦！聽說的啦！」王老闆笑著說。

守川故作平靜的說：「王老闆！這掛鈎先借我一下，我好像還有一隻，我去拿來給你。哦！對了！那五千元先還給我，那是我的註册費哩！」

「沒問題！別說這小鈎子，你隨便挖一塊牆板我也要。喂！守川！你不騎機車呀？喂！喂！」王老闆搖搖頭說：「世間就有這樣的廢類，我們才可以發財，哈哈！」

王老闆的話，守川聽得淸淸楚楚的。但是，他頭也不回一下。

生命的激流開始奔馳。記得老爸說：『這張眠床全用暗榫接合，沒有用一根鐵釘。』床頂抽屜，鏤空的百花依然鮮活；床脚四隻麒麟，深雕的鼻孔。有他兒時塞進去的玻璃珠；床簷剔紅的百鳥透雕，隨著令人懷念的故事生動起來了。誰也不是孤立的活著；逝去的歲月流串成歷史的長河，灌育著子子孫孫無窮的命脈。如今，古床埋在時代的灰燼中啜泣，甚至於要拆他的骨，挖他的肉。

人人都需要一片天，他們不應該有片天嚒？

揑著口袋中的銀掛鈎，守川心中感慨萬千，久久不能平靜。

五

守川到學校註册後，並沒有回家。他心頭沉重極了，猶如剛從長夢中淸醒過來似的，好累！好累！

他低頭踽踽獨行，脚不經意踢著的石子，飛得老遠，「噗通！」一聲掉進水裡。

他抬眼看看，小小漣漪一輪一輪的漫開。岸邊蘆花落盡，桿枝卻傲然獨立。

「人不也該活得有骨氣嗎？歐巴桑總是罵我夭壽亡神仔，大哥說我是廢類，原來我死了二十年。」他的心在哭泣。

河風徐來，柳枝冒著紫芽兒。桃樹上吐著嫩葉。這不是新生嚒！「你死過幾年全不相干啦！」

守川抖抖精神往前走，不自覺的，他來到了娘的墳前，這是自他懂事以後，就執意不肯來的地方。

墳前長草及膝，他屈膝跪下，整個身軀沒入草中。林間的鳥兒不知啁啾多久。守川心中的呢喃，卻清晰可辨。

他說：「歐巴桑說我頭太大，才把阿母你弄死。說您死了還不算，醫生還在您肚子上開一刀，抱出弟弟來。歐巴桑說我夭壽短命，所以我就成天夭壽短命；我以爲「惹是生非」已經責罰了自己。二十年來，阿母您沒有活過來。我卻糟蹋了自己。我好傻，但總算叫我體悟了生命的尊嚴，我有了感覺，我是活生生的人。阿母！感謝您以死換我生……」

天黑了，林間傳來「歸去！歸去」的啼聲。生生死死的悲歡。宛如一首詠嘆調，經常縈繞著這有情天地。

六

牆上的鐘敲了十下。金來還在修飾一張「桃園三結義」的桌面。眼睛時而瞟向門外。美枝還在算帳。

金來說：「太晚了，美枝！你先回去！明天再做！」

「沒關係！一會兒就好！」美枝回答。

門外，守川小心翼翼的跨過那對青石獅，進了廳，正想轉身，被金來叫住：「守川！過來！」

守川乖乖的走過去。

「你沒去註册，野到那裡去？」金來虎視眈眈的問。

守川不語，只忙著搜口袋裡的註册收據。

「眞是廢類，最後一學期你都熬不下去。居然想分家，告訴你，平日你花錢如水，該你的也叫你花得差不多了。我會列一張清單給你！我算準了你五年農專一定讀不完，你說，註册費拿去買機車了是不是？」金來像連珠砲似的掃射。

守川從夾克口袋掏出學生證和註册收據，那小銀鉤也一塊兒被拖出來，「鏗鏘！」一聲落地。

金來瞪大了鷹眼，像逮到賊一樣叫著：「好啊！居然偷起家裡的東西去賣錢！原來那個酒甕不見了，也是你幹的！」

守川不動聲色。美枝在一邊兒睨眼陰笑。

「我從小看你到大，料定你是個廢類，今天我非打死你不可！」

有幾個工人被吵醒，躲著看熱鬧。

金來張牙舞爪的吼著：「去把明仁一齊叫來，讓你們瞧瞧，這叫殺鷄儆猴！」

明仁根本沒睡，他聽到銀掛鉤「鏗鏘」一聲落地，已嚇靑了臉，再聽得金來喊他，早已沒了魂，他抖啊抖的站到廳堂來。

「給我聽著，別以爲你們兄弟倆有幾個錢放在我這裡，就想造反！」金來將守川一押，守川便趴在地上，金來氣急敗壞的將守川的褲子剝下，抽起門栓「啪！啪！」數條血痕赫然交錯著。

明仁忍不住上前，拾起銀鉤子說：「大哥！我，這是……我…」他結結巴巴的說。

守川含著淚看明仁一眼，冷不防對準明仁的手踢過去，銀鈎子又掉在地上。明仁踉蹌後退。

金來看了更惱火：「快死的人了，對自己弟弟還這麼狠。」舉栓又補了一板，罵道：「你這沒血沒淚的東西……」

歐巴桑聞聲趕來，抓住了金來舉在半空中的門栓，說：「好了！好了！守川不也是你的親手足嗎？……」

金來鬆了手，頹然跌坐，門栓不偏不倚的落在「桃園三結義」的桌面上。

太陽依然按時起落，人們的脚步也依然循序推移。只是守川變得不言不語，每天早出晚歸。雖然他仍和明仁共擠一張硬板床，但是，從此再也沒有在家吃過一頓飯。

這一大早，守川悄悄起床，不小心碰到屁股傷痛處，不禁「啊喲！」一聲。

明仁本來瞇著眼假睡，此時他趁機出聲：「二哥！今天我沒課，我代你上工。」

「你別說夢話，明仁！睡睡！還早，六點鐘不到！」

「不！二哥！我代你，沒有人會認出來；我跟踪你好幾天了。」明仁不死心的說。

守川無可奈何的坐下，手仍摸著痛處。

「二哥！都是我害你，我對不起你！掛鈎子……」明仁欲吐爲快。守川卻用手迅速的摀住明仁的嘴巴，明仁掙扎著說：「二哥！讓我說出來，不然我會憋死，那是第一次，也是最後一次。」明仁漲紅了臉說：「淑靜生日，我想送她一只手錶……」

淑靜是那個守川也偷偷愛戀著的鄰家女孩。守川心中有些起伏，但仍然沉着氣靜聽。

「這學期註册，我買了好多參考書，大哥生意不太好，我常看到大哥一個人夜裡趕工，咳嗽咳得好厲害，我不忍心再向他要錢，二哥！你相信我，我不是經常那麼做！」

「明仁！你弄清楚，那玩意兒分明藏在我口袋裡，只有像我這種人才……」

守川未說完，明仁便搶著說：「二哥！你還不原諒我，你恨大哥？……」明仁感到不安。

「之前，我對世間無愛憎；之後，我對人間世有了感覺。之前，沒有人爲我留一片天，甚至於我自己也努力在做一個敗家子；之後，如果我有一片天……」守川開始紅眼圈。

明仁說：「讓我把眞相對大哥說明吧！」

「事情就讓他這樣，不要再提了。若讓大哥再自責，不是很殘酷？我不會恨他。」守川說。

明仁開始嗚咽！

「我爲非做歹二十年，明仁！你一直接納我，每一個晚上，留給我寬大的床位，我還有什麼不能原諒你？淑靜是個好女孩！」守川別過臉去拭淚，並且起立準備出門。

「二哥！今天可以不打工嗎？」明仁問。

守川抓著夾克，笑著說：「老弟！我得自己走出一片天地來！」他一拐一拐的跨出了門檻。

七

金來的雕刻工廠越來越不景氣。工人紛紛求去。廳堂幾十張雕刻桌空在那兒。美枝在喝茶看報。

金來提著行李對美枝說：「美枝！我拿樣品到南部去，今晚趕不回來，家裡就麻煩你照顧啦！」

「南部會有什麼生意，我看不如早點兒把這廠子頂出去算了！」美枝好說不說。

「我會考慮，但總要試試看。這次我的設計圖很不錯，如果我有資金，我自己做，穩賺！」金來還有點信心。

「好吧！你去吧！路上小心！」美枝說。

金來一出門，美枝也不見了踪影；廳堂裡，只剩下兩個小徒弟在那裡磨姑。

八

六月天，晚風猶帶著一股燠熱。

守川下了工，雖然很倦，但心情很興奮；因爲今天是他農專畢業的日子。心中的喜悅多麼盼望有人分享，夜空下，繁星只默默的盼著眼。

守川進了院落，小心翼翼的跨過那對青石獅；不意，一隻尖叫的貓，跳到他脚邊，好不嚇人。他定定神，發現屋頂上還有一隻貓，連蹦帶吼的追過來。

他撿起小石子，扔過去，把牠們趕跑了。他正想回屋裡去，卻聽到有人說話。

「美枝！小聲點！有人來了！……」一個男人的聲音。

「會有誰，不是告訴過你了嗎？金來今晚不回來！」這確實是美枝的聲音。

「會不會是老管家？」男人不放心的又問。

「那老太婆有風濕病，這麼晚了，叫你安！安！貓打架你也窮緊張。」

守川側耳傾聽。那聲音分明來自乾燥房。

「上回那酒甕價錢可好哩！美枝！今晚給我什麼？」

「統統給你……」美枝尚未說完。

男人肉麻兮兮的說：「眞的！我的心肝兒！哦…來呀美枝！你眞好！」

「又不是頭一回，小杜，你猴急什麼？」美枝說：「人家說的是古厝裡的寶貝，統統是你的！」

「怎說？」小杜問。

「我爸爸說，他有辦法叫金來把古厝過戶給我，到時候，我的不就是你的了嗎？」美枝在打如意算盤。

「你眞聰明，好，你的就是我的！」嘔心的聲音。

「嗯！小杜！」

「你不怕金來知道？」小杜問。

「誰怕那個咳嗽鬼，我在等他拋售機器和木料，否則我早和他翻臉了。」美枝狠心的說。

「美枝你眞的愛我？」小杜問。

「新雕刻廠的老闆都讓你當了，還不愛你！」

守川不忍聽下去，心一陣寒一陣熱。

他悄悄的走去開燈，沒想到電源被切斷；於是他轉到乾燥房門口堵著，料想他們一定跑不掉。美枝聽到來人，她先從屋內溜進廳裡，跑了。

小杜手持一把雕刻刀，貼著門裡站著。

守川一推門，說時遲那時快，一把刀子揮過來，守川一時閃避不及，肩膀挨了一刀。他用力把門板一翻，整個門，及壓住了小杜。守川扳著小杜手上的雕刻刀，用力一捺，只聽得「啊喲！」一聲。

明仁聽到尖叫，立刻起床，打開房間每一盞燈。並未發現什麼。最後，他來到乾燥房，燈一亮，牆上赫然刺著一把雕刻刀，刀上還黏著半截左手大拇指。

守川撫著肩，從地上爬起來。

明仁大叫：「二哥！你受傷了！」一面急著去翻守川的手指。「二哥！你的手指好好的！那牆上的手指是誰的？二哥，你的肩膀在流血，快快，我替你包紮…」明仁緊張得不得了。

守川搖搖手說：「一點皮肉傷，沒關係！明仁！你去拿條乾淨的布，把牆上的刀子和手指包起來，別弄丟！」

「二哥！刀子拔不出來，我怕！」明仁看著手指頭滴著血，他全身直打顫。

「我比你更怕，要不然，我也不會使出全身力氣，把刀子揮得那麼緊……」守川說：「你用點力拔！明仁！」

明仁一面包一面問：「二哥！那人是你的仇家？到底發生了什麼事？」

守川閉起眼來搖搖頭說：「我們進屋裡說去！明仁！我有好多話要對你說！」

乾燥房裡的燈熄了。屋頂上的野貓又繼續「貓嗚！貓嗚」的唱起來。

九

金來鄭重其事的進了明仁的房間。

劈頭就問：「明仁！你法律系讀幾年了？」

「馬上要升三年級了！大哥！」明仁恭敬的回答。

「可以替人辦案了吧？」金來問得莫名其妙。

「還不可以，五年讀畢業，還不見得行呢？」明仁不解。

「我管不了那麼多，守川的事，非有個了斷不可，這畜牲，上回我要你擬的清單擬好了沒有？」

明仁搖搖頭。

金來有些不講理。

「美枝說，那廢類趁我不在，回家鬧事，要求分財產，還對美枝非禮，我非徹底解決他不可！」

金來越說越離譜。

明仁聽了心寒。

金來命令：「我唸你寫啊！明仁！這是給你練習啊！」話未說完，金來就不停的咳起來。

明仁眼睜睜的看著金來咳！咳！咳得腦袋上下搖晃。明仁想起了和守川那一夜的長談：

『記得守川說：明仁！把我的田賣了，帶大哥去看病。』

『明仁記得，自己只是落淚，因爲他沒法子說出，田早被大哥賠光了。』

『記得守川說：明仁！我下星期要入伍，退伍後三五年內，我不會回來，代我保護大哥！』

『記得守川說………』

金來咳完喘口氣，又大聲吼著：「明仁！你準備好了沒有？你發什麼呆？」

明仁揉揉眼，清醒的說：「大哥！不用列了，守川說，他自願放棄那分產業，還立了據，存放在我這裡。」

「明仁！你在說什麼？」金來有點不相信。

「大哥！我也簽了字，自願放棄。」

「這可是眞的？」金來不敢相信。

明仁點點頭，他說：「不過，大哥！我有個請求！」

金來亮了眼，咳兩聲說：「什麼條件？你說。」

「大哥！我要住在這間古厝，直到我大學畢業，找到工作爲止。」明仁胸有成竹的說。

「啊！你知道什麼！這間古厝是要娶美枝的聘金。」金來怎能答應呢？他接到徐代書的過戶通知。

「關鍵就在這裡，大哥，我求您，取消和美枝的婚約。」明仁面色凝重，直接了當的說。

「你瘋了？明仁！」金來咳得死去活來。

也記不得明仁是怎麼個開始的。反正他道道地地的是在保護金來。一夜之間，明仁突然長大了。

金來在醫院裡，昏迷了一整天。當他醒來時，看到歐巴桑雙手合十，口中唸唸有辭。

明仁和淑靜拿著報紙走近金來床邊，告訴金來，徐代書和徐美枝父女倆和小杜因為涉嫌詐欺被捕。報上刊登了照片，小杜缺了拇指的左手，好醒目。

十

幾場風雨過去了，四處林立的公寓，使小地方熱鬧起來了。三合院門口的那對青石獅，依然忠心耿耿的守護著這幢古厝。

金來還是揮動著那把斧頭和雕刻刀。

數年來，不時有顧客從遠方慕名而來，要求他刻石獅子、百鳥朝鳳、八仙過海、松鶴延年等等圖飾。他可以不假思索的揮就。

日子過得平靜而踏實，可是金來從來沒有想過，那些揮灑自如得心應手的靈感，原本隨著古老的歲月，點點滴滴的注入在他的血脈中。

金來刻完「六六大順」圖，（由六隻龍六隻蝙蝠構成的環形桌面。）他放下雕刻刀，閉目養神。

明仁下了班，站在院子外的廣場，和運木工人說話。

卡車上，下來了一個人，明仁眼尖，正要大叫，那人「噓！噓」兩聲，叫明仁別嚷嚷！可是兩人卻站在那兒細細聲地嘀嘀嘟嘟說個沒完。

金來在廳堂裡揚聲問著：「明仁！你在和誰說話啊？」

「大哥！是木材行老闆。」明仁大聲回答。

「請人家進屋裡來吧！」金來說著，仍然閉目打坐。

「葉老闆！請！」明仁故意大聲請。

「唉！不必了！我常常來的嘜！改天到我那兒坐坐！大哥！我那兒有農場，有木材場。」守川說溜了嘴。

「葉老闆？大哥？」金來輕聲的重複著這幾個字。「咦！那聲音好熟，那不是守川嗎？」金來一下子明白過來，他張開眼睛，變得兇暴起來：「明仁！叫他過來！」

明仁和守川兄弟倆互相眨著眼。

守川聳聳肩說：「我不是說過嗎？相愛容易，相處難，我走了，我會時常來的。」他掏出一張揑得黃黃的紙片，塞在明仁的手中，然後，匆匆開了車子走了。

「明仁！爲什麼讓他跑掉？」金來走出廳門，怒氣未消：「他說些什麼？」

明仁一臉無奈，他打開手裡的紙片，上面寫著：

「感謝你，把大哥照顧得這麼好。告訴他，我愛他。」

明仁回金來的話：「他說，大哥！我愛你！」

金來生氣的臉上，掛著兩行淚水。（附：本文獲七十二年全國青年學生文學獎佳作）

等

一

不知道風向那一個方向吹。寒日杲杲已從東方升起，爬上竹籬，張望着，張望着。

張藹均伶俐地從大醃缸裡，拿出醃菜；曬了一院子，最後，連籬笆頂端也掛上。

她迅速地收拾一下手脚；然後從厨房裡拿出一大串香腸，往葫蘆瓜棚上一一掛着。葫蘆瓜葉枯，蔓也衰。架上盪着兩個風乾的葫蘆，特別醒目。

李景瑤站在瓜棚下，數着：「一、二、三、四、五……」數來數去，總是數不清。

景瑤問：「媽媽！你掛了幾條香腸呢？」

藹均說：「你慢慢兒數。」

景瑤又開始點着：「一、二、三、四、五……」她蹬着脚說：「我數不清！媽！我去問公公！」

景瑤一搖一擺地跑進屋子，叫着：「公公！公公！你知不知道，媽媽做了幾條香腸呢？」

老人摸到景瑤肩膀，笑着說：「瑤瑤！要你告訴我的耶！公公聞到香味！可看不到香腸哩！」

景瑤張大了眼，望望公公閉得不很緊的雙目。她換了個話題：「公公你猜我幾歲？」

老人摸着景瑤的頭說：「當然知道！吃了香腸就三歲了！」

景瑤說：「公公！我們到外面去！」於是景瑤牽着公公往外走。

老人可以感覺得到，陽光暖和和的追隨着人。籬邊的雛菊，散發着馥郁的芬芳。只是他看不到枝頭的耶誕紅葉蕭蕭。

郵差的脚踏車，「嘎！」的一聲；在他們家門口停了一下，拋進一封信。景瑤搶着撿起來說：「媽媽！是爸爸的來信！」藹均放下手上的香腸，把信撕開後，對着景瑤搖搖頭。

老人坐在一張椅子上發問：「藹均啊！今天幾號啦！是承德的信嗎？他出海一個多月了，也該來信囉！」

藹均回答：「爸爸！是學校學期末動員月會的通知！過兩天，承德的船靠岸了，就會來信的。」

老人說：「藹均啊！你看承德早該靠岸了是不是！」老人有一半話沒說出來。藹均心裡明白。這幾天自己夜裡，苦的不也是寢夢連連嗎？

自從婆婆過世，公公失明後，只要承德上了船，她明白自己是這個家的柱子。如何軟弱，都要變得堅強；怎麼恐慌，都要變得有信念。

藹均繼續曬着香腸，還一邊兒說着：「爸爸！兩三個禮拜以來，天氣都不錯！海上風浪也不大，放心！爸爸。」老人沒話說，眨眨眼，開始尋找景瑤。「瑤瑤！瑤瑤！去把那小收音機拿來給公公吧！」

藹均發現景瑤站在籬笆門邊，一個大男人，對著景瑤微笑。

藹均說：「瑤瑤過來！那兒風大！去給公公拿收音機！」

景瑤說：「他！他，詹伯伯！……」

藹均壓着聲音說：「誰是詹伯伯，不要亂講！去去！公公叫你！」

景瑤跑開，那個男人眼睛緊跟着景瑤不放。那特殊的，柔柔的眼光，告訴人家，他並沒有惡意。

老人說：「是不是想偷我們的葫蘆啊！」

今年葫蘆瓜長得特別多！而且個個玲瓏可愛，還不到收穫季節，就叫過路的人偷摘了七、八個。

景瑤搖搖公公的手說：「不是，他說，我可以喊他詹伯伯！」

老人張了幾次眼皮，望了望說：「啊！又是那個詹伯伯，他長得很高大是不是？」老人並不是全瞎，他努力去看，還是可以看到白白的影像。

景瑤說：「詹伯伯好高揶！他讓我坐在他的肩膀上；我可以看到很遠很遠；公公！我可以看到爸爸的大輪船耶！」

老人說着：「藹均啊！要不要請人家進來坐坐啊！」說着，說着，藹均再看看那人，那人已經轉身離去。

該歸去的鳥兒，都已歸去。空中暮雲深黯，水是冷冽的，風是寒寒的呼嘯。

藹均準備的年夜飯，一桌子香噴噴！熱騰騰！然而化不開她心頭那分淒清。

老人不曾舉箸。景瑤站在椅子上，忙着夾甜點芋泥丸子，她分給老人一個，分給藹均一個，在承德空飯碗裡，也放一個。

藹均說：「爸爸！吃吧！趁熱！」

老人說：「藹均！我們把收音機開着，聽聽氣象或新聞也好！」

藹均一直相信，沒有消息就是好消息！她非相信不可！只要承德出海，她都一直這樣相信着。

藹均夾了片香腸說：「爸爸！把嘴張開，趁熱吃一點！」老人吃了香腸。藹均又說：「瑤瑤給您放了一個芋泥丸子，也不錯！您夾起來嚐嚐看。」

景瑤說：「公公！爸爸在船上能不能吃到芋泥丸子呢？好好吃揶！」

老人牽動臉上放射狀的皺紋說：「不錯！芋泥丸子好香，你爸爸在船上吃的魚丸子是一定更好。」

藹均有一答沒一答地收拾，那只吃了一點點的年夜飯。夜變得那麼長。

前年除夕，藹均與承德相伴守歲！景瑤先睡着，接着公公也睡了。記得那一夜的溫馨，簡直勝於壓歲錢、新衣裳的喜悅。萬般的柔情如今只是惱人的相思。

今夜漫漫，景瑤公公都睡着了。窗外幾度風飄枝搖，她疑是承德回家。屋角小蟲的唧唧，告訴她，這只是孤燈寒照的夜。爆竹聲響又是一年。

年假那兩天，景瑤大半時間，都待在屋後的球場看人家玩得熱鬧。

詹伯伯不知什麼時候又冒出來。他說：「景瑤！你要不要去動物園？」

景瑤點點頭，想了一會說：「我回去問我媽媽！」

新春的日頭，那麼艷，不知道這樣的天候是不是正常。

老人坐在院子裡曬太陽，藹均坐在一旁，一邊翻着畫册，一邊兒和老人聊天。

「媽媽！我要到動物園去，詹伯伯帶我去可不可以？」景瑤人未到聲音先到。

藹均起身招呼，姓詹的男人，對藹均禮貌的微笑，並做出一個徵求的姿態。

老人說：「藹均！天那麼好，你帶瑤瑤一塊兒去吧！」

景瑤邊走邊跳！哼着歌兒，像蝴蝶一樣，飛來飛去。一下過來牽藹均的手，一下子跑到詹伯伯那兒，說這說那。

藹均對這姓詹的人，一無所知，自己的女兒時常和他在一塊，現在正是發問最好的時候了。於是藹均開口了：「請問詹先生，您住那裡？」

「別客氣！我叫詹永。住在清華西院！」

「哦！那您一定是教授吧！」藹均說。

「不敢當！」詹永彬彬有禮地回答。

景瑤攀在欄杆上頭，給長頸鹿拋花生米。藹均說：「瑤瑤！下來，當心跌下去！」

詹永說：「瑤瑤很可愛！她的眼睛最有表情，好像會說話。我一看到她，就喜歡她！那時候，我在你們家後面球場打球。」

藹均說：「我公公說，您講起話來，像外國人。我今天看您的樣子，實在不像中國人。」

詹永笑起來說道：「嘿！你的公公好厲害。只憑我的口音，就知道我是外地人。我是印尼人，我的家人都在印尼。」他有些感傷地瞥了藹均一眼。

藹均說：「那您一定很想家！」

詹永說：「想是想！但是，你看！我都那麼大了。高中在英國唸的。然後到德國讀大學、研究所；早就是一個流浪漢了。」他俏皮地聳聳肩，又說：「咦！我聽瑤瑤說，你也在教書？」

藹均說：「是的。我在中學教美術？」

詹永說：「哦！美術！我一點兒也不懂。」他深「噓」一聲笑着說：「有一回，我去故宮博物院，逛了兩個小時，很累人！有些很美，有些我看不出什麼！不過，很珍貴，一定的哦！」

藹均用職業性的語氣說：「藝術家只是將自然的事物，添加、刪削，或重新結構；使人類心靈秩序化，而創造一個象徵性的天地，使我們看清隱藏着的眞實。」

詹永說：「太難了，中國古人，怎能花一生的時間，在玉石、象牙上刻出那麼細小的山水來呢？哦！眞無聊了，好浪費時間。」他說得那麼認眞，那麼坦白，藹均忍不住笑了出來。

藹均慢慢兒的說：「詹先生您學的是科學，科學給您實用的知識。藝術雖不能，却能賦予力量，比知識更可貴的力量，可使我們的心知向上飛昇。終有它的永恆性。」

詹永沒答腔，他聚精會神地看着藹均說話的神態；很美，好像還帶點什麼他說不上來的韻味。

他說：「藝術的學問很大呢！可是我只知道美不美，眞糟糕！」說着頗有遺憾之情。他着迷似地用心看着藹均，嘿！瑤瑤什麼地方很像她哩！

藹均和詹永一路談着，一路跟着瑤瑤後邊走。

來到一處馬場。許多小朋友在那兒排隊等馬騎。所謂騎馬，是由主人牽着馬，在場繞一周，索價十元。景瑤也吵着要騎。她實在太小，無法單獨騎上去。結果由詹永帶着一塊騎上，沒有主人牽馬，他們繞了三圈。景瑤開心極了。

回到家裡，迫不急待地向公公繪聲繪影。老人一時也分享了瑤瑤童稚的樂趣。

二

開學後，藹均又忙碌起來。瑤瑤在家裡是老人的小伙伴。

詹永時常來看他們。日子久了，老人對詹永頗有好感，也沒那麼顧忌了。老人覺得家裡多一個人走動，可使時間容易打發。過得也輕鬆些。儘管老人手從來不離收音機！大浪小浪應該逃不過他的耳朶。三年來的眼睛，已經把他的聽覺，訓練得更靈敏。奈何？承德就是一年沒消息了。不知老人心底兒是不是有個數兒啦！老人的媳婦——承德的妻子藹均待老人實在不錯，他應該活得很愉快才是，只是擔心兒子擔心得很苦。

藹均下了課，急急忙忙的走回家去。路上遇見詹永。

「李太太，你放學了！」

「是的！詹先生！你下山買東西啊！」藹均問着。

詹永說：「是啊！去買點日用的東西。這兩個汽球給瑤瑤玩！」

藹均說：「謝謝！您不要這樣破費！」

詹永直截了當地說：「我喜歡她！」

藹均好奇地問：「是直覺的，還是有特殊的原因？」

詹永說：「嘖！我也不知道！」

藹均問：「你結過婚吧？」

詹永回答：「呀！（是的）我說瑤瑤的眼睛，看起來是那種會思想的眼睛，有時還帶點憂鬱。總之，大概是所謂哲學家的眼睛，是吧！」

藹均說：「詹教授！您別說笑了！瑤瑤的眼睛，沒那麼大的學問。」

詹永一本正經地說：「眞的喲！你給瑤瑤畫過像嗎？」

藹均回答：「也許有一天會。」

詹永說：「你一定要替她畫耶！是她的眼睛叫我一天到晚來看她的。」

藹均說：「你不怕我們懷疑你想拐騙瑤瑤？」

詹永說：「起先我是這樣擔心過！所以我一直不敢太接近她！」

她說：「不瞞你說，到目前爲止，我還很替瑤瑤擔心，不知你對她安了什麼心！」

詹永不好意思地說：「啊！應該！應該！我不會怪你，我原是一個陌生人嘛！」

藹均解釋着：「懷疑是弱者保護自己最好的方法！請原諒！」

詹永急着說：「不！不！不要緊。就是强者也應該如此！不過，我可以向你起誓，我對瑤瑤沒有壞意。因爲她……哦！哪天，你有空，我請你吃飯，我可以告訴你多一點！」他釘着藹均許久，心中無端地泛起一波波的漣漪。

藹均說：「還是你上我們家來，比較方便！」

他答道：「好！好！也可以。」

藹均說：「不過那還得去問問我公公。好久啦！我們家一直都是三個人進餐。請一個男人來吃飯，得考慮囉！」

詹永說：「好吧！隨你！也許我可以請你和瑤瑤出來吃飯，不管如何？我對瑤瑤沒有壞意，請放心。」

又過半年了。承德的海順號仍然沒有消息。

老人成天抱着收音機；不要以爲他眞想聽到什麼壞消息，他只是希望承德平安回家罷了。承德從來沒出海那麼久，不疑心的，都起疑心了。

老人這天實在沉不住氣，聽到藹均回家，便問：「藹均啊！有沒有承德的消息？」

藹均說：「爸爸！大概沒問題，別的人，也沒什麼消息，不用躭心。過兩天，我去問問吧！」

老人搖了搖手說：「算了吧！不會有事的！」

豈止老人不敢面對現實，就是藹均幾次想去打聽，都教自己的恐懼打消了揭開眞相的念頭。

瑤瑤說：「媽！爸爸什麼時候會帶我上街！」

「爸爸什麼時候帶給我洋娃娃呢？」

「媽媽！爸爸會不會回來吃月餅？」

瑤瑤一問，藹均一斷腸；每一句都像一把刀宰割着她。如今水遠山長，不知承德身處何方？就是羅巾浥淚，也只是閒處思量。她又能給瑤瑤一個什麼樣的回答呢？

三

瓜棚下，好看的葫蘆瓜，又結滿一院子，很小很小的，毛茸茸的。

星期天上午，詹永打完球，又溜到他們的院子來。瑤瑤在那兒，一邊兒數數兒，一邊兒練習寫阿拉伯數字。

詹永說：「瑤瑤！你們的小葫蘆結了幾個？」

瑤瑤說：「躲在葉子裡，數也數不清。」

詹永說：「我來敎你唱一首歌！『樹呀！樹呀！我把你種下；你別怕風吹雨打，快點兒長大！長得綠的葉，開得紅的花兒，鳥兒做窩，猴子來爬，我也來玩耍。』」

瑤瑤說：「很好聽耶！再唱一遍！」

詹永說：「好的。」他一句句重複地唱着，瑤瑤一句句地跟着，兩人終於越唱越大聲。

藹均送走一批學畫的學生後，到老人的房間，問着：「爸爸！要不要出來透風納涼？」

老人回答不要。最近老人咳嗽得厲害！

老人問：「是誰在那兒唱歌？是不是詹永啊」

藹均說：「是的！爸爸！要不要我去叫他們停停！太吵了是不是？」

老人說：「不必了！我好久沒聽大男人唱歌了，承德太久不回家了！」

藹均沒有辦法再說什麼！

詹永看到藹均走出來。歉然地說：「嘿！對不起！打擾你了！我一直想把這首歌教給瑤瑤。」

藹均說：「很好聽呢！」

詹永說：「這是我唯一記得的一首中國兒歌！我離開德國時，佩琪才一歲多，她還不會說話，我沒法兒教她唱！」

藹均詫異地問：「誰是佩琪？」

詹永說：「佩琪是我的女兒，現在也有瑤瑤那麼大了。」

藹均若有所悟說！「啊！原來是這樣的，你對瑤瑤那麼感興趣。咦！詹教授，你爲什麼沒把女兒帶在一塊兒？」

「說來話長。」

藹均在邊邊小櫈上坐下。

詹永說：「在德國，我讀核工，拿到博士的前一年，我認識了珍妮。在外國，你知道！會寂寞的。」

藹均瞟了詹永一眼，那意思好像說，在哪兒，都會寂寞！

詹永繼續說：「珍妮是義大利人，歐洲的女孩子，比想像中還熱情，我不得不喜歡她。噢！我是喜歡她的！」

詹永交叉着兩手指。徐徐地講述他的故事。

「珍妮有了孩子。却不願意結婚。最初，我以爲她不肯結婚，是因爲我是一個東方人，一個她完全不了解的印尼人。不過後來，我才明白，許多西歐的女孩子對婚姻的觀念，全然不是我們所能理解的。她帶着佩琪，悄悄地離開了我，任我找遍了德國，都沒有他們的踪影。我相信他們已經回義大利了。」

藹均發問：「你想念佩琪比想念珍妮還深？」

詹永說：「是的！佩琪很逗人喜歡！珍妮也很可愛！可惜我不夠了解她。」坦白中帶點兒傷感。

藹均說：「我曾經問我公公，是不是該把你這個男人趕走，我公公說，你不像是個壞人，就讓他逗着瑤瑤玩玩吧！」

詹永有些不安說：「哦！眞的！我是一個很奇怪的人吧！一天到晚，釘着你的女兒看！」

藹均說：「說的也是！很少男人會無原由地對一個小女孩存有那麼多的愛戀的眼神。你的佩琪長得像誰？」

詹永說：「像我的地方多。珍妮也是黑髮！佩琪的眼睛很像瑤瑤的呢！」

此時詹永抓住機會，大膽地仔細地看清了藹均的五官，哇！美麗喲！

詹永趕緊說：「瑤瑤的眼睛像你耶！李太太！你知不知道？」藹均笑笑。

詹永又說：「你的先生沒說過你的眼睛漂亮嗎？」

藹均說：「和我先生認識，是在一次戶外寫生課上，那時候，我帶二十名學生在基隆碼頭寫生，那時候，承德還只是一個副教授。他說，我的眼睛只是用來量比例。美的東西叫我看起來更美；醜的東西，在我的畫筆下，也會變得美麗起來！」

詹永說：「啊！你先生一定很風趣，但願我像他那麼會說話！我很想認識他！」

藹均用奇怪地語氣說：「請你不要提他！」她的眼眶紅了起來。

詹永連忙說：「對不起！我忘了他還是沒消息！」

藹均抽咽着。詹永不知所措，很想安慰她，又不知如何做才恰當。他說：「你進去休息！你不會介意，我改天再來看你們！」

她沒表示什麼！瑤瑤站在籬門邊，看着詹永走遠了。藹均雙手蒙着臉，在這樣的時刻，她會看見承德，張臂迎着她。甚至於擁着她旋轉！旋轉！一切曾經有過的歡樂，瑤瑤一聲「媽媽！」都成虛幻。

她頹然地垂下雙手，觸及泥沙。她說：「瑤瑤！我們來玩小泥人！」

說着，藹均隨地挖一把泥土，胡亂地揑着！就交給了瑤瑤！

瑤瑤拿在手上，看了看，立刻呼了起來：「啊！媽！你做的泥人，好像爸爸耶！」

藹均心頭一震驚！整個人陷入無可解釋的恐懼裡。

老人的病，越來越厲害！好些日子，沒法起床。藹均上課時，瑤瑤會在邊邊哼着歌，伴着老人。

藹均請了醫師來醫治，也沒大起色！藥物不能根治這種慢性的喘咳；只能壓一壓，幫助老人呼吸舒服些。

藹均長長的嘆息；走出屋子，太陽好大，前些日子做的豆腐乳；她搬出來曬曬。然後坐在葫蘆瓜棚下凝思。事實上，她不能想什麼！遇到獨處時，她所可能想到的就是一樣事。『不管環境有任何的變化，我要堅强，一天比一天的堅强。』她抬頭，看見黃花嬌嬌，蜂兒盈盈。

詹永星期六沒課，特地繞了過來。

「咦！李太太，你一個人在這兒！」詹永問。

她說：「曬一點豆腐乳，我守着趕蒼蠅！」

「豆腐乳！很香哪！印尼也有這種東西！我看你是怕人偷了吃，在這兒守着吧！」

藹均笑而不語，自忖『如果沒有人說笑話，自己是不是已經變得不知道如何笑啦？』她兀自搖搖頭。

詹永說：「李先生一定很聰明。」

她淡淡地問：「爲什麼？」全然沒有注意到詹永對她意味深長的注目。

他說：「他娶了你這個能幹的太太，粗細活都做得那麼好。」

藹均說：「那兒的話！我先生說，做他的妻子，一定要一個人能撐得起這個家！因爲他總有一天要出海。」

很奇怪，和詹永在一塊時，藹均反而喜歡談承德了。好像不如此，就沒有安全感似的。

詹永問：「他去捕魚嗎？」

她回道：「是的。海產試驗是主要的工作。其實，他不一定需要上船。但是，上船作業，能給他更實際、更豐富的經驗，所以……。」她攤了攤手。

詹永問：「瑤瑤呢？」

「在裡頭，公公病了！」藹均說。

詹永說：「哦！太不好啦！要不要我替你去請大夫？」

「看過了！謝謝！」她低着頭很沉重的回答。

詹永說：「我很難過！你有沒有需要什麼？我可以爲你做些什麼嗎？」

她仍然沒有抬頭，無限疲憊地說：「不！謝謝你！」

詹永想說什麼但沒說出來。他靜靜地坐了一會說：「我可以陪你出去走走嗎？你不能太悲傷！」

藹均搖搖頭。最後詹永說：「我還會來看你！告訴瑤瑤我想她！」

藹均含着一泡淚眼看花兒。花兒模糊得不能再模糊。她倒希望自己變成瞎子，變成聾子，變成無知覺的人。瓜棚上的蜂兒，依然滋滋嗡嗡！滋滋嗡嗡！

四

一個夏天快過完了。老人的精神似乎好多了。他又開始打開收音機聽聽！他能聽到什麼？

這天，在學校，有人來找藹均。說了些什麼？只見藹均的臉色，由鐵青而轉白，她很虛，差點倒下去。她不能倒下去。她是李承德的妻子。要撐得住一個家呢！好一會功夫，她才鎮靜了些。告訴那人說：「千萬別讓承德的爸爸知道！他的病才好些，大夫說他不能再受刺激。海順號遇難的事，請您一定要保密。拜託。」

那人點點頭，交給藹均一個公文紙袋後走了。

藹均木木然地沿着公路走着，走着。承德走了。永遠走了。此刻，藹均沒辦法做任何事。上課也好，回家也好，就是有人和她講話，她都不知道如何開口。所以她走着，時快時慢地走着。

天暗了，她倚在後院籬笆門上，望着西天逐漸退去的彩霞，無可奈何的想着：『美麗的東西，那樣不容易保持。承德對她曾經是那樣完美。那是她唯一可保有的東西。但是，現在在那裡？在那裡？』她的心呼喊着。

脚跟下，蟲兒幽幽的鳴起，細弱的聲音，彷彿是藹均不盡的噓唏。大海亦有涯！高山也有岑，藹均沉憂獨無極？

不知她站了多久。第一個和她說話的人是她女兒瑤瑤：「媽媽！回家！公公要洗澡啦！」

藹均草率地收拾了憂思，笑着說：「好的，我在看晚霞！你看美不美？」

瑤瑤說：「那裡有晚霞？公公已經替我把燈開了。」

藹均感覺頭重脚輕，她牽着瑤瑤輕飄飄地走回家。

藹均不露痕跡的照常操作家事。異樣的是她的心，傷了！碎了！老人看不見，一切還好瞞過。而瑤瑤好在還小，不大會發問。

一天，藹均想起承德，夜裡擁被而泣。第二天她倦倦地窩在被子裡。硬是被瑤瑤給吵下床來。瑤瑤說：「媽媽！星期天哪！公公說，學畫的學生快來了。」瑤瑤拉開被子說：「啊！媽！你在哭！」

「噓」藹均立刻伸出手指阻止。她說：「瑤瑤！你的點心吃完了沒？公公的小餅乾大概也沒了。我去給你們買去！一下子就回來！」說着，她一骨碌地下了床。她需要透透氣，緩和心中的愁緒。

當藹均抱着一堆東西回家時，瑤瑤在院子裡跳房子。老人在屋子裡睡回籠覺。

一會兒，藹均聽到老人急急地喊：「承德！承德！」「藹均！你快來！」

藹均連忙跑進屋子裡，她扶着老人的胸口說：「爸爸！您又咳嗽了！喝一口水，潤潤喉！」

老人揚揚手，推開杯子說：「不！不！我不要水！承德他一定出事了！剛才我作了個噩夢！我的心熱得難受。」

藹均半蹲半跪地倚在床沿，一面給老人按摩，一面想着：是不是要說呢？海順號今年初就遇難了。讓別人分擔憂傷不該嗎？她軟弱得幾乎難以負荷了。『悲莫悲兮，生別離』。人家不是這麼說的嗎？可是眼前這老人已經羸弱得不堪一擊，說出來，於心何忍？

藹均輕輕地拍着老人的胸口說：「爸爸！沒有的事！您昨晚睡得遲，太倦了。別胡思亂想！您要不要喝點牛奶，瑤瑤在吃乳酪麵包，您要不要也來一塊？」

老人說：「好的！說也奇怪！我眞像三歲小孩，胃口怎都和瑤瑤一般樣？她愛吃什麼？我也愛吃什麼？」

藹均拿了牛奶過來，老人說：「最近你看，我身體好些了。藹均！你別老是躲在屋子裡！今兒是星期天！該出去走走。我沒關係的啊！瑤瑤！把我的小收音機拿過來！」

藹均說：「爸爸！在這兒呢！」老人把收音機接過去。

藹均說：「爸爸！您是不是覺得我們家太安靜？也許我該去學點什麼！古箏啊、吉他啊，弄點聲音吵吵您！咦，我們可以去買架鋼琴！瑤瑤可以學琴了。您也可以彈着玩！那不太需要用眼睛的。」

老人說：「藹均啊！你今兒個，可把我逗樂了。我過去拉過胡琴哩！」

鋼琴送來後，瑤瑤眞的忙學琴了。老師教瑤瑤時，老人在一旁監督兼旁聽。

過了些日子，老人不再找小收音機了。空下來，總是坐在鋼琴前和瑤瑤一起研究。一老一少！成天叮叮噹噹地滿屋子響。

藹均教畫之餘，哪兒也不去。遣不去的閒愁，一天天堆厚，一天天加深。

五

初秋的傍晚，球場擠滿了打球的人。

藹均仰面看着天空的歸鳥。斜陽一層一層的西沉。她無心捕捉什麼靈感。

詹永跑過來和藹均打招呼：「嗨！瑤瑤還在練琴嗎？你會打網球嗎？」

沒等藹均回答，詹永向伙伴借了球拍子走過來說：「嘿！過來！試試！活動，活動！」

藹均上了球場和詹永對打。頭幾球，她有些生疏，漸漸的，就進入情況了。

詹永說：「嘿！眞沒想到你會打網球，打得眞不錯，我早該約你出來打的！」

她說：「我剛結婚時，常常和我先生打球哩！那時候，還沒有瑤瑤。」

詹永說：「哦！那你先生網球一定打得很好。可惜，我已經沒有機會領教啦！」

藹均很敏感地說：「你說什麼！我聽不見！」

詹永提高了聲調說：「我說，我沒有機會領教你先生的球藝了。」

藹均愕然變色，她放下球拍，退出球場。

詹永也下了球場追過來問：「怎麼啦！不是打得好好的嗎？」

藹均滿臉疑雲問着：「你怎麼知道沒機會？」

詹永說：「啊！我是隨便說說的；請別生氣！我向你道歉！」他深深地鞠了一躬。

藹均悵悵地說：「其實也沒什麼！」她抬頭，發現詹永正癡癡地望着她，她慌亂地收回目光。其實，藹均好久不提承德的事了。除非和詹永在一塊。

詹永坐在藹均的身邊，從夾克袋子裡，拿出一個頑皮粉紅豹，扭曲地把玩着說：「請你把這個小玩意帶給瑤瑤。」他仍然緊緊地看着她。

藹均接過來，也搬弄着頑皮豹柔軟的身軀。

詹永說：「如果有一天，我約你出來！你會不會生氣？當然我會先徵求老人的意思！」

詹永再問一次：「如果，我那一天約你，你會不會答應？」

藹均拿着頑皮豹，扳着豹頭點了兩下！

詹永兩眼脈脈。什麼時候對藹均有情，詹永不敢確定，但是他能肯定，那已經是很久的事了。他把情埋得很深，所以芽兒萌發得很慢。

六

當十八尖山飄着漫天的五節芒花時；好像世間許多事情，都該有個決定了。不是嗎？學校學期要結束了，農人末期穀子也登場了，案頭的日曆要換新了。老人伴着瑤瑤學琴的歲月，忘却了牽掛。老人返老還童與瑤瑤純眞的歡笑，看在藹均的眼裡；自覺，彷彿做對了一件事那般的欣慰。

當詹永捧着一束鮮花進來時，老人對詹永邀約藹均之事，好像早有默契。老人說了這樣的話：「藹均需要出去走走，去罷！去罷！藹均！否則，悶出毛病來，這個家，我又能如何？」

藹均麻麻木木的心，這時微微地顫動；公公的仁慈，使她內心潸然。

天冷淒淒的。梅園的梅花只含着苞，羞答答的。杜鵑花叢數不清的花蕾，有幾枝搶着春似地開放了。

藹均儘量要自己不要把身邊的詹永當成什麼。所以她一路上都提着承德。坐下來時，她還在說：「我先生說，畫家都應該環遊世界，那枝筆才是活的。他說，有一天會用他的輪船載我翱遊四處，大開眼界！」

詹永面色凝重！他不知道該不該把話說出來。他知道承德海難的事，是老人告訴他的。

詹永決定開口時，握緊雙手。但是那雙手，只是無奈地扭絞着，沒有任何的支助。當他迅速地拉住了藹均的手時，却一句話也說不出來。

他掙扎着：不能說，我不能說。承德是不回來了，但我也不能說出來！藹均對老人的用心，我不能破壞。她是一個那麼教人感動的女人。我不該這時候爲難她。

藹均仍然在那兒說着承德：「承德說，那時候，他要替我背畫架、顏料。你信不信？」

詹永心已茫茫然，他急急地應了一句：「相信！我願意一輩子替你背畫架。」

藹均抽回被揑緊了的手。身子微微地抖着。山風無遮無攔地從四方吹來。

藹均不是冷漠的。詹永看得出來，她只是要自己去履行心中對老人的自我的承諾。詹永既感動又愛憐萬分。他的話反而變得很少，思想的時候多。

藹均指了指天空快速飛逝的雲朵，說：「我今天應該帶紙筆來。我最喜歡戶外寫生。天空和樹有畫不完的景色！天、雲、樹，分開來單獨看也好，組合起來，也趣味無窮，你說是不是？」

詹永點點頭，回味着藹均的每一句話。白雲、藍天、綠樹，正是她們家的三個成員。老人、藹均、瑤瑤，每一個人都那麼可愛。

好一會，詹永下定決心，不加思索地說：「藹均！我和清華合約已到期。明年我要到英國去，打算停一年。」

心如古井的藹均，此時起了波，小小心心的盪着！盪着。她說：「然後去找珍妮和佩琪？」

詹永大大地鬆了一口氣，笑着說：「然後，回到這裡，找藹均和瑤瑤，還有老人！」

她紅着臉說：「你說什麼？」她心中辯駁着。

詹永說：「那時候，很多事會發展得自然。」

她說：「我，我……」藹均還想說什麼。

詹永說：「藹均！我沒有絕對的權利要擁有什麼！請不要給我什麼承諾。我喜歡你們家的每一個人。三人之中，你是我最後認識的一個，但是對你却有最深的情感。原諒我的坦白，請你不必說什麼。我不要你痛苦。我會等你！」

藹均一時不知如何處置自己。眼淚一顆顆地掉下來。

詹永沒有打擾她，只默默地陪着。

藹均又開始走着。慢慢地，彷彿只有走着，才能叫她細數一個方向來。

七

老人悵然若失地眨眨眼。詹永送給瑤瑤一個大洋娃娃。瑤瑤拿出一個很端正，很小巧的葫蘆送給詹永。

詹永說：「瑤瑤！我要很久才能來看你！」

瑤瑤像大人一樣地回話：「沒關係！詹伯伯，我記得你的話，你還會回來的。多久都沒關係。」

藹均可沒那麼大的信心。倚着竹籬，斜陽正在煙藹斷腸處！她敏感地察覺，人間萬事到頭來，沒有不是衰颯搖落。不過，也好。她還有好多、好難的事要做呢！

走音

好久胡教授不提演奏會的事了。

進入市立交響樂團後，大概相聚的時候多；胡教授又開始找我談演奏會。他要替我伴奏，眞太好了。

拉了這許多年琴，實在也應該單槍匹馬上陣一次。不一定爲什麼。爲名？我一向不大在乎有沒有名。爲利？有一點兒。我一直都很窮。而且這幾年來，自己隨心塗塗抹抹的小提琴曲，若不拿出來發表，算什麼呢？雖不敢說我這樣做，有什麼崇高嚴肅的意義和價値。但是，是曲子，不論好壞，就該讓人聽聽。如此，樂曲才算眞正出世。

本來藝術創作一定免不了被批判；也只有借批判，才能認淸作品的眞面貌；也只有借批評，才能恢宏創作的境界。這可能是我這次演奏會的眞正心理基礎。

這星期三是第一次和胡教授合作練習。

他很欣賞「聽雨」和「嘉禾舞曲三號」。他說，「聽雨」充滿中國旋律的美。「嘉禾舞曲三號」

則是外國樂理經過消化吸收後的表現，很現代，也有古典成熟的色彩。這些鼓勵性的評語，給我很大信心。第一次和胡敎授的鋼琴合作，十分愉快。

節目的演出，我參酌了胡敎授的意見。除了發表六首創作小品外，還選了幾首「維瓦爾第」、「伯拉姆斯」、「巴格尼尼」的作品。雖然演奏會的時間、地點，都尚未決定；但是，可以爲一個目標忙碌，使人變得異常興奮快活。

我們相約二星期後再度合作練琴。沒想到胡敎授沒來。原來他應美國辛辛那提大學之邀；客座講學一年。

胡敎授有很多學鋼琴的學生。走前，其中一名學生，胡敎授要我代課。一年哩！我不敢，不是一個小時。我主修小提琴和副修理論作曲；鋼琴不是我的專長。以胡敎授的知名度，收的學生必也是高竿。電話中，我還沒來得及推辭，胡敎授拋下學生的地址，把電話掛了。

現在，哦！我一肚子悶。演奏會不開也罷！我從來也沒想到要上台獨挑大樑。也許，就這樣，哪天我老了，我可以拉兩曲，告訴我兒子：「這是你老爸作的曲子。」豈不也很美。

說不定，我可以找到別人合作。反正鋼琴只是伴奏！小提琴拉的好壞，全看我自己。噢！我還需要一點錢才能租場。白天上班，就是死薪水那麼一滴滴。業餘敎五個小提琴，何妨再加一個。呵！鋼琴呢！

什麼欣欣客運237終站。237欣欣，看都沒看過。咦！說不定，我可以多要點車馬費。公共汽車的終站，多半是個荒涼的郊外。也不一定，也許起站、終站都是偏偏僻僻的，也許都是熱熱鬧鬧的。管他。

樓下房東的孩子，吵得我脚下的地板，吱吱響。我常想發脾氣。有時候，再細想，也不必。世間若聽不到孩子的嬉戲，剩下的，只是各種引擎的發動的噪音，那時候，發瘋的人，必定更多。

※　※　※

這天我實在練不下琴了。孩子吵鬧是眞的。如果，我有這麼一窩孩子，我也拿他們沒辦法是不是？問題好像出在，我根本放不下心，那一份不知自己能不能勝任的代課。教鋼琴，教鋼琴！教就教，怕你不成？

起站237欣欣公車空空的。陸續有些人上來。五個站不到，乘客已經擠滿車廂。半個鐘頭過了。這班車，還是肥敦敦的塞滿人。這車子會開到哪兒？這一路車的乘客，什麼人都有。上來一個挑畚箕的老翁。他一定在哪兒開山修路。他的眼睛眨呀眨的，把目屎往眼角擠成一粒膿一樣的小圓球。一遇風，淚水便黏糊糊的貼下來。我看我的老爸，身子也不比這老翁硬朗。

感謝我的老爸，在我進入師大音樂系之前，給我唸完工專。否則收幾個學小提琴的徒弟，怕不喝西北風。當年，迷上小提琴的時候，正好郭美貞回國指揮市立交響樂團。她是一個「暴君」，沒有人不服她。他們練琴的時候，我一定守在福星國小教室的小窗，看個夠。

老母要我在家做點小工，和老母磨小木偶；每次都偸溜；爲的是看人家練琴。感動的是老母磨小木偶的工資，却給我買入場劵，聽郭美貞指揮兩場演奏。

我的眼盯在小提琴演奏的每個細節上；感覺上，琴的旋律，美得勾魂。散場後，我的心癢得恨不得告訴全世界的人，我要成爲台灣的「巴格尼尼」。老母不知道誰是巴格尼尼。可是她確曾這麼盼望，有一天我能開一場獨奏會，風光風光。噢！敎鋼琴，敎鋼琴我的演奏會就砸了，我就不信。

「終站到了！請下車！」車掌的聲音。眞的就到了。比我想像中好不了多少，荒荒涼涼的。若沒有指南宮高高在上，眞會不知道東西向。

※　※　※

這兒的竹子眞美，沒有斑點，不是什麼湘竹。可是修長的支幹，透着金橘色，叫人想起正人君子什麼的。

「叮！噹！」一聲，接着一陣狗吠。一個老婆婆替我打開了大門。

來到琴房，好像根本不用我說什麼，學生已經擺好琴譜，端端正正坐在那兒。

「糟了！」我暗叫：「不妙！也沒弄清楚學生是男是女，是何程度，這樣就來了。」

看到那大小姐似的學生，我怎能駕御呢？胡敎授也眞是的，不先對我講清楚。房子裏裝有冷氣。我還冒了一身汗。哦！總要開始的嘛！胡敎授交給我一定信得過我。

「什麼！約翰·湯姆遜鋼琴課程。」我定了定神。「沒問題！本人琴藝雖不高，李斯特的狂想曲都不會難倒我！」

這學生老來才學琴，一定是彈着玩玩的。當然她不是眞的那麼老，說不定還沒我的歲數。我調整了節拍器，指示開始。她就一扳一眼的開始。我叫了幾次停，示範了兩個半音。她重新來，仍然犯錯，老地方。一個小時過了，還兜在老地方。這怎麼得了，一堂課下來，兩個小節毫無進展。我看她的手，彈琴的姿勢難看極了。我有點沉不住氣。要是我的小徒弟，早就一聲響雷，加一巴掌屁股。人家那麼一個大女孩，實在吆喝不得。

人在無可如何之時，會發牢騷。唔！不是麼！無怪當年高中的音樂老師，會當着我們班上說：「我得了一輩子小提琴冠軍。現在落得敎你們打拍子，敎你們認譜子。硬是豆、雷、米、法唱不好！」然後，一聲爆破的敎鞭抽打在墨綠的黑板上。窩着的苦水，好像都傾吐在費力的解說上：「四分音符爲一拍，每小節三拍，第二小節有附點，注意！」老師粗繭的手指在鋼琴上猛彈幾個Bass。我就跟着抱起小提琴和老師一塊兒在五線譜上奔跑。這世間，好像也只有這一位老師贊成我學琴。

「啊！啊！怎麼又走調！」我差點沒叫出來。好在時間到了。這堂課，直到我離去，學生連一句話都沒和我說。甚至於二週後，我還不知道她叫什麼名字。看樣子這一年的代課還不難打發。

進入第三個星期時，我才發現，我沒有那種誤人子弟的命。我覺得我必須要走路了。她老彈錯。最壞的是我看出來，她是故意犯錯。我有很多小徒弟，就是沒收過這樣的大學生。我敎不出成績來，一千元一小時，我也得走了。

我叫着：「按着節拍器，把拍子放慢，放慢一倍！停！停！」

她全然不知覺的彈着走調的音符。

我放開喉嚨：「你聽不懂我的話？你是聾子？」

「但願不是！」她很不服氣地頂過來。

「你就是聾子，這樣彈一輩子，也成不了貝多芬！」這不是老師該說的話。說過後，我就十分後悔。

「你以爲你是誰？你就是巴格尼尼也敎不出一個貝多芬。」她開始橫眉豎眼。

「你說什麼？」我問着。

「我說學小提琴的人，脾氣都那麼大！」她說。

「你既然已經知道我學小提琴，很好。你並不需要鋼琴老師！」我開始生胡敎授的氣，給我找了個罪受。

我們完全解除了師生的顏面，痛痛快快地爭論起來。我說：「不是我要來的，胡敎授要我來的。」

「不錯，是胡敎授請的。」她理直氣壯。

「那麼你什麼意思？」

「胡敎授出國，目前我並不需要。」她說。

「你以爲我敎不了你？」我看了看約翰·湯姆遜鋼琴敎本。

「你很自負。」我說。

「靠着自負，人才能活得快活些，你不以爲嗎？」她輕輕鬆鬆的踱着步子。

我看得出她很有腦筋，與她彈琴時，呆滯的模樣很不相稱。我被她激得一身是怒。人在氣極時，要嘛！言多而悪，要嘛！冷冷靜靜的。我選擇了後者。我收拾書包，正欲打道回府，一個起身，冷不防，一條大豹般的東西縱身一跳，撲向我的右肩，叨走了我的琴譜。如果我有武功，一定結結實實的將那隻虎頭犬打個痛快。這時，只聽得她說：

「誰都知道，我齡之養的虎頭犬，最解人意。哼！」

她蹲下來，拿下琴譜，撫摸着虎頭犬短而亮的黑毛。我這才發現，這叫齡之的人，有雙潔白修長的手。我看看自己的。幾乎比我的手指還長。應該是一雙彈琴的好手。

齡之高傲的眼睛，透着慧黠的笑。她在鋼琴前坐下，熟練地奏起舒芒的小曲「夢之曲」和貝多芬熱情的朔拿大終曲的主題。她的琴技將狂熱浪漫的神采表現無餘。恬熙優美的音浪，一串串流撒着。這人怎是一星期來，只死扳的敲敲琴鍵的人呢？我目瞪口呆。

這屋子怎麼樣，不是我久留的地方。自負的人是我不是她。我還是回去練小提琴吧！看一眼滿臉嘲弄的虎頭犬，齡之叫住了我。

「我還得付你學費！好歹你總是教過了我！」她說。

「我沒教你什麼！」我很沮喪。

「你教會我怎麼教小朋友。」她說。
「沒有用！你不會用得着。」我說。
「好鈍的人！你看了那麼多次的小朋友鋼琴教本，都不懷疑是我教的還是我學的？那是鄰家小朋友的樂譜。你的時間剛好接下去。」
「你怎麼不早告訴我？」我說。
「你兇巴巴的，一來什麼也不提就開始上課，我就看你的囉！」好一個捉狹的女生。
「你也存心整人。」我覺得很受委屈。
「你很負責，像個小老師。」
「那兒敢當！」我已經開了大門。她却來一句。
「下次同樣時間。」
「還有下一次？」我問。
「帶你的琴！」她吩咐着。
「你要學小提琴？」
「可能！」她回答。
「找別人吧！」我沒好氣的說。
「你知道我不多是不是？從胡教授那兒，我却知道你很多，噢！這是不公平的！」
「我不在乎！」我巴不得拔腿就跑。我不能忍受多心眼的女孩子。我不想再栽筋斗。

「你的演奏會找到伴奏沒有？」她喊着。

「你說什麼？」我問。

「下星期見！」丟下這一句，齡之把鐵門咔的一聲關上了。

路上，我平心靜氣的想，名師出高徒。我的演奏會誰都可以替我伴奏，沒伴奏也無所謂。胡教授替我伴奏，我就心花怒放，那麼喜孜孜的。唔！虛榮心。齡之不也可以嗎？啊哈！眞是一個好主意。

※　※　※

比起房東的孩子的吵鬧，我當然願意上齡之家去。

她既不是我的學生，我也就不再緊張兮兮的。我的琴也帶了。我說：「你別付我學費。如果我請你替我伴奏，我還付不起酬勞呢！」

「那當然！」齡之帶着諧謔的表情，坐在鋼琴之前，兩脚晃啊晃的說：「以後再算！」一副了不起的樣子。

雖然齡之的話說起來帶刺，但是練起琴來，比誰都嚴格，比誰都認眞。兩個小時下來，我發現她是一個很好的帶領。她沒有喊一聲累，倒是我的下巴和肩有些酸痛。

她說：「要練習輕鬆的全神貫注。」她年紀輕輕的，就那麼老道。

她說：「我十五歲就開演奏會。」休息時，她喜歡談她自己。

「爲藝術而生活的人，多數半癡半癲。」她說。

「包括你自己？」我問。

「怎麼不！這一輩子，若沒有鋼琴，我一天都活不下去！」她不常笑，偶爾有一絲笑意，也都附帶着不尋常的意味。也許她的家規嚴格使然。對！我從來沒有看過她的父母。想到我是練琴來的，所以也沒敢多問。

齡之對我的演奏會，比我自己還關心。

有一天，她說：「日子很快就到了，我們一星期練二次，太少了。」

我說：「白天我上班恐怕分不出時間。」

「這樣好啦！晚上我很少出門，選一個你空的晚上。」她說。

她確實為我花了些精神。在心中，我好像增加了一層負擔。很久很久以後，我才知道，胡教授走前，把我交給齡之。對演奏會，也早有安排。我曾經怪胡教授，是不公平的。對於齡之的琴藝，除了佩服之外別無話說。我知道，她的鋼琴伴奏對我的小提琴的演奏技巧，也有莫大的助力。

大概離演奏日期還有兩個月吧！

指南山的黃昏，大雨滂沱。

來到齡之的琴房，和往日一樣，清清靜靜的。除了一個老婆婆外，還是她一個人。

齡之等我弦調好後，打過招呼就開始合奏的部分。當我獨奏時，她像尊貴的女神對我頷首。嘉禾舞曲三號的顫音很多，顫音是小提琴的命脈，有顫音，才能傳得遠，才能引起共鳴。

雨不知什麼時候停了。夜那麼靜，靜得令人害怕。唔！難道我只習慣房東孩子的吵雜？齡之仍然像一位高貴的女神，敲着琴鍵，叮叮！噹噹！我的狂想遐思，也只是叮叮！噹噹！但願。

她說：「我們先錄音，聽聽看，不好的再練！」許多方面齡之確實比我老練成熟。特別是在演奏的經驗方面，給我很多的提示。

※　※　※

這一夜，練琴後，齡之邀我共用點心。第一次，我看到琴房以外的房間。客廳毫華極了，可惜只有我和齡之。

我問：「令堂呢？」

「我媽媽每個月來看我兩次。她的房子比這裡還大。」沒等我問，她接着又說：「我爸爸不常回家，因爲我媽媽生不出男孩，他和別的女人在一起。」

我以爲對齡之除了在琴技上已經很有認識外，我們亦非熟得無話不談的地步。可是齡之並不廻避她這樣的脾氣，我又覺得對她熟得不得了。她說：

「十年了，也生不出一男半女。問題一定出在我爸爸。其實一直到我十歲，我還沒有一個弟弟或妹妹。那時候，我媽媽還住這裡。」

我不經意地碰撞了這個話題，實在不輕鬆。她倒無所謂，像說着古老的故事，那樣自然。

「我們到院子坐坐。」她說。

院子是個大花園。中秋剛過，月華如水，那麼剔透瑩潔。

「這樣的月色，若加上你用琴聲，一定很美。」她說。

「你過獎了。」我謙虛地說。事實上我也相信音樂可以使世界變得更動人。

「眞的，我曾經夢想着，有一支小提琴能伴着我。」她用很特殊的聲調說。

「你可以學，很快。」如果我這樣說出來，一定是天下第一號大傻瓜。琴聲是很容易表達心聲的樂器，也許是笨拙的口齒，讓我學會了這樣的樂器。當然，若有鋼琴陪伴，那是何等境界啊！可是，我知道，我不能如此奢望。

哦！齡之一定等着我回答，我怎麼說得上來呢？我心中已經有人。我們從小就在一塊，敏敏雖然不懂音樂，我們也不常見面。可是恬淡的日子裏，總在心頭留下點點滴滴純情之美。許久以來，敏敏就是我心中的人。

齡之的才藝與華貴的氣質，應該有一個英雄式的人物來愛她惜她。我告訴她什麼最好呢？沉默是上天給愚笨的人留的餘地。

夜空下，蛙鳴不已。牠們唱的什麼曲調，並沒有人計較。我急切地尋覓一個不傷人的答案。

她說：「我和這些青蛙，再熟悉不過了。」感謝她轉了話鋒。

「心煩時，蛙鳴可是揮不走的噪音。」我情緒不太穩定，話一出口，才覺出自己是一個多麼不識趣的傢伙。對於音響的體認，竟是那麼狹窄淺薄。

她說：「細細品味，牠們可是很好的歌手。牠們還扮演各種樂器！囉！你聽！這邊像不像我的鋼琴聲，那邊和聲多好，哦！那是鼓聲！」

「對呀！這兒有聲很細很細的小提琴聲！咦！你是怎麼發現的。牠們簡直是巨型交響樂團嘛！」我提神細聽。

夜月的清輝，濾去日間的塵垢與粉飾。敞亮着的是齡之赤裸裸的心。

「無數的夜晚，我盼着媽的擁抱，長大後，無數的夜晚，我盼着一個愛我的人。失眠的時候，什麼都是空的，只有蛙鳴是千眞萬確。」她沉沉的訴說，像一小節咏嘆調徐徐唱出。

「你沒有朋友？」我問。

「很多。」她說。

「你不喜歡？」

「有目的的交往，在我看來是醜惡的。」

「我們也爲練琴而在一塊的。」

「感覺上不同。」

「你應該很有眼光。」我希望她有個好伴侶。

「一個看來不錯的工程師，向我求婚，當我告訴他，我小時候生病，動過手術，不能生育時，他嚇得連手都不敢碰我。相反的，一個大學生，聽到後，以爲我是可以隨便的女人。讓我狠狠的摑了一巴掌。你和他們不一樣。」

星光下，我看見她姣好的側影。她很平靜，絲毫沒有作弄人的意思。可是，我的內心，不也一直期待着火花亮光麼！生性中，對音樂原有的狂喜追求；此刻爲什麼我不能適切的表達？結伴走在藝術的道路上，只有使生命的意境更高遠更完美。我猶豫什麼？我問自己：「你知道琴瑟和鳴吧！」

音樂家舒芒因爲追求鋼琴家克拉拉·微克，他們的相愛，使舒芒的藝術生涯造境，登峯造極。不能生育有什麼關係。貝多芬到生命終結時，還不是沒有子嗣，孑然一身。但貝多芬並沒有死，他活在每個愛好音樂的心中，成爲不朽的「心」的英雄。

我單純平板的腦袋，一下子變得複雜而零亂。

許多女孩子都可以是敏敏，但是能不能找到第二個齡之。沒有敏敏，我會毅然接受齡之的愛？抑不住思潮的洶湧，如果我學的不是音樂，我也會和那個工程師一樣的在乎？哦！我心已不潔。

「齡之！我不會比他們好多少。」說慌和坦白都會傷人時，我寧願說實話。「我們很容易從人的外表看出不一樣，但是很難分辨內心的眞僞喜惡。」

我知道這樣的搪塞，十分脆弱，根本沒法收攏飄遠的心思。我的心慌得難受。我希望天趕快亮，或者我馬上離去，但不是狼狽的逃走。我擔心沒有足夠的自持力。

我吁着氣說：「你知道，不一樣，不見得是好的，不一定可靠。」我祈求上蒼助我不要傷人。

可是齡之閉着眼，好像聽不到我說什麼，只像等着什麼。

「讓我進屋子裡拿琴，我爲你拉一曲，我的作品，你沒聽過的，你會喜歡的。」

她伸手阻止，「才放下琴，別那麼累人嘛！」說着她輕輕嘆一口氣。

晚風吹送着清香，摻雜着淡淡的幽怨。

我的大手掌握住她長又細的手。那是一雙彈琴的手。

我輕輕地捧住她的臉：

「齡之，我從來沒想到，我可以這樣接近你。」

秋蟲一夜的呢喃；比風還輕，比雨還細。

我聽得遠處一股股聲浪的湧現。是孟德爾遜仲夏夜之夢的結婚進行曲前三連音，又像是貝多芬第五號交響樂的前奏，命運之神的叩門？

恍惚之中，我看到齡之和敏敏的身影交替扭絞着。我放聲追喊：「齡之！敏敏！敏敏！齡之！」

當我聲嘶力竭時，所有的聲影也跟着退却靜止。我的手還捧着齡之的臉，像捧着樂譜一樣細讀。

那是一首美麗的曲子。我欣賞。也只是欣賞。

夜像黑潮一般靜靜地蠕動伸展。天邊的星辰，閃動着清澈的眸子，只是銀月已被揉碎。幾縷雲絲佇留不去。

※　※　※

太陽依然東邊出來，西邊落下。

齡之筆直的坐在鋼琴前，敲着單調的音。她沒看我一眼，就像第一次我看到她一樣陌生，一樣的漠然。給人的感覺是强者外表的嚴肅與內心的孤單。

「强者、孤獨者比誰都需要更多更强烈的愛。」我沒說出來。

有人冷漠表示拒人千里，叫人退避三舍。她的冷峻持續了好一會。可是誰都可以看出來，她的內心漾着熱，心中儲藏了一些話。爲了什麼，我必須只是一桶冷水。

她給自己倒了杯高粱，一口喝盡。

「好不好受？」我問。

「你自己來嘗！」她說。

「我不喝，喝了感覺不出芬芳！」

「你也只聞聞玫瑰的芳香？」

「那樣總比摘下來，更能維持久一點的生命。」我不敢看她的表情。

「如果不是練琴，我會立刻攆你出去！」她動氣了。

「如果你那樣對待我，我會受不了。」

她還是習慣談她自己，她說：「記得有一回，我實在想吃梨仔芭，我爸爸怎麼找都沒能買到一個；後來，我再看到梨仔芭，我都會狠狠的瞪它一眼。從此我再不吃梨仔芭。」

我眞希望她能狠狠的瞪我一眼。這樣或許可以減輕我對她的歉意；消除我內心的不安。可是，她只掛着一臉的無奈，其中不知包含了多少的容忍與眞情。

「齡之，如果我傷了你，那不是我的本意。請你原諒我。」我說。

「你是對的，我沒怪你。」她清醒的說。

我很可以告訴她，我不是Chicken。我有熱情，我有愛，我也曾經渴望來自敏敏心底的回應。就像齡之的渴求一樣。不過，我絕對分得清齡之和敏敏的不同。我不願因爲我一時的衝動，扼殺了我們三人心靈上的平衡。在感情的路上，我願掬一手細水長流的清芬。

「你眞的相信，我動過手術，不會有孩子？」她用很低很低的聲音說：「我同情母親，痛恨爸爸。世上像我爸爸這樣的男人，還很多，身爲女人，我先天上已經恐懼，所以……」

所以她用謊言去試探男人的心。可憐。

她的話，使我的思路關閉了三分鐘之久。因爲這和我第一次聽到她彈出「夢之曲」同樣的令人愕然。不過我已經習慣她的懸宕。記不得什麼人說的，用感情去體驗人生是悲劇。那麼我應該相信自己理智的抉擇，將帶給我成串的喜悅。

「齡之，你別說了。不管是眞是假，你在我眼裏是完美的。只是……」我試着讓她明白，人與人間，除了愛與憎之外，還可以用別的方式來表達。

「只是你專於你的琴，專於你的敏敏？你做什麼事都那麼專？」這些話好像她老早就準備要說的。

「如果我早先遇到你，我也會對你專。」那是眞心話。
她闔下鋼琴蓋子說：「你可以選擇，像別人一樣去選擇。」
我有些激動地說：「斂斂不能和你比，你知道，我只是一個平凡得近於平滄的人。」
「只有平凡才能過最眞實的日子。」
「齡之，我一定會珍惜你給我的。」
「花了錢可以再賺回來，付出去的感情，怎能收拾？」
「我會想你。」我不知她是否落了淚。我感動地說。
「沒有用。你只是想找一個伴奏。」
「齡之，不要把我們的感情加上商品的色彩。我們會合作得很好。」
「今天我不想練。」但是她還是把琴蓋打開。
「齡之，你聽我說……」我把「我喜歡你，但是我不能愛你。」的話呑了回去。不自覺的，我也感染了無可如何的痛楚。
齡之的頭，深深的垂落在琴鍵上，雙手壓出一堆悶聲。
悄悄的離去，是我唯一能夠做的。
愛一個愛你的人時是幸福的。但是誰同時有兩個愛，誰就該下地獄。我頹喪地攔了一部計程車；司機問：「那裡？」我茫然不知，如果司機這時把車開往地獄，我會很感激他。

自從和齡之一塊兒練琴後，我很少想到敏敏。可也沒忘掉她。我該去看看敏敏。可是我沒這麼做。我心虛得很。我本無意放棄誰。但當我有所決定時，我的兩脚已經踩進痛苦與矛盾裏。

我不知道，這是不是一個無可避免的過失。

我按的仍然是齡之的門鈴。

我沒帶琴。齡之拿奇怪的眼光看我。她的眉聚攏了而後緩緩展開去。那不是笑。到目前爲止，我還無法從她臉上分辨出什麼是笑，什麼是嘲？她最美的部分，應該是眼睛和光潔的額。爲什麼今天看來，不是聰慧，而是不可解的迷惘和憂鬱。或許她就是這樣一個要叫人想很久的女人。她把頭髮挽上，梳一個精緻的髻。我從白皙的頸部，望到最美的寬額。我是個粗心的人，但是我知道她不愉快不是今天的事。而她眼神中，抹一層淡淡的怨懟，應該是我的事。我差一點沒說出來：「讓我們結婚吧！」

她整個人彷彿深深嵌進黑色的大鋼琴裏，分明顯出她的默然與蒼白。

「你還生我的氣？」我問。

齡之仰着臉搖搖頭。我說着不太得體的話。我非說不可：「我們可以到各處去旅行演奏！」

她沉重地牽動嘴角笑了，是苦的。我看到她的太陽穴上沒有抹匀的萬金油。

「你不舒服？」

「我很好。」她回答。

「我說我們可以一塊兒到各處去旅行演奏！」我好像捧住了她的心說話，那樣小心緊張。

「帶着你的敏敏？哦！你作的夢，一定都是美夢。」她的回答，像曲終低沉的音符流盪着。憑着直覺，我知道接續的是數不清拍子的休止符。

※　※　※

以後的日子，齡之好像開朗些。一連幾個晴天，她很用心地爲我伴奏練習。

演奏會前兩天，她顯得疲乏而茫然。她說：

「過兩天，就就沒事可做了。」

「你可以再爲我伴奏，我們去旅行。」

「我不是爲伴奏而來的。」

「你可以作曲，教琴。」

「啊！不！我只是爲了一支琴，一支小提琴。」她的話我似懂非懂。她又說：「以後，我就沒什麼可關心的了，那日子會是什麼樣子呢？」

「我不只是你的琴，我是有血有肉的人，如果……」

「如果我是敏敏？那是不可能的。『如果』兩字，在命運的軌道上，永不着痕跡。」她搶着說。她的太息，牽動了我的心弦。命運果然是這樣作弄人。

「我一直相信，人爲的努力，可以使明天更美麗；可是你想想看，我生下來時，就已經走在這樣的路上。」她接着說。

「你以前不是這樣的人。齡之！你不會這麼相信命運的既定。」

「你來了，我才改變的。你是第一個走進我生命裏的人，也是第一個把我的心掏空的人。」

如果她大哭一場，我會覺得好受些，但是她沒有，只是令人驚訝的篤定。我心中升起無以名狀的感動與歉然。我喜歡她的勇敢與坦然。如果可能，我願意補償；當我發現無法對她做任何的承諾時，我的心在抖。

「齡之，讓我的琴伴你終生。」她的表情木然。

「演奏會結束後，你會回敏敏那裏。」

「誰說的？」我問。

「敏敏這樣相信。」

「你不要我再來？」

「我答應過敏敏。我也喜歡敏敏。」

「你和敏敏談過？」我奇怪地問。

「我給了敏敏你的演奏會入場劵。」

「齡之！我會想你。」

「上台前，要有充分的睡眠。我知道如何自處。」之後，她又叮嚀：「記住，要睡夠才能上台。」

我拿起琴，拉一曲流浪者之歌，琴聲可以載走我的煩惱；齡之的話却使我產生莫名的恐懼與空虛，從此不知我的琴聲將何以寄託。

齡之的鋼琴鍵子，躍出如歌的行板，琴韻中飄流着感傷。

※　※　※

我不知道敏敏是不是來了。我知道老母坐在頭一排。說不定老爸也在老母的身邊。雖然我的老爸聽不懂我的音樂，但他關心我的成敗。

還有十分鐘，節目就開始了。齡之還未到場。我不得不請別人客串。噢！那不行的。也沒辦法呀！乾脆不要伴奏！是不是呢？我都上場了。

我根本聽不到是誰的伴奏，——耳裏廻旋着是齡之的琴聲。我跟下去。我說過，她是一個很好的帶領。聽衆的掌聲是可以相信的。

我用心調過了弦。可是我的手抖得厲害，走音了嗎？不！不！那是顫音哩！走音了嗎？聽衆的掌聲可以相信的。

落幕時，我木然站在台上，很累。

所有的人都散了，連伴奏的伙伴也已離去。

一個人影緩步走上來告訴我：

「該退場了。」接着幽幽的說：「齡之昨夜昏睡不醒。」

彷彿是敏敏的聲音，又彷彿不是。

我釘在台上，兩眼發黑。

假如我是演奏海頓的「訣別交響樂」的第一小提琴手，我應該最後一個離去。那麼，我心中的淒然不會如此的深刻而眞實。

一節無止境的圓滑音，從我的弦上滑過，於是我滑入一個憂傷的世界裏。

歸

聽不見駱駝隊的鈴聲，也望不見風吹草低的牛羊；一望無垠的沙漠，朔風蕭蕭，星河寥落。一部笨重的灰狗巴士，馱載着旅客，指向拉斯維加，消失在沒有綠洲的荒原裏。

雖是深夜，拉斯維加通宵達旦的燈火，照出林成蔭一臉的疲憊。從丹佛到內華達州的賭城，一天是到不了的。這時，林成蔭深深地嘆了一口氣：「不緣學費相驅道，此身誰願長奔波？」這是第三年打工了，也算是一匹識途老馬，他很快便安頓了自己。

內華達州的賭，在美國是唯一合法的。很自然的，拉斯維加除了賭以外，別的生意也應運而生，飯店、旅館全是一系列的經營方式。許多人嗜賭成性，許多人只是初道，但食髓知味，不知淺嘗則止，總是陷入欲罷不能的地步，以致於傾家蕩產，餘生落魄潦倒的，大有人在。相反的，許多人却在這奇特的生意中討生活。其中流動性極大的臨時工，就是許多學生所願意爭取的。若說因爲它只靠勞力，不需要什麼技術或經驗也不盡然。這次飯店老闆，就給林成蔭比較不費體力的記分員的工作。記分員只要坐在餐廳一角的櫃台邊，用毛筆隨時記下賭客彩票的號碼就行了。說輕鬆也輕鬆不到那裏。只是這便是他冬季一個月假期的命運。

和林成蔭同榻的是一個高個兒的韓國人。他們在第二天晚上就寢時碰頭了。高個兒的左手，綁着綳帶，顯然傷的不輕。高個兒好像有話要說；但只看了看林成蔭，豆大的淚珠，便成串地滾出來。「好嫩！」林成蔭這麼想。但他能體會，也很同情高個兒此刻的心情。當年自己頭一次打工的日子，雖然沒有受傷，可是精神上的磨損，實在也極需要一個了解的心靈互相慰藉。可是那時，遇到的室友，竟是一個徹頭徹尾的鐵石心腸，習慣於流浪的猶太人。那時候，整整打了三個月工，彼此只通了姓名和國籍，偶有互道心酸的意念，也都溶化在猶太民族，耐勞不屈的眼神裏。此後他夜夜格格作痛的腰桿，也漸漸挺直了。哦！我林成蔭不是那麼輕易被擊敗的。他看了看高個兒安慰道：「過兩天就好了，你是第一次吧！」高個兒搖搖頭：「今年暑假，我就來美國，在一家農場裏採櫻桃，也摔斷了老闆一個梯子。」

他說：「學費湊足就算了，不必太介意。」

高個兒說：「不過今天運氣太壞，切了一整車的西瓜，都沒事，最後却把自己的手指切下一塊。」

他說：「透支體力，常常會出錯兒。」

高個兒說：「大概洗盤子會好一點吧！」

他說：「也許。但人工配合機器，總要小心，否則出岔就難免。」

「不是把盤子放洗碗機裏就行了嗎？」高個兒問着。

「先得清理殘渣和水一起打下，水槽下的旋轉刀，可以把小鋼匙吸入切碎呢！」林成蔭說着。

「哦！謝謝你告訴我這麼多。晚安。」高個兒說着，不一會兒，很像忘了一切的苦楚，打起鼾來了。

林成蔭看着這室友，心裏想着：可能高個兒也有一段比自己更需要跋涉的旅途。於是他腦海裏，泛起許多未了的意願和需要奮鬥的旅程。

剛來美國就踏入打工行列，滋味並不太好。同來的，有洗碗，有當侍者的。林成蔭呢，每天把一袋袋的馬鈴薯，從卡車上拖到厨房，從洗淨到進入烤箱出爐和成沙拉；手之酸，背之疼，能不能說給人聽？不。他從來也沒聽爸媽說過腰酸背疼。可是像極了。一盤盤和好的沙拉，就是爸媽攪拌出來的混凝土。爸媽做了一輩子的土木，一袋袋的水泥，一擔擔的砂石、磚塊，不也無聲無息的養活了一家五姊弟麼？雖然仗着優厚的奬學金，踏入美國，但是那一趟飛機票，絕不是爸媽的雙手可以還清的。

離開國門時，林成蔭握住了爸媽的雙手，那雙長年被水泥砂石浸蝕的手。他的咽喉像漲潮一樣滿了，滿了。淚水如何模糊了視線，海外五光十色的世界如何耀眼眩目，也總忘不了爸媽老邁的身軀和不眠不休粗糙的雙手。

林成蔭預計着這次的工資，可以寄回去一些，那麼機票今年便可以還清了。他又盤算着，明天得抽個空去找另一個工作。離開丹佛時，系裏告訴他，下年度申請的工作計畫還沒下落。若工作計畫沒有下來，下學期就沒錢了。與其等着寅吃卯糧，不如未雨綢繆。很多沒有奬學金的留學生，假日也都打兩個工應付過去的。

第五街的燈火日夜輝煌。「荷伯」大概是這裏最大的旅店賭場。在這兒，通常是旅店，就有飲食部，賭具是少不了的。就是沒有飯館，也有各式各樣的賭具，從街頭到街尾陳列迎風招搖。只要你有錢，就可以暢通無阻的玩過去。也許，走這一遭，就決定了一生的命運。

奇奇怪怪的音樂，說它是音樂，不如說是雜音，從「荷伯」的每個角落傳開來。烟霧酒氣瀰漫在每個賭檯的上空，賭客全然逍遙在騰雲駕霧的境界裏。

林成蔭看慣這樣烏烟瘴氣的光景，原來極度的嘔心，現在也混然不知覺。反正自己也只是一個過客，人生過處，情況好時住舒適點，否則地僅容身，也可以將就過去。重要的是第二天的行程。

他拿着毛筆，畫下彩票的號碼。還有十分鐘，白天的工就可以下班了。十二月的天，北部沿科羅拉多河的各州，都下着厚雪。走出充滿人氣與暖氣的「荷伯」，一陣冰冷的風迎面颳過。他喜歡，這些年來，他一向都借着自然的天候，保持清醒與冷靜。本來，那種室內空氣調節，四季都是同樣的溫度，很容易使人忘了身處何時何地。

林成蔭拉起風帽，走過停車場，那部待售的車 volvo還在，他迅速地瞟了一眼，很快地跑向麥克唐納小店。他之所以用跑步的，一方面可以節省時間，一方面可以禦寒。幾天來，晚飯都在這小店消磨的。牛肉餅乳酪夾麵包外加一杯牛奶，不出一塊錢就可以解決；有時加點法國炸馬鈴薯，坐在靠窗的位置細細品嘗也很有味道。

離夜工還有一個小時。爲了需要，他習慣地打起盹來。

「我可以坐在你對面嗎？」一個嫵柔的聲音，叫醒了林成蔭。

「當然！當然！」他一面收拾着自己桌前的紙杯紙巾，一方面迷糊地抱歉着。他看了看周圍，吃東西的人，並不很多，還有空位。「爲什麼這位小姐偏偏選這位置？是不是因爲……」他自己也想不透。

「請你用中文和我說話，我也是中國人。」嫵柔的聲音又傳來。林成蔭這才特地打量對方；果然是東方臉譜。配上嫵嫵的中國話，更覺親切可愛。但是很快的便覺不對。

「怎知我是中國人？」他問。

「看你拿毛筆的姿勢就知道。」

「日本人韓國人也會拿毛筆呀！」他辯着。

「那不一樣，特別是台灣來的。」

「哦！你去過『荷伯』？」

「我在『荷伯』一樓換零角。」

「那裏有兩三個東方女孩。」他有些印象地說着。

她牽了嘴角說道：「換零角的，只有我是中國人。」

「背銅板很重呢！」他有些同情地說。

「他們起先不讓我做，後來我試了試，也就做下來了。」她說。
林成蔭腦中飄過一絲絲的敬佩，摻雜着些許的哀憐。「我叫林成蔭，請問尊姓大名。」
「藍霞薇。猶大音樂系，主修鋼琴。」她回答得乾脆俐落。
他說：「我從丹佛來，電機系。」說完他急速看看腕錶說：「等一下，我還得到『荷伯』三樓餐廳工作。」
藍霞薇笑着說：「別急！還有二十分鐘才有盤子端。」
這個人眞像探子，他想。然後問道：「你怎麼知道我當侍者？」
藍霞薇沒有正面回答，却笑着說：「你喜不喜歡音樂？」他點點頭。
「渥瓦河的船歌聽過沒？」她問。
「經常在『荷伯』三樓聽到。」他頓了頓又說：「咦！難道是你彈奏的。這曲子，用鋼琴演奏不難聽。」
「不錯！我是晚班的琴師。他們有時要我用電子琴，我還是比較偏愛鋼琴，只要老闆不說話，我就彈着我的歌。」
他想：她一定有很多歌，他再度仔細端詳這個音樂系的女生。她就像一首歌，他開始一串假設。但又想起了工作，便立刻止住自己的設想。又看看錶。藍霞薇說：「你好像只知道看手錶！」
他急急地回答：「對！對！我得上工了。否則要遲了。」

她說：「你忘了，我也要上班？放心！就搭我的車好了。」

「不！不！」他連說了幾個「不」字，仍然掩飾不住自己的窘態！連沒有車，人家都曉得。怎麼好呢！不過，一會兒，他就覺得沒什麼！反正都是台灣來的嘛！於是便說：「謝謝你！我用跑的，會比你快得多。」

平淡的生活，雖然不是人人愛過的；但是如果細細咀嚼，仍然可以覺出其中的芳香，其可堪玩味的程度，只因爲它是自己辛苦走過來的。林成蔭的日子，雖然像小孩子抱了個大撲滿一樣。什麼時候撲滿，雖是個未知數，但平靜的生活，在他認爲是走向預定目標，最實在的路子。

在三樓的餐廳，他機械化地端着菜，應付着客人，照顧五張檯子。他照樣收着小費。怪的是今晚，他好像聽不到琴聲飄來。他的腦子裏像灌滿海水一樣，上上下下激盪着；又好像空空洞洞。那種空空盪盪的感覺，他非常不習慣。下工時，高個兒等他一塊回寢室。

「我今天運氣不錯，贏了十個角子。」高個兒興致勃勃地說：「我請你吃冰淇淋。」

人啊！多麼容易適應環境啊！有時候是本能使然，有時候只是一個不十分起眼的慾望驅使。看麼！高個兒不是自在地活在這短暫的旅店中嗎？自己那種難受的空盪，算什麼！過幾天對藍霞薇也會習慣的。

冰淇淋的冰，還沒有歸途那般地冷。看樣子，這裏過兩天也要飄雪了。沙漠中，見到拉斯維加的通宵燈火是一奇景。而最不相稱的是黑黑的天空，大盤似地銀月，流瀉的是孤單與淒清。林成蔭邊走邊踢着泛白的沙子。這一夜他第一次沒有點清小費，就入了夢鄉：

「母親的飯香，聞得他好餓，作業做完了，母親送來一個小鍋巴飯糰。好吃。飯糰上的幾粒鹽巴，眞是神來之筆。噢！呀咦呀！他努力地吃着飯糰。」他的牙，呀！咦！呀地磨動着。

此後每個黃昏，在他的眼裏，變得華麗起來。

他走路，藍霞薇開車。雖然路線不相同，但總在「荷伯」的樓梯口，交換一個會心的微笑。他們不說什麼，工作使兩個平靜的心由更豐潤更接近。

「荷伯」的老板對打工的學生，要求不算苛。每天免費的中餐，看來還算公道。自助餐的盤子，堆得滿滿的；高個兒就這麼巍巍巔巔地端到林成蔭的對面，林成蔭差不多已經吃飽了，便說：「你今天遲了些！」

「不！你早了些！」高個兒一邊啃鷄腿一邊應着：「這幾天，你好像有什麼心事？」

「你是說……」林成蔭問着。

「最近晚上，你磨牙磨得厲害呀！」

「太累，夢就多，我一作夢就磨牙的，對不起，一定吵了你。」

「什麼夢不夢！這樣的日子，那還會有夢。」高個說。

林成蔭盯着那些賭客，誰不都該有夢嗎！他們這些人，都在尋求一個美夢。牆角櫈子上縮捲着一個混身傷痕的人——一個破碎的夢，也許來自歐洲或拉丁美洲，也許來自東方的世界。

高個兒正高談，今晚要如何下大注。林成蔭頗有感觸：

「來自東方的人啊！爲了我們同樣的膚色，我該告訴你嚒！這兒不是我們的終站，這兒只是我們的踏板。」他指了指屋角無數縮捲着破碎的夢。高個兒很能領悟。很感激地看了看他，低頭完成了中餐。

什麼夢都可以作，就是這種以賭的發財夢作不得。也許世間眞有運氣這回事。林成蔭却怎麼樣都不相信運氣。小運有小災破，或許對整個人生，沒有多大影響；大運所帶來的大災禍，常常使人措手不及招架不住。停車場有許多高級車及歐洲車待售；它們的主人都到那兒去了？沒人曉得。如果說他們一脚跺進流沙裏也是很恰當的。整個賭城就是一個大流沙。她依然紙醉金迷，依然酒色薰人。誰人理會流沙緩緩深陷的可怖！

晚間的風，掃得沒幾片葉子的椰子樹，沒命地搖晃。那部待售的volvo還在。價錢若減一些，月底說不定可以開回去。林成蔭這麼盼着。他的唇角漾着笑。就在這時，揷在衣袋裏的手，摸到了弟弟的來信。剛上大學，一個上高中，第二學期，學費就成了問題。唉！不過很快地他就決定不買車了。來美沒車，還不是過了第三個年頭，同學中，誰不知道林成蔭沒車，可以過三年，就能捱到畢業。

乾冷的風，像思緒一般，片片地往自己腦袋打來。不一會，就走到了麥克唐納小吃店。他喜歡這樣的時刻，藍霞薇纖巧的影子，一直都那麼安安靜靜地飛來又飛去。他一直把她當成一個美麗的夢守護着。夢就是夢。他想：「我該攫住這個夢，不！我應該主動地去追尋。不能讓她要來就來，要走就走。人生固然有數不清的夢要去實現，每一個夢想的實現，不就更接近理想的境界嗎？」他想了許多個夜晚。覺得應該找個時間和藍霞薇好好談一談。

麥克唐納小店播放的音樂，總是柔柔的，像藍霞薇輕柔的長髮。她背了一整天的銅板；不知是太疲倦，或者正想着什麼！她左手支着額頭，右手攪拌着加糖的牛奶。林成蔭問：「什麼時候回學校？」

她回答：「下禮拜二。」

他說：「我比你早，下禮拜二我就開學了。」

柔柔的音樂，仍然飄縈在他們的周圍。他突然握住了藍霞薇的手說道：「我們到外面走走好嗎？」

他說：「我們從來沒一塊兒散步過。」

她說：「你也從來沒邀過我啊！」不知是否自覺說錯了話，還是昏紅的燈光，只見她帶着滿臉的羞赧。

她曾經這樣盼着，不是嗎！這種暗示，給他無比的勇氣。他幽幽地說：「霞薇！請諒解。工作使我們像一部機器，身不由己，你懂的。不過請給我機會可以嗎？」

他真摯，他企盼。藍霞薇起身，他爲她披上了外套。

雲重得要塌下來的樣子。氣溫很低。他擁着霞薇，漫步在橋上。她說：「今天我又加了一歲。」

「哦！什麼道理？」

「今天是元旦。」她說着。

他禁不住嘆了口氣：「太久了，我已經沒有節日感，不是我故意遺忘。」他停了停。一段長長的沉默。結果她接着他的話道：「成蔭！我懂，而是離鄉背井的遊子，經不起心靈最深的激動與翻騰。」同是天涯的遊子，感受總有幾分相似。林成蔭覺得自己的心，不曾和別人如此貼切過。他緊握着她的手，彷彿握住一手掌的陽光。

「想家麼？」

「說不，是騙自己。」她這樣回答。

「學習習慣好嗎？」他帶着極度憂傷的語調，不像對一個人說話，倒像是對自己那顆隨時會蠱動思鄉的心作交待一樣。

她問：「你最想念家鄉的什麼？」

沒有月亮，不知什麼時候，星星一串串地掛在風聲裏。他閃動着星斗一樣明亮的眼睛，他看到爸媽那雙蝕滿水泥的手。他失去土地一樣地害怕起來。他抓住了母親的手。母親！母親。你是孩子的土，有了您，孩兒才能生根茁壯。林成蔭的心，只在這一會，好像經過幾世紀的遷動。然而他却又平靜地回答：「最想念我的母親。」

「我想送你一樣東西，明天我還要上工，你能等我？」

藍霞薇說着看看他。他實在摸不透她的反應，不過他笑着應：「我會等你到天明。」兩人相視會心微笑。

最微小的事物，常需要淸晰的言辭。愛是不朽的眞理，却只是無盡的沉默。科羅拉多河洶湧澎湃的源頭，經過胡佛水壩的收拾，流經他們的脚下，只是黝黑，只是平靜。而平靜的湖面，却有城府深沉的漩渦。

過了新年，所有的人都恢復往日的緊張。拉斯維加雖然看起來，長年都埋在忙碌緊張中，但事實上，也反應着，賭城長年的鬆弛與頽廢。路邊有抛置的聖誕樹。現實的人們，珍視的是今天，是現在。回顧、留連只是軟弱不安的象徵。

告別了高個兒。林成蔭提起行囊，一個不大不小的背包。穿過停車場時，特別瞄了一眼待售的volvo。「不是今天，總有一天，我會有一部車子。」

他來到麥克唐納小店，藍霞薇已經在那兒。剛下工，很累的樣子。但她笑了，很甜。「你是不是很想要我的東西。」她說：「有個條件，上我的車。」

林成蔭唉喲兩聲說：「不是綁架吧！」

「就這一次，你也從來沒搭過這部車。」她說。

除了賭以外，拉斯維加實在是一個十分貧乏的小城市。公園總是搖曳着不十分肥美的椰子樹。他們沒下車。就在車子上開了燈。

霞薇遞給他一首詩。然後她低低地吟唱起來：「手背上的山河」

一、媽媽告訴我，五指山在那裏。我說，我曾看見。很近，很近。就在媽媽的手背上。孩子。那是鱗鱗皺皮。不！那是靈活的五指；帶我走過無數風雨。那是支撐宇宙的山脊；敎我如何頂天立地。

二、媽媽告訴我，長江黃河在那裏。我說我曾看見。很近，很近。就在媽媽的手背上。孩子！那是條條青筋。不，那是萬能的雙手；敎我平凡爲不朽。那是灌育幼苗的清流，敎我轉軟弱爲勁遒。

歌聲止住時，林成蔭摟着霞薇，輕聲地說：「學習習慣好嗎？像我們這樣的人，思鄉思親痛苦；但是不想家的人，也不見得快樂。」

她說：「不！現在我很好。這是我剛來美國，最不習慣的時候作的曲子。後來當做期終考的成績，那個以色列敎授，還給我滿分。」說着，大眸子裏閃動着驕傲。「我準備送給一個人。這些年來，我一直在尋找這顆心，一顆充滿孝思的心。」她又說：「能體念父母的人，特別在國外，這一生不論走到那裏，都不會有差錯。」

林成蔭沒說什麼，只想着昨天自己說的話；最想念我的母親。這樣平凡無奇的話，竟然扣緊了兩顆同爲時代的泫然，同爲處境奮鬥的心。霞薇果然是個有心人。

他嚅嚅地說：「這首歌好像原來就滋生在我的心頭。無時不在迴響着，只是我一輩子也寫不出半個字來。謝謝你爲我譜出。」

藍霞薇噓了一口氣：「人海茫茫，要找到一個共同感受的人，不簡單哪！」

他有些惋惜地說：「可惜，我沒有太多的時間認識你。」

她說：「眞正的契合的心，還會再相遇」

此刻，就是天下最拙於言辭的人，信心和勇氣也會像和了發粉的麵團，增大數倍。他緊擁着她，認清她的髮香，咬了咬她的耳朵說：「回學校，我會給你信，給你電話，給你……」她閉着眼睛接受了林成蔭臨別情深的吻。

車窗外，椰子樹仍然那樣沒規沒矩地扭動着。路燈像死魚眼般地釘着林成蔭離去的那條路。

藍霞薇獨自發動了車子，永遠是漫長的。林成蔭慶幸自己永遠那麼匆忙。是不是富於意義？至少充盈着某些力量。

清晨，下了灰狗巴士，回到冰天雪地的丹佛。還五點不到，街車還沒開。他撥了個電話給陳世然，他最好的同學。去年才結婚。陳世然馬上開車過來接他。就直向家裏駛去。陳世然說：「我猜你大概今天早上或晚上會到家，我太太做了豆漿，先到我那兒吃早點。」

不必邀請，不必言謝。林成蔭和陳世然幾年來，都是如此自然相處。

陳世然滔滔不絕地說：「你先睡個覺，中午吃皮薩，我再送你回宿舍，晚上我約了老張，他會接你過來吃火鍋，老張會帶幾條魚過來。」

說到魚，陳世然口沫橫飛：「哦！你別看下這麼大雪，上星期，新年假，我們還去東峽谷冰上釣魚，我一條也沒釣到，老張運氣好，十幾條鱒魚，都是兩磅左右。」「嘿！老林！你的漁具還在我車上，找個空兒，去釣釣！」

陳世然的太太對世然呶呶嘴。原來林成蔭不知什麼時候睡着了。他太疲倦。每次打工回來，非睡個一天兩天，體力就不能恢復過來。去年夏天，他也在這兒睡了一天一夜。這裏有冷暖空氣調節，陳世然還是爲他加了一條毯子。林成蔭發出規律的鼾聲。彷彿這是他唯一可以眞正得到安適休息的地方。

新生中心還是老樣子。小徑的雪鏟得乾乾淨淨的。應該是新生住的國際學生宿舍，林成蔭特別教人垂愛，一住就住了三個年頭。也因此，他的英語，被磨練得比較像樣些。他翻了翻信箱，沒有太多信件堆積。他的日子總是這樣平靜。弟弟的學費解決了。家書就少些。有了，系裏的幾封信。

他急急地拆開頭一封，是博士資格的筆試通過了。這是意料中之事，他沒有什麼大驚喜。第二封信是通知他這學期沒有錢，但是和「奇異」公司簽的工作計劃下來了。有工作就有錢，還好。第三封是指導教援德布遜的，告訴他出城參加研習會。三月將安排兩次專題演講，要林成蔭及時準備。

林成蔭對工作的認眞，是信得過的。去年德布遜教授休假一年，旅行歐洲，交待的工作，僅憑書信的連絡，他也做得有條不紊。難怪德布遜教授喜歡指導中國學生。

林成蔭已決定論文口試在四月初舉行。所以這期間，將是一個忙碌的季節。而事實上，這幾年，他也從沒有閒過。只是他從未察覺，工作的路上，曾有花草露珠的芬芳。生命難免顯得極爲枯燥和呆板。

從新生中心到實驗室，才不過十分鐘光景。陽光在他覺得陰沉的時候出來了。藍霞薇的回信這麼快。字跡娟秀一如她的心境那麼纖細。過去他埋首研究室，只是爲他自己，也可以說爲父母，爲指導教授。如今他發現工作效率的提高，是淵源於那遙遠的不可解說的神秘力量，這世間多了一個關愛他的人。

二月在南方，已春暖花開。然而在猶他却仍然罩在皓皓的雪天裏。這並不礙於季節的標榜。春天到那裏都是炫爛的。

藍霞薇的畢業演奏會和舞蹈系配合，安排在華麗的二月天。林成蔭來到猶大，爲的是耐不住春的招喚。他同時也分享了藍霞薇在藝術上的成果。

一場現代芭蕾舞劇，全場由猶大交響樂團配樂，鋼琴部分，由藍霞薇擔任，這項殊榮落在外國人身上，大概是歷年來首次的突破。

藍霞薇的眼神，透着亮光。靈巧的雙手彈奏出扣人心弦的樂章。這是中國人智慧與勤學的結晶。林成蔭打心底敬她愛她。

情人節是情人最覺可愛的日子。越是甜甜蜜蜜的時光，越是容易消失。藍霞薇演奏會結束後，只和林成蔭歡聚三個小時，又要上節目了。在一家歌劇院司琴。爲誰如此勞累？爲她的兩個妹妹？還有？她有一個重擔？林成蔭沒有時間弄清楚，便悵然地離開猶大。

三月的專題演講，很快就到了。林成蔭本來以爲只有本校的師生來聽；沒想到德布遜教授最近才告訴他，邀請了外校的老前輩。原來德布遜教授有意將他推銷。早已賣力地替他做了廣告。他惶恐地請求延期，好讓自己有更充分地準備。德布遜教授搖搖頭說：「你的眼睛已經給我信心。」

啊！林成蔭若有所悟：「這是我最要堅强的時刻，我的成敗，不但屬於教授一人，更重要的，我是中國人。」

當台下的學者專家上來與林成蔭握手道賀時，他的眼眶充滿淚光。他深深感覺信心在人們最軟弱的時候出現，才最顯珍貴。他感謝德布遜教授，這三年來，除了琢磨他的學識外，還給他一項寶貝：那是勇氣。勇於感受自身是優秀的；勇於感受自己的民族是優秀的。許久以來，他都習慣從別人的評價與眼光中去估量自己。如今他有充分的信心，從自我中去肯定自己。所有的中華兒女，都應該尋出埋藏在內心深處的優點，挺起胸膛去塑造一個中國人的典型。

陽光斜斜地伸進實驗室。濃濃的綠樹，也顯得懨懨的。三點多了。林成蔭還沒吃中飯。走出研究室，顯得很累。爲了一個棘手的實驗，埋首半天，總算有了結果。回到新生中心，看到門閂上掛着五隻粽子。是陳世然送來的。肚子可眞餓。他也不開房門，就在走廊階梯上，剝了吃。好香，還是熱的。好久沒吃粽子了。莫非今天是端午節，他自己也弄不清楚。

他邊吃邊想，陳世然對他總是那麼關心，是同胞自然的呼吸，是手足眞誠的友情。世間有許多事情可以學習，可以仿造。但人與人金石般的交往，不是矯情可以製造出來的。

幾隻鷗鳥飛落身邊。嚴雪覆蓋的落葉，培育萌發了春天的嫩芽。夏日的暖陽促進了枝葉的茂盛茁壯。如此周而復始，分不清是落葉或是新枝造就了這富麗的世界。今天是新枝，明天可能就是落葉。

要來的總會輪到。自然的生息與更替是如此，人事的浮沉與行止，亦如波上的舟子。

陳世然過兩天就要回台灣了。一種孤客的悸動，油然生起。陳世然是林成蔭的朋友中最有定力的人；回國服務，是來美讀書不變的標的。有些人易受複雜的因素左右，常缺乏這種魄力。自己是不是也屬於這一類人呢？林成蔭有些糢糊。明天得找老陳聊聊。他想：否則今朝爲此別，何處還相遇？

儘管市中心，有多少車水馬龍，但公園內却經常保持着一分寧靜。大概只有清靜的園地才能容納澄清世間的塵囂。

林成蔭和老陳坐在野餐桌旁。桌上一大盒肯他基炸鷄，他們吃得不多。是不是臨別依依，愁緒已滿懷？望着陳太太和孩子在草地上嬉戲。林成蔭說：「什麼時候的飛機？」「八號上午十點半。」老陳回答。林成蔭想說什麼，但又覺得說什麼都嫌俗氣與多餘。眼前墨綠的松枝挺拔有力。他知道不管處於何時何地，老陳都會抱持一顆常青的心。松間，初夏的康乃馨一片燦然。他用很微弱的聲音說：「老陳！回去有空去看看兩老。」

老陳說：「有什麼要帶的嗎？」

離開家四年了，該有很多東西要帶回的，他想告訴爸媽：「我通過博士考試」？告訴他們：「我結識了一個好女孩」？告訴兩老人家：「我有了工作。」告訴他們……噢！算了。他自覺話一向就少，還是留着自己來說吧。記起高中時讀過一首詩：故園東望路漫漫，雙袖龍鍾淚不乾，馬上相逢無紙筆，憑君傳語報平安。於是又說：「告訴兩老我很平安。」

林成蔭從老陳車上取下自己的漁具，這些與他已經有一種說不出的感情存在。他拿着釣魚的傢伙，很慢很慢地，噢！幾乎是沉重地走回新生中心。

這間自己住了四年的宿舍，不久也要分別了。一草一木好像染了感情的色彩，那麼叫人依戀。是因爲與老陳話別引起的？不然怎能有那麼多的傷感同時襲上心頭？

後天就是畢業典禮。林成蔭搬弄着花了三元租來的博士袍，分不清那邊是前，那邊是後。他多麼盼望爸媽能看到自己穿上博士袍的模樣。但這希望，簡直是洛磯山上的烟嵐那般遙遠。

最近他給霞薇寫信寫得很勤，她喜歡用電話回他。他也樂於聆賞她一串音樂也似的聲音飄送過來。但總覺得缺乏眞實感。

好容易霞薇答應參加他的畢業典禮。在這寬幅度的美國，有個親密的人，分享快樂，也足以安慰。他想：走出這校門雖然還有無數的東西要學，但大概再也沒有畢業典禮了。

丹佛大學整個校園好像今天才美麗起來，碧草如茵，一坡又一坡的漫開。白雲悠悠，陽光柔和地拂過每個家長和師生的肩頭。

經過二小時的正式儀式後，林或蔭握着德布遜指導教授的手，說不盡的感謝。系主任也來了。林成蔭把霞薇介紹給大家。德布遜教授說：「藍小姐太美麗了，成蔭！恭喜啊！」系主任說：「西屋公司的通知收到嗎？」林成蔭回道：「收到了，正不知道答應那一家。」

德布遜教授說：「西屋薪水高。麥特尼工作輕鬆，奇異還可多學點東西，你自己決定吧！十五日以前要送出去。」

林成蔭說：「我還是選奇異吧！」系主任點點頭。

德布遜教授說：「我們合寫的論文，有些還沒看完，等你到奇異後，我再和你連絡。」說完和別人打招呼去了。

流水式的餐點，供應着人潮。校園漾着歡笑。收穫的臉龐，沸騰着耕耘後的激動。

林成蔭和霞薇靜靜坐在一顆楓樹下，身邊落滿了楓果。林成蔭穿着博士袍，顯得不大自然。不過與霞薇在一塊，他很快樂，那種快樂，旣內在，又超越。他盼着不用言語，她也會明白他的心意。他如此不善表達，或許正是他的可愛處。

她隨手拾起一個毬狀翅果，把玩着。風兒送來楓脂特有的芳香。她說：「楓樹原來有那麼好的味道。但很少人去注意。紅葉雖然好看，但綠葉滿枝時，也有可取之處。」

「正是呢！就像人們習慣從外表去判斷一個人一樣。」林成蔭應着。

她說：「你知道我第一次遇見你時，怎麼想嗎？」

「反正不是英俊瀟灑。」

她說：「英俊瀟灑，就沒什麼好研究了。」

「哦！那你看中我那一點？」

她怪不好意思地說聲：「呆頭鵝。」

他輕輕摟着她說：「說我什麼，都沒關係，只要你明白，我是認眞的。」他又說：「巴不得我們不必再分開，你也想我嗎？」

她點點頭，撫摸着禮帽上的絲帶說：「每一次的相聚，雖然短暫，但我總覺得，每一次都是一個新境界。」她不知道是自己漸漸掉進他的生命中，還是林成蔭無形中已盤據了她的心胸。

林成蔭輕撫着她的肩，幾乎是耳語的說：「霞薇，請接受我。」然後拿出一只戒指，套在她的手指上。她激動地撲進林成蔭的胸懷。熱情長久的隱埋，渲洩的是喜極的淚珠。林成蔭小心地拭去她的淚：「謝謝你，霞薇！這是我一生中最快樂的時刻，可惜你明天又得走了。」

她說：「我會珍惜。在樂曲上，有一種經過音，它不是曲子中最重要的，但沒有它，就不成曲調。我們的相聚，就像樂曲中的經過音，那麼耐人尋味。也許就把我們的生命綴飾得無比爛然動聽。縱然整個曲子已經被我們淡忘，但那些經過音，依然撩繞我們的心弦。」

林成蔭擁着多情靈敏的未婚妻，消失在霞光夕照裏。

林成蔭和霞薇正在宿舍用早餐，室內充滿溫馨和諧。

一部極爲眼熟的車子，停在新生中心停車場。出來了一位中年婦人，氣呼呼地找到了林成蔭的房間。

霞薇立刻起身說：「這是我的……。」

那婦人等不及霞薇的招呼，「啪！啪！」兩記淸脆的耳光已經打在霞薇的臉上，然後說道：「要不是你兩個妹妹告訴我，我還找不到你，這種連一部破車都沒有的人，有什麼看頭。」接着轉向林成蔭說：「放開她，霞薇是我們的命根，放開她，不然我就不客氣。」

霞薇摀着臉，急急跑出上了車，就這樣，那婦人把霞薇載走了。

林成蔭甩了甩頭，還是甩不開一頭霧水。「那婦人會是霞薇的媽？不大相稱。」這突如其來的一記悶雷，打得他難過透了。最不甘心的是霞薇不明不白的走了。好的是他自己也開始忙着收拾整裝。新的行程是他欣然就赴的。

人生最怕缺乏內容和情趣。求學時期還不覺得。一旦工作定了，特別顯出缺少生活情趣的庸俗。假日林成蔭看電影一天可趕四、五場。他釣魚；從日出到日落，依然填不滿心中的空洞。他上歌劇院；這是可能遇到霞薇最好的法子。但半年過去，依然杳如黃鶴。他打過電話，開了車去找她，都如潮打空城寂寞回，那樣令人沮喪。

站在夢寐以求的新車前，應該像孩提時，獲得一粒可可亞糖那樣興奮才是，可是他覺不出什麼。原來，他所追求的不是如此單純的物質。一個精神上的依靠，可能是他目前最迫切的需求。

俄馬哈的冬天也下雪。綴着雪花的禿枝，抖動着。

林成蔭上班之餘，也做起生意來；和朋友合開一家貿易公司；在今年聖誕節前，生意也作開了。賭城「荷伯」老闆還向他定購三千支毛筆。除了墨、硯各種竹製飾物，器皿銷路也不錯。不知什麼風吹，他異想天開地進了一批竹製樂器，笛、簫、笙。許多人不懂吹奏，多半好奇買了當裝飾。他忙碌。從任何角度看，林成蔭該是一個充實快樂的人。可是有誰知道他心中失去的春天？

時序的轉移，冬天過了，春天的脚步挪進人們的心扉。只有林成蔭好像永遠活在那年的春天裏。許多好友關心他，給他介紹女朋友；不管對方如何。他都沒精打采。「縱然整個曲子已被淡忘，那些經過音，依然撩繞我們的心弦……」霞薇的話對極了。「我們的相聚，就像樂曲中的經過音。」徒然擁有爛然動聽的生命。一種來是空言，去絕踪的惆悵，無時不在暗暗着他。

元旦三天假，悠閒代替了緊張，每人都有一個新生活。林成蔭平靜的生活中，也掀起了不大不小的漣漪。

老張的太太的同學李逸芬，要回台灣，路過俄馬哈，老張一片好心，努力撮合李逸芬和林成蔭。舉辦旅行，這樣自然而然林成蔭就當了李逸芬的司機。老張不停地替他們拍照。雖然只有一天相處，林成蔭覺得李逸芬也頂可愛的。他從照片中搜索腦中的影像。依稀可以發現她的熱情與活潑。可是不知怎的，他總把李逸芬看成小妹妹。對於她的信件，也不放在心上。可是人家來四、五封信，總不能不回個一兩封。有了幾次一兩封信，沒話也得找些話談談。這一談，外人看來，就是談戀愛了。特別是李逸芬情竇初開，寄給他無數小照，代表着無盡的情誼與愛戀。林成蔭更覺束手無策。

老張勸他說：「愛情這事，有時候，沒有通知就來了，這是好機會啊！」

林成蔭回說：「時機未熟。」

老張說：「啊呀！怎麼不開竅，你總不能老活在等待中。更何況，說眞的，藍霞薇給人一種神秘感。你不覺得和她在一起，就像活在雲霧裏一樣？」

「雲霧總有開的一天。」他回說。

老張沒好氣的說：「你等着雲霧開吧！要是我就抓住已上升的太陽。」

他說：「我和李逸芬只相處一天，又是大伙兒嘻嘻哈哈的。」

老張說：「夠了，夠了，不見面結婚的都有。何況你們二十來封信，就等於見了二十幾次面！」

他說：「紙上談愛，和耳鬢廝磨畢竟是兩回事啊！」

「我們這樣談下去，像老太婆的裹脚布，我眞拿你沒辦法。」說着老張人已走遠。林成蔭很過意不去。自己的事老叫人操心，也許自己應該有個家了。

可是李逸芬適合麼？

他翻了翻她的來信，編了號的。好像每一封都很熟，再瞧瞧照片背書小詩：「偶然」「窗外」「笑」……等生活照片。又覺得她好陌生。是離她太遠？是她打扮太入時？是她還是作夢的年齡？他說不上來。

總覺得他們之間缺乏了什麼。

他憤憤地握起拳頭，猛擊左掌心，自言自語：「都是你霞薇！已經定了的人，爲什麼要躱着我，你知道我在奇異公司，爲什麼不給我一點機會？」他零亂的心，撩撥着五顏六色，是李逸芬的倩影。他走出斗室，牽縈着却是藍霞薇的聲容。

秋天是收穫的季節，他的貿易公司，經營得法，頂賺錢的。現在已經請了專員管理業務。除了奇異公司的工作外，假日，對他仍然是個嚴重的威脅。

老張找他去釣魚，一條條上來的貓魚，他一條條又扔下水。

狩獵季到了，打獵去吧！清晨守到夜晚，他任由小鹿和野兔在他跟前，從這山跳到那山。他的眼睛從這棵白楊移過那片紅葉。無根的、無標的的漫遊着。

他一顆子彈也沒發出去。

旭日東升時，亮透的晨光灑在晶瑩的霜雪上，使他連想到寄給李逸芬的天鵝絨布料。她一口氣要了三種顏色：天藍、秋紅、雪白。他從來不曾給母親什麼，也從來沒送霞薇東西。他心裏很不自在。最後自己的詮釋是這樣的：物質並不代表愛。愛是永恆的相念。

老張馱了一頭小鹿過來說：「今晚吃鹿肉火鍋，你不回家嗎？」

林成蔭說：「爲什麼不！」

一道光閃過他的腦際。「是啊！浮雲別後，流水數年，歡笑如舊，蕭疏已斑。我何因不歸去，淮上對秋山？」

歸去！歸去！打定了主意，他臉上放出了異彩。

一興起歸家的念頭，歸那有父母的老家，難以名狀的興奮，就無法收拾。不爲什麼，只爲了回家；那兒有最芬芳的泥土。有最熟悉的臉孔，有……他幾個晚上睡不着的翻騰。

林成蔭說：「清晨的松山很美。」

分不清是霧是露，弄得母親一頭白花花的；分不清是雨是汗，淋得父親一臉皺紋。但願大家都有一顆不老的心。

李逸芬也來了。這個拿不起也放不下的女孩。

林成蔭在極度矛盾之下，想起和霞薇結識時，霞薇說過的一句話：「愛果實，必先熱愛並灌育你的園地。」就用這句話來考驗李逸芬吧！

林成蔭約李逸芬吃飯。她的言談舉止，活潑大方。飯後提起逛街，她帶着他走過委託百貨行一家又一家。買了一樣又一樣。林成蔭很有風度地奉陪。最後他說：「到我家坐坐？」

於是從最大的街，走到最小的巷弄。

「那就是我家。」林成蔭指着一棟木屋，陳舊老邁一如他的父母。他爸媽聽到計程車聲，早已迎在門口。

李逸芬猶豫半天，沒有下車的意思。只說：「今天我太累，改天吧！」

林成蔭沒有違拗，任隨她離去。眞正隨她去了。

「愛果實要先愛土地，對有些人而言，不是那麼容易！霞薇！你在那裏？我的難題，只有你能解答啊！」他心中感慚萬分。

但是他依然開開心心地走進家門。

他的母親木木地望着他道：「那一位小姐不是你的女朋友？」

「不是，是公司職員，和我去訂貨的。」他扯了個小謊。

母親失望地說：「哦！我還以為我們家快有媳婦了。」

林成蔭把話題岔開：「爸媽！我們現在還替誰做土木？」

父親說：「在靠近桃園郊區一家圖書館，工程不小。說是什麼視聽圖書館。你媽最近做得少囉！只跟着我看頭看尾。」

提起興建圖書館時，母親變得很有興致。她說：「負責人聽說也是美國回來的，是個年輕女子。」接着轉向兒子，一本正經地問：「成兒！你到底有沒有女朋友。」

林成蔭說：「目前沒有。」

母親說：「你不會反對媽給你找一個看看？」

他困乏地回答：「隨便。」

母親說：「我說的是那個什麼視聽圖書館負責人，我曾問過她，她還沒結婚呢？每星期一，她都到工地來看看。成兒！那一天和我一道去工地看看如何？」

他沒有反對母親的提議。家鄉許多的變遷，進步與繁榮，也該去看看的。時開能催人老，能促進社會嶄新的面貌。

陳世然還是老樣子。在林成蔭正想着他時，不聲不響地來了。好像不管林成蔭在何處，他都會適時地出現。沒有什麼可以阻擋他，他也不妨礙人。這種純良的友誼，能使生命更光輝希望永不衰頽。

林成蔭說：「嗨！看你精神煥發，你的選擇是對的。」

陳世然說：「可不是嗎！國內的學術硏究水準與社會建設，其實都操在我們手裏。若袖手旁觀，永遠感受不到融注與參與的快感。咦！你的工作事業也是蒸蒸日上，可是看來，好像還沒找到藍霞薇？」

林成蔭感嘆地說：「早知如此，就不要當初。」

陳世然說：「明晚到我那兒吃飯，我給你約幾個小姐介紹。」

「恐怕我已經沒這份心了。」他說。

陳世然說：「隨你，你想來就來，我隨時歡迎你。」

林成蔭當天晚上並沒赴約，他總以爲婚姻之事强求不得，還是任其自然的好。

依着山坡地，一棟高大的現代建築，已近完工階段。相思林送來秋的香氣。當林成蔭注意到圖書館負責人時，他的母親已成爲多餘的。那是他日夜盼望的霞薇。沒有錯，是她。林成蔭幾乎衝動地抱起她揑在自己的掌心裏。但他沒這麼做；母親正看着他，他說：「媽！我們原來就認識的。」

他牽起她的手摸了摸，還戴着他的戒子。

他們走進相思林裏。母親只呆望着他們的背影。

山風吹亂了藍霞薇的髮絲，也吹開了林成蔭心中的雲霧。山徑飄來他們倆的對話。

「打你耳光的，不是你母親？」

「是妹妹的母親。」

「你的呢？」

「我八歲那年，母親就離開人世。」

「抱歉！我比你有福。」

「相同的是，我母親和令堂一樣，有一雙粗糙的手。我母親是個洗衣婦。」

「所以你送我那首詩『手背上的山河』是有意的。」

「只是巧合的。」

「你不怨你的新媽媽？」

「她愛我父親，我愛父親；父親中風多年，不能傷神。」

「現在呢？」

「父親年前去世。妹妹都找到好歸宿，和媽同住。」

「你就順理成章離開他們？」

「一個人在被需要時，才最有價值。」

「你不知道我需要你？」

「這裏更需要我，從事音樂教育，是我的理想。」

「你就從不爲自己想一點嚒？」

「爲一件可大可久的事業費心時，起點，個人常會被忽略的。」

「你一直在等我嗎？」

「我一直確信，我們會再相遇。」

「霞薇！今天的重逢，我對你了解更深。大概經得起考驗的種子，不怕長久的埋沒。」

風兒唱出了松濤。一粒輕鬆的果子，隨風揚起，不知止於何方。却見一粒沉甸甸的松子，落在最近根部的泥地上。

（附本文獲六十六年教育部小說創作奬第一名）